图书馆 · 情报 · 文献学

国家社科基金项目书系

本书是国家社科基金项目"基于用户多维交互行为的数字图书馆可持续发展评估模型与实证研究"（11BTQ009）的部分研究成果

数字图书馆用户多维交互与评估

Multi-dimensional User Interaction and Evaluation for Digital Libraries

李月琳 等著

国家图书馆出版社

图书在版编目（CIP）数据

数字图书馆用户多维交互与评估/李月琳等著.—北京:国家图书馆出版社,2019.6

ISBN 978－7－5013－6644－6

Ⅰ.①数… Ⅱ.①李… Ⅲ.①数字图书馆—信息资源—资源建设—研究 Ⅳ.①G250.76

中国版本图书馆 CIP 数据核字(2018)第 271382 号

书　　名	数字图书馆用户多维交互与评估
著　　者	李月琳　等　著
责任编辑	高　爽
封面设计	陆智昌

出版发行	国家图书馆出版社(北京市西城区文津街 7 号　100034)
	(原书目文献出版社　北京图书馆出版社)
	010－66114536　63802249　nlcpress@ nlc. cn(邮购)
网　　址	http://www.nlcpress.com
排　　版	凡华(北京)文化传播有限公司
印　　装	北京科信印刷有限公司
版次印次	2019 年 6 月第 1 版　2019 年 6 月第 1 次印刷

开　　本	787 × 1092(毫米)　1/16
印　　张	19.75
字　　数	330 千字
书　　号	ISBN 978－7－5013－6644－6
定　　价	150.00 元

序

　　早在 1962 年,在美国西雅图举办的"21 世纪图书馆"展览会上,就曾提出了"没有图书的图书馆"的观点。1982 年,美国国会图书馆开始了光盘试验计划,探索电子文献图像技术和光盘存储在图书馆文献保存中的应用。现代图书馆自 20 世纪 70 年代初至 90 年代初,经历了图书馆自动化、电子图书馆、网络图书馆和数字图书馆的发展阶段。1993 年 9 月,由美国国家科学基金会(NSF)、美国国防部高级研究规划署(ARPA)和美国国家航空航天局(NASA)联合发起"数字图书馆创建工程",并在六所大学开展数字图书馆分项试验。"数字图书馆"一词由此被广泛采纳和传播。进入 2000 年后,一些重大的科学技术发明和发现,使人类的生产和生活发生了革命性的变化;计算机网络和移动互联网的广泛普及与应用,以及新的数字媒体的出现,彻底颠覆了人们传统的阅读习惯。与此同时,图书馆也在逐渐地改变着自身的固有形象,以适应时代的飞速发展。数字图书馆的诞生把图书馆带入一个全新的里程碑式的发展阶段。

　　数字图书馆是用数字技术来处理和存储各种图片、文字、音像等文献的图书馆。它把不同载体、不同地理位置的信息资源存储和整合在数字空间,开展跨越空间、面向对象的网络查询和传播,使人们可以在任何时间和任何地点通过网络获取所需的信息。

　　迄今为止,有关数字图书馆的正式出版的中文专著不下百种,其中大多数围绕数字图书馆的建设和服务。随着数字图书馆技术的逐渐成熟,数字图书馆资源建设的完善,数字图书馆服务的广泛开展,以及数字图书馆研究的不断深化,如何评价数字图书馆的利用效果,便成为数字图书馆研究的新课题,从而使人们的注意力开始转向数字图书馆的用户行为、人机交互与效果评价研究。然而,目前有关这个方面的正式出版的中文专著的确鲜见。《数字图书馆用户多维交互与评估》一书的问世，填补了这一空白。

呈现在读者面前的这本书，是在国家社会科学基金项目"基于用户多维交互行为的数字图书馆可持续发展评估模型与实证研究"（项目编号：11BTQ009）的部分研究成果的基础上撰写而成。目的在于，向读者展示数字图书馆用户与数字图书馆系统之间交互的理论模型与评估工具，强化基于评估的数字图书馆可持续发展的理念。

我有幸受作者之邀，为本书作序，先睹为快，受益多多。通过阅读本书，感觉本书具有两个突出特点：第一，研究过程完整。在研究设计上，层层递进、步步深入地揭示和提出数字图书馆人机交互与评估的相关问题；在初步构建理论框架的基础上，通过实验、半结构化深度访谈和问卷调查等研究方法，开展多层次、多侧面研究，建立评估的理论模型；进而细化该模型的各个维度及子维度，并检验该模型的可靠性；最后，在细化模型的基础上，开发数字图书馆交互评估的工具，为交互评估的实际操作提供支持，从而体现"理论—实证—实践"的完整研究路径。第二，研究问题明确。坚持问题导向的研究思路：从社会发展的现实需求中提炼出研究问题，在对这些问题进行理论探讨和实证研究的基础上，构建相关理论模型和评估工具，并用于解决实践中的具体问题。以上两大特点，值得研究者学习和借鉴。

数字图书馆用户与数字图书馆系统之间的交互是数字图书馆实现其服务价值的关键环节，而交互的绩效又直接决定了数字图书馆的成败。因此，从数字图书馆用户与数字图书馆系统之间的多维交互行为的角度来构建数字图书馆交互评估模型十分重要。由此可见，本书最大的创新在于，从人机多维交互的视角，构建基于用户的数字图书馆交互评估的理论模型，因为通过这一途径构建的数字图书馆交互评估模型具有很强的针对性。此外，本书构建的数字图书馆交互评估模型及交互评估工具也区别于现有的数字图书馆评估模型和评估体系，这有助于帮助人们从人机交互这一视角，全方位地审视数字图书馆的绩效，从而改善数字图书馆的设计，不断完善数字图书馆的开发和建设。

本书作者——南开大学商学院副院长、博士生导师李月琳教授是我的同事，1996年我调入南开大学后便与其认识，至今已有20余年。虽然中间她有十年在国外深造，但我们一直保持着比较密切的联系。月琳教授先后于1992年本科、1995年硕士研究生毕业于南开大学图书馆学专业，早在读硕期间，就发表了6篇学术论文，并参与编写由钟守真教授领衔的、我国较早的且被引频次较高的《信息资源管理概论》（1995年），之后，任教于南开大学信息资源管理系。她于2000年赴美，2001年入罗格斯大学（Rutgers, The State University of New Jersey）深造，师从国际著名情报学家、属性结构学派的代表人物之一——贝尔金（Nicholas J. Belkin），2008年获博士学位，2009年回国继续在南开大学任教。她的博士论文即以《工作任务、检索任务和交互式检索行为之间的关系》为题。由此可见，交互式检索和用户信息行为是她一直以来的研究方向，而本书恰恰是她倾注心血，并集多年研究成果而著。

月琳教授长期从事数字图书馆、交互式检索和用户信息行为研究，在国内外著名学术期刊和学术会议上发表了许多颇有见地的论文。特别值得一提的是，她在国际情报学著名期刊《美国情报科学技术学会杂志》（*Journal of the American Society for Information Science and Technology*）上发表了四篇论文，在国际情报学核心期刊《情报处理与管理》（*Information Processing & Management*）、《情报科学杂志》（*Journal of Information Science*）和《文献工作杂志》（*Journal of Documentation*）上都有论文发表。此外，她在世界顶级的情报科学技术协会（ASIS&T）年会上发表了十余篇论文，还在ACM SIGIR和TREC等世界顶级信息检索专业学术会议上发表了近十篇论文，并出版英文专著 *Work Tasks, Search Tasks, and Interactive Information Search Behavior：An Examination of Their Relationships*。总之，月琳教授在情报学研究领域具有很高的学术造诣，而且具有宽广的国际化研究视野，因此，她获得了多个国际和国内的重要研究奖项，并入选了教育部"新世纪优秀人才支持计划"、2015年首届"长江学者奖励计划青年项目"以及"2015年中国人文社科最具影响力青年学者"。目前，她还担任ASIS&T出版委员会委员、国际关系委员会委员以及《情报处理与管理》编委等国内外重要学术职务。

数字图书馆研究正在向学科和社会的纵深发展，随着数字地球的概念、技术及应用领域的出现和推广，数字图书馆也必将成为数字地球大家庭中的一个成员，而智慧图书馆是数字图书馆发展的下一个目标，这是一项全新的智能技术和一项全新的社会事业。希望月琳教授在今后的研究工作中，紧跟时代前进的步伐，更大地打开国际化大门，扎实地立足于本土国情，在数字图书馆、人机交互、用户行为、绩效评估等领域结出更多、更大、更好的研究成果。

在本书付梓之际，月琳教授之邀，我欣然接受，是为序。既为表达对同事和朋友的祝贺，也为谈一点儿个人的读后感想与学习体会。

2018 年春节，于南开园

目　　录

前　　言

2009 年 9 月,我辞去美国南密西西比大学助理教授的教职,全职回到南开大学商学院信息资源管理系任教。当时面临多重挑战:一是旅美已近十年,中文的写作已无从下手。犹记王知津教授拿到我写的中文文章时的一声叹息! 如何重拾中文、适应中国学术界的话语体系和中文的逻辑范式对我来说是要从头再来的一件事。二是在美国的图书情报学领域浸润近十年,如何将在美国学术领域学习到的知识和技能用于研究中国图书情报领域发展的现实需求,即解决国际化与本土化相结合的问题,是一位海归学者面临的必然使命。三是科研基金的申请,在国外的学术训练中,这部分是我的薄弱环节;加之国内外科研项目申请的差异,对我来说,也几乎是从零开始的学习过程。刚回来的最初几年,为了迎接这几项挑战,在适应国内学术领域日新月异的发展需求的同时,又要关注国际学术领域的研究和发展,并做到与时俱进,对我来说,这的确是一项艰巨的任务。我和同样是海归的先生常戏称这种挑战为“两线作战”。

2010 年初,我首次申请国内的基金课题,因毫无经验,意料之中败北而归。汲取经验教训,我于 2011 年再度申请国家社科基金。在当时,考虑到交互信息检索在国内尚处于一个相对不受关注的领域,我拟结合自身在美国所学和国内数字图书馆发展的现状,将交互信息检索领域的理论、方法和实践用于数字图书馆评估领域,力图使“用户交互信息行为”这一主题得到国内学术界的重视和认可,同时推动数字图书馆评估领域的发展和实践。然而,如何撰写课题申请书依然是毫无头绪。时任南开大学商学院信息资源管理系主任的柯平教授,对年轻教师极力扶持与帮助,展现了学界前辈的风范,不仅耐心地告知我如何申请国内的课题、要怎样表达自己的科研诉求,还慷慨地贡献了自己的国家社科基金申请书,供我学习和参考。从中我确实学到了在国外无法学到的知识、经验和逻辑表达的方式。也特别感激匿名的各位评审专家及国家社科基金评审委员会委员对项目重要性和必要性的认可,才使项目得以立项。

在开展研究的过程中,我的同事及国内外学术领域的前辈们、朋友们都给予我很多帮助和指导,使该项目的研究得以顺利开展,在此一并表示我诚挚的感谢!尤其是我的学生团队,他们依托该项目,不仅完成了毕业论文,还与我合作共同发表相应的研究成果,并在本书的撰写过程中承担部分工作,如部分章节的草稿撰写、数据收集、部分数据分析工作及书稿的文字校对工作。他们的支持和帮助是该项目得以完成的重要保障。为此,我要向肖雪副教授、杨小兵副研究馆员、樊振佳博士以及我的学生梁娜、齐雪、仝晓云、胡蝶、张昕、闫希敏、宗燕燕、何鹏飞、刘济群、姜悦、赵梦菊、胡丽莎、张秀、韩宏亮、章小童、王珊珊表示衷心的感谢!

全书由我最终修订完成,由于水平和能力所限,任何错误、不当之处由我全权负责,敬请大家批评指正。

本项目研究历时五年,部分研究成果已经以论文的形式发表。由于篇幅所限,本书并没有包括本项目的所有研究成果,但是反映了最主要的研究成果。在此,我要特别感谢王知津教授,他不仅在项目开展的过程中给予了指导和帮助,还慷慨应允,牺牲春节的假期,为本书作序。他的热情鼓励和大力支持必将不断鞭策我在学术的道路上努力前行!

李月琳

2018 年春节,于南开园

1 数字图书馆、人机交互与用户研究

本书是基于国家社会科学基金项目,即"基于用户多维交互行为的数字图书馆可持续发展评估模型与实证研究"(11BTQ009)的部分研究成果的基础上撰写而成。该项目的目的在于构建数字图书馆环境下用户与数字图书馆系统交互评估的理论模型与评估工具,并探讨基于评估的数字图书馆可持续发展的理念。本书将聚焦数字图书馆环境下用户交互与评估的相关理论与实践问题。首先,以文献的梳理与回顾为起点,构建初步的理论框架;其次,基于此框架,利用实验研究、半结构化深度访谈和问卷调查等研究方法,开展多项研究,构建评估的理论模型,然后进一步细化该模型的各个维度及子维度,并检验该模型的可靠性;最后,在细化模型的基础上开发数字图书馆交互评估的工具,为交互评估的实践提供支持。

数字图书馆的研究与实践发端于20世纪90年代初。1994年和1998年,美国政府先后启动"数字图书馆先导"(Digital Library Initiative,DLI)计划I及"数字图书馆先导"计划II,极大地推动了美国数字图书馆的建设和应用,这股热潮也波及世界其他的国家和地区,包括中国、日本、韩国、新加坡等,促进了数字图书馆在全球的发展。实践发展的需求往往是理论研究的沃土,这股热潮也吸引了来自不同领域的学者对数字图书馆研究的关注,数字图书馆的评估研究便是伴随着数字图书馆实践发展的需要应运而生,人们试图通过评估研究和实践活动提升数字图书馆的绩效和服务质量。进入21世纪,随着互联网的迅速普及与移动互联网的异军突起,数字图书馆、移动数字图书馆在信息与知识的传播和获取中扮演着日益重要的角色,其良好的绩效和服务质量成为满足不同类型、不同层次用户需求的重要保障。本书的目的在于聚焦用户视角,以提升数字图书馆的绩效为目的,探讨数字图书馆评估的理论与实践,关注评估的不同方面,着重于交互功能的评估,包括理论模型、实证研究、评估工具的开发等。为此,本章将首先从数字图书馆的定义入手;其次,阐述研究的背景、目的与意义;最后,介绍本书的结构和各章节的主要内容,以帮助读者快速了解本书的主旨。

1.1 数字图书馆的定义

伴随着世界范围内轰轰烈烈的数字图书馆建设及各国相关研究计划的推动,数字图书馆研究也蓬勃发展起来。然而,何为数字图书馆?该如何定义数字图书馆?学术界依然众说纷纭,缺乏定论。定义数字图书馆是一个复杂的问题。其复杂性源于数字图书馆的跨学科性质,因此研究者往往来自不同的学科,包括计算机科学、图书馆情报学(Library and Information Science, LIS)、经济学、社会学等,有着不同的研究目的。因而,基于不同的学科角度,学者们对数字图书馆的解读和阐释自然存在差异。来自计算机科学的学者通常关注数字图书馆的技术维度及网络环境中信息传递的实现;LIS学者则更关注数字图书馆的内容、信息组织、用户行为及出版;而社会学及经济学者更关注社会环境和经济模型[1]。此外,来自研究和实践领域的数字图书馆研究者对数字图书馆的定义也莫衷一是。为此,Borgman在承认数字图书馆定义的复杂与困难的同时,试图整合不同领域的观点,并从两个方面定义数字图书馆[2]:①数字图书馆是电子资源与支持创造、搜索及利用信息的相关技术的集合。从这个角度来看,数字图书馆是管理任何媒介的数字化数据信息(包括文本、静态或动态图像、声音等)并存在于分布式网络的信息存储与检索系统的延伸与拓展。数字图书馆的内容包括数据与不同类型的元数据。②数字图书馆是由用户社区构建、收集并组织相关信息资源,以支持用户信息需求及该社区信息利用的机构。数字图书馆是社区的组成部分,个体和小组彼此交互以利用数据、信息和知识资源及系统。从这一角度来看,数字图书馆是不同类型的、服务于不同用户社区的实体图书馆在网络环境下的延伸、拓展及整合。数字图书馆也同时延伸并服务于其他社区环境,包括教室、办公室、实验室、家庭及公共场所。

Borgman的定义实质上揭示了两类数字图书馆:第一类即独立存在、不依托任何传统实体信息机构存在的数字图书馆,是存在于分布式网络上的信息检索系统,是传统信息检索系统的升级及"加强版";第二类是传统信息实体机构的数字化延伸,即传统图书馆的数字化构成部分,包括网站、数字化资源及服务。本书对数字图书馆的理解也正是基于Borgman的定义,试图在研究中涵盖不同类型的数字图书馆,以构建具有普适性的数字图书馆交互评估的理论模型和评估工具。

1.2 数字图书馆研究领域

经过 30 余年来的发展,数字图书馆领域吸引了来自不同学科的研究人员。据统计,该领域的研究者 63% 来自计算机科学领域,而 26% 来自 LIS 领域(Web of Science,2011)[3]。可见,LIS 学者在数字图书馆研究领域是非常活跃而重要的一支力量。相关文献数量也猛增,基于 Scopus 数据库的文献搜索揭示,最近十年数字图书馆的文献量是前一个十年文献量的近 20 倍[4]。文献计量学研究揭示了这些跨学科的研究领域,并发现在研究热点和研究趋势上,国内和国外基本保持一致[5-6]。张春红等利用文献计量的研究方法,回顾了 1999—2009 年国内数字图书馆的研究,发现数字图书馆研究一直关注的主题包括信息服务、信息检索和信息技术、信息资源、资源共享、知识管理等。此外,信息组织、Web2.0、开放存取、信息共享空间、用户研究等也受到极大关注。国外数字图书馆研究还关注数字图书馆的关键技术,包括用户界面、交互性和可用性等。传统图书馆的主要业务,如编目、馆藏建设、多媒体、用户研究等在数字图书馆环境下的发展也是国外数字图书馆研究者热衷的研究内容[7]。针对 CSSCI 及 WoS(Web of Science)中的数字图书馆相关文献,洪凌子等对比分析了国内外的数字图书馆研究领域。基于对高频关键词的分析,他们发现国内外均关注的研究主题包括:元数据及相关研究、信息检索、用户及用户行为研究、特定图书馆研究。另外,关键词共现聚类分析表明,国外研究聚焦在以下方面:数字图书馆的功能、用户研究、相关版权问题、信息检索、数字图书馆的模型、框架、标准、界面等问题;而国内则包括网络存储环境研究、数字图书馆人员素质研究、开放文件的元数据交割协议、版权、信息服务、数字对象研究、信息检索问题研究[8]。

由于数字图书馆跨学科的特性,构建知识地图以揭示该领域的研究主题是一种有效的方法。Nguyen 和 Chowdhury 调查了 1999—2010 年间发表的 7905 篇数字图书馆研究相关论文,以构建数字图书馆研究的知识地图[9]。研究揭示了 21 个核心主题和 1015 个子主题。核心主题包括:数字馆藏,数字保存,信息组织,信息检索,信息获取,人机交互,用户研究,构建和基础设施,知识管理,数字图书馆服务,移动技术,社会网络,语义网,虚拟技术,数字图书馆管理,数字图书馆应用,知识产权,隐私与安全,文化、社会、法律与经济问题,数字图书馆研究与发展,信息素养及数字图书馆教育。其中,从文献发表的数量占总的相关文献的比重来看,构建和基础设施(23%)、数字图书馆研究与发展(21%)及信息组织(9%)分列前三甲。用户研究的比重及用户研究中可用性(3%)研究的比重均较低。

　　基于以上研究,我们发现,数字图书馆研究是一个蓬勃发展的研究领域,其研究的需求根植于实践的发展,有着极强的生命力。然而,我们也不难发现,数字图书馆评估研究似乎并未成为一个受关注的主题,尽管这是数字图书馆开发并投入使用过程中极为重要的课题。Saracevic 曾呼吁学术界要重视这一研究领域,并身体力行地开展数字图书馆评估研究,阐述评估的基本理论问题,提出评估的理论框架[10],因此深刻地影响了数字图书馆评估研究的发展。Tsakonas 等更是强调评估是最为关键的数字图书馆研究领域之一[11]。因而,本书将致力于融合国内外相关研究,弥补当前评估研究的不足,推动数字图书馆评估研究的发展,以丰富数字图书馆研究的主题。

1.3　数字图书馆评估研究

　　数字图书馆评估涵盖数字图书馆发展的不同阶段,包括开发和运营过程中的绩效、质量及服务等方面。尽管数字图书馆评估并非数字图书馆研究领域的主流,然而,自数字图书馆诞生以来,评估研究便相伴相生地发展起来,也积累了一定的研究成果。本书第二章将综述数字图书馆的评估研究,以下简述相关研究现状并总结研究的特点,以帮助读者更好地理解本书所探讨问题的研究背景。

1.3.1　国外的数字图书馆评估研究:现状与特点

　　国外数字图书馆评估研究始于 20 世纪末。从事该类研究的根本目的在于发现数字图书馆的不足,以改善设计和提高其绩效。因此,国外着重于数字图书馆评估模式研究及实证研究。国外对数字图书馆评估的理论研究起步较早,在 2000 年,Saracevic 总结了数字图书馆的评估研究并提出了影响深远的数字图书馆评估的概念框架[12]。作为数字图书馆的评估工具,英国的 eVALUEd,欧盟的 EQUINOX,及美国研究图书馆协会(ARL)的 New Measures Initiative,LibQUAL^{+TM} 及近年来开发的 DigiQUAL 已被广泛运用于评估实践中[13]。此外,研究者们从不同角度提出了不同的评估模型,例如 Kwak 等提出的评估模型[14],Fuhr 等提出的 DELOS 评估框架[15],美国 DLI 计量工作小组提出的定量绩效测度指标[16],Goncalves 等提出的数字图书馆质量评价模型[17],Zhang 提出并通过实证研究验证的 DL 综合评估模型[18] 及 Vullo 提出数字图书馆评估的通用途径[19]。Tsakonas 等从本体的视角[20],基于开发的数字图书馆评估本体(Digital Library Evaluation Ontology,DiLEO)[21],分析了基于美国和欧洲的两大数字图书馆相关会议,即数字图书馆联合会议(Joint Conference on Digital Libraries,JCDL)及欧洲数字图书馆会议(The European Conference on Digital Libraries,ECDL)2001—2011 年的会议论文,试图揭示学者们评估什么及如何评估数字图书馆。从评估的维度来看,数字图书馆的绩效测度(performance measurement)、技术的优越性(technical excellence)及有效性(effectiveness)依然是数字图书馆评估研究最为关注的三大主题。可见,系统导向的数字图书馆评估研究仍然占据当前评估领域研究的主流[22]。

开展实证研究是国外数字图书馆评估研究的主体。例如,Hill 等人评估了 Alexandria 数字图书馆[23],Shiri 和 Molberg 评估了加拿大的 33 所数字馆藏的网页[24],Xie 探讨了用户角度的数字图书馆评估标准[25],Zhang 等对 ACM 数字图书馆、IEEE Xplore 及 IEEE Computer Society 数字图书馆开展了评估研究等[26]。确定评估的标准与测度的具体指标是数字图书馆评估研究的首要任务。这些标准与指标包括可获取性(Accessibility)、易学性(Learnability)、准确度(Accuracy)、清晰度(Clarity)、易读性(Readability)、有效性(Effectiveness)、效率(Efficiency)、满意度(Satisfaction)等。

国外数字图书馆的评估研究可分为两类。一类是协助数字图书馆的开发,改进其设计及功能,即一些数字图书馆是边开发边评估,通过评估随时调整设计思路和方向,以保证最终的数字图书馆的绩效,此类评估被称为"形成性评估"(Formative Evaluation)。例如,对 Alexandria Digital Earth Proto Type(ADEPT)的评估[27] 及对 Moving Image Collection(MIC)的元数据体系的评估[28]。另一类评估则是针对已完成并投入使用的数字图书馆开展评估,此类评估被称为"总结性评估"(Summative Evaluation)。例如,Zhang 等针对 IEEE Xplore、ACM Digital Libra 及 IEEE Computer Society

Digital Library 的评估研究[29]。

针对数字图书馆的界面或网站的评估是最活跃的一支,这直接催生了国外活跃的数字图书馆可用性研究。早在 1994 年,Nielsen 便提出了一系列的可用性原则[30],这些原则被广泛运用到界面可用性评价中,包括数字图书馆的可用性研究。例如,Jeng 基于效用(Effectiveness)、效率(Efficiency)、满意度(Satisfaction)及易学性(Learnability)[31],调查了罗格斯大学(Rutgers University)和纽约市立大学皇后学院(Queens College)图书馆网站的可用性;Aitta、Kaleva 和 Kortelaninen 基于 Nielsen 的原则并考虑数字图书馆的实际情况[32],提出了一系列用于评价数字图书馆服务的原则;Chen,Germain 和 Yang 调查了 113 所 ARL 的学术图书馆对可用性政策、标准及指南的重视程度,该研究发现 85% 的大学图书馆不同程度地开展过可用性评价研究[33]。然而,当前仍存在数字图书馆可用性评价缺乏统一标准的问题。

注重用户的感受和评价是用户导向的国外数字图书馆评估的又一特点,在这些评估研究中,用户是主要的评价主体,如 Xie[34]、Zhang 等[35]、Zhang 和 Li[36] 等的研究。此外,国外数字图书馆评估中关注用户与数字图书馆的交互,并从这一角度提出数字图书馆交互模型,评估数字图书馆的绩效,如 Shiri 和 Molberg[37],Zhang 等[38],Blandford 等[39] 的研究,然而,这些研究或从宏观的角度考察用户与数字图书馆的交互,或基于服务的视角,或仅停留在用户与搜索或浏览模块的交互上,对用户与数字图书馆交互不同的维度关注不够,对其交互的多维性特点的考虑欠缺。

1.3.2 国内数字图书馆评估研究:现状与特点

我国的数字图书馆评估研究始于 21 世纪初,从最初的一般性理论探讨、学习国外的评估理论与实践到构建我国数字图书馆评价指标体系或模型,已经取得了一定的成果。一些研究探讨数字图书馆评价应涉及的不同方面并基于此构建定性的指标体系,例如,如何利用焦点小组访谈的方法实施数字图书馆的评价[40];高校数字图书馆评价体系应涉及的不同方面[41];不同层次数字图书馆的评价[42];通过比较中外数字图书馆绩效评估的标准和体系,构建我国数字图书馆服务绩效评估体系[43]。此类研究多从思辨和理性分析出发,通常限于理论探讨,缺乏实证研究的支持。另一些研究注重将定性与定量的指标相结合构建数字图书馆的评价模型,如探讨层次分析法在数字图书馆综合评价中的应用[44];利用层次分析法评价数字图书馆的信息服务质量[45];构建基于信息构建的数字图书馆评价体系[46];利用层次分析法和群评价方法探讨数字图书馆读者满意度评价等[47]。此类研究多以层次分析法为主要研究方法,即分层次确定不同的指标并通过专家或用户调查确定各指标的权重,最终形成评价模型。此外,一些研究者提出利用模糊综合评价法评价数字图书馆,如战学秋和温金明[48]、赵丽梅和张庆普[49]及杨志和[50]等,他们采用的研究思路基本与层次分析法的应用研究相似。这类研究所产生的评价模型通常被用于数字图书馆的综合评价:一方面评价个体数字图书馆的各个方面,另一方面基于所提出的评价体系,通过模型计算的具体分值评价各个数字图书馆的总体质量,以实现为数字图书馆评级的目标。

国内重视综述性研究,着重总结国内外数字图书馆评估的研究成果,较全面地反映数字图书馆评估研究的现状及进展,如刘佳、李恩科和康延兴对 2002—2008 年我国数字图书馆评价研究文献的综述[51]、李贺,沈旺和国佳对国外数字图书馆评价的综述[52]及王惠和陈雅对国内外数字图书馆评价文献的述评[53]等。尤其是吴建华所著的《数字图书馆评价方法》集成了当前国内外数字图书馆评价的主要途径和方法,并辅以实际的评估案例[54]。这些综述性的研究成果有利于我们全面了解国内外数字图书馆评估的最新发展及存在的问题。此外,除从总体上关注数字图书馆的评估外,一些研究也着重评估数字图书馆的某个方面,如馆藏资源、服务质量、界面设计等。

但数字图书馆的可用性研究相对来说是一个薄弱环节,已发表的研究成果[55-61]虽从不同角度探讨了数字图书馆的可用性评价的内容、模式及存在的问题,然而,这些研究多限于理论探讨,缺乏实证研究的验证。

尽管国内数字图书馆研究在近年来取得了长足的进步,然而,一些问题依然十分突出,缺乏用户视角的数字图书馆评估研究,虽有周奇志,张玉兰和王燕[62]、袁红和王琴[63]等从用户视角开展数字图书馆评估实证研究,但仍然有不足的地方。例如,在利用层次分析法的研究中,我们很难明确了解某一个具体的数字图书馆的缺陷及如何改进的策略,尤其是用户与数字图书馆交互中的困难和问题。多数研究采用专家调查以确定指标权重,用户的评估往往被忽略。尽管研究者们提出了多种多样的评估指标体系,但大多缺乏实证研究数据的支持。此外,由于国内的研究注重评价指标体系的理论探讨,数字图书馆评估的实证研究不多。尽管针对某个数字图书馆的个案研究零星可见,如张宏亮对 CALIS 数字图书馆资源统一检索系统的评价[64],伍清霞对珠江三角洲数字图书馆联盟的效益评估[65]等。然而相对于庞大的数字图书馆的数量来说,个案研究依然缺乏且研究深度不够,加之缺乏用户的参与,现存的个案研究往往无法从根本上为改善和促进数字图书馆的功能设计和服务质量的提升提供帮助。这反映了我国数字图书馆的评估研究滞后于数字图书馆的建设,国内外的有识之士已意识到这种滞后将妨碍数字图书馆的社会和经济效益的发挥,为数字图书馆的进一步发展带来负面的影响[66-67]。因而,加强数字图书馆评估的理论与实践研究十分必要。

1.4 人机交互与多维交互的定义

根据研究的内容和范围不同,人机交互有广义和狭义两种解释。广义上,人机交互是人—机—环境系统工程学研究的一个重要领域,是计算机科学、行为科学、设计等领域的交叉学科。它不仅研究人机系统设计中人的特性和能力,以及机器、作业和环境条件对人的限制,而且还研究人的训练、人机系统设计和开发等。从狭义角度,人机交互是研究人、计算机以及它们之间关系的技术,其中用户界面作为人与计算机之间交换信息的媒介和对话接口,是计算机系统的重要组成部分[68]。经过多年的发展,人机交互已经发展成为一门交叉性极强的边缘学科,与认知心理学、人机工程学、多媒体技术和虚拟现实技术密切相关。本书将采用狭义的人机交互概念,即研究人(用户)与计算机系统之间的交互。

人机交互的发展主要经历了命令语言交互阶段、图形用户界面(GUI)交互阶段及多通道、多媒体的智能交互阶段。20 世纪 90 年代后期,随着多媒体技术和互联网技术的迅速发展和普及,人机交互研究的重点放在了智能化交互、多通道—多媒体交互、虚拟交互以及人机协同交互等方面,强调"以人为中心"的人机交互。尤其是以超文本标记语言 HTML 及超文本传输协议 HTTP 为主要基础的网络浏览器为代表的网络用户界面的出现,加快了人机交互技术的发展速度。由此而衍生的搜索引擎、多媒体动画、社交媒体等已深入人们的日常生活。也有学者将这一发展阶段称为"自然和谐的人机交互阶段",除了致力于研究友好的用户界面和基于声音、动作、表情等多种通道的自然交互方式外,还发明了大量新的交互设备,如头盔式立体显示器、数据手套、虚拟现实设备等。

人机交互领域的发展深刻地影响了信息检索系统的开发与设计。学者们自20世纪80年代便开始关注信息检索系统中的人机交互问题,因而催生了交互信息检索(Interactive Information Retrieval, IIR)研究领域。该领域聚焦用户与信息检索系统的交互,重点关注用户与系统交互而产生的搜索行为研究、改善交互及搜索过程自动化以支持用户与系统交互的技术研究[69]。作为信息检索系统的延伸,数字图书馆环境下的人机交互问题同样引发关注。已有研究表明,人机交互是数字图书馆研究的核心主题之一,研究领域包括一般性交互、人类工程学、一般性的可视化研究及用户界面[70]。相比于传统的信息检索系统,数字图书馆中的搜索更为复杂,通常同时提供搜索和浏览两种信息获取功能,由于界面集成不同类型的服务功能,导致与用户的交互变得更为复杂。因而,如何使数字图书馆的交互功能变得更可用、更友好、更高效,如何了解用户的需求和感知,探知用户评价及交互的过程,无疑是必需的。

然而,如何解构用户与数字图书馆的交互? 考察经典的交互信息检索理论模型[71-73],我们不难发现用户与信息检索系统的交互是一个复杂的过程,该过程融入多种不同的因素。例如 Ingwersen 的模型包括社会环境、检索系统、搜索中介、信息检索(IR)系统、文本、用户等[74],Belkin 的片段模型(Episode Model)融入了用户的目标、任务、与之交互的信息对象的类型、检索过程等因素[75],而 Saracevic 的分层交互模型由三个层次组成[76]:表层、认知层和情境层(Surface Level, Cognitive Level, and Situational Level),交互发生在不同层次。虽然这些经典的交互模型描述的是用户与信息检索系统的交互过程,但是,作为信息检索系统的延伸,用户与数字图书馆的交互过程同样与这些因素密切相关。因而,本书从这些经典的交互信息检索模型获得启示,认为用户与 IR 系统的交互是多维的。交互的过程不仅涉及不同的层次,同时与信息搜索所涉及的不同对象、相关要素之间亦存在交互。本书将之定义为"多维交互",以此作为研究的出发点。本书也将进一步厘清多维交互这一概念,明确用户与数字图书馆交互的维度和子维度,并据此构建数字图书馆交互评估的理论模型,开发交互评估的工具。

1.5 用户研究

用户研究是着重探讨用户对文献、信息、信息系统、不同的传播渠道等信息及信息媒介的获取、保存、使用、传播、分享等信息行为的重要研究领域。用户研究通常从两个角度展开,即用户角度和系统角度。前者主要研究信息用户需求、信息用户安全、信息用户满意度、信息用户行为与心理和信息用户能力与学习,后者则主要探讨信息系统设计中的用户因素、用户对信息系统、信息技术的使用等。当前,用户研究主要关注以下问题:①用户需求研究;②用户满意度研究;③用户行为及心理研究;④信息系统与信息技术的使用研究[77]。可见,LIS 领域的信息行为研究和系统的可用性研究均可视为用户研究的重要分支。

在 LIS 领域,一般认为用户研究发端于图书馆的使用研究。早在 1934 年一家名为蒙特克莱尔(Montclair)的公共图书馆调查发现其用户主要是三类:在校女学生、教师和牧师[78];1938 年芝加哥希尔德地区分馆(Hild Regional Branch)图书馆针对其用户的职业做调查,结果发现绝大多数是家庭主妇[79]。这两个调查可以看作是 LIS 领域最早的用户研究。

1948 年,英国皇家学会在伦敦召开科学信息会议,会议上的主题着重于文件查询系统和检索技术。在此次会议上,"信息用户"开始引起学术界的关注。Bernal 通过问卷调查,对科技文献的利用状况做了分析,并且首次提出用户研究的概念[80]。Bernal 是较早对用户的信息检索行为进行研究的学者,他通过问卷调查科学工作者查阅文献的行为习惯,旨在分析科研工作者查找什么文献、为什么查找、如何利用文献三个问题。同时,Bernal 指出,省时对于信息用户查找文献有着重要影响。1958年,美国国家科学院在华盛顿主持召开科学信息会议,会议议题主要是关于信息用户研究,其研究关注点在于用户查询时间的分配和对各种文献的偏好。自此,人们开始关注用户研究对信息机构的实际指导价值。在这一时期,一些专业研究机构的出现极大地推动了用户研究领域的发展。20 世纪 60 年代,先后诞生了英国情报组织协会和美国信息科学与技术年度评论期刊,前者的 Margaret Slater 和 John Martyn 在此期间做了大量的研究项目,后者则在期刊中专门设立信息需求和利用栏目,为用户研究开辟专栏。

LIS 领域的信息行为研究可视为用户研究的一支。20 世纪 80 年代以来,一系列的用户信息搜寻行为理论或模型被提出或构建起来,学者们试图从理论视角解释用户的信息搜寻行为特点。这些理论或模型包括 Belkin 的知识非常态假设[81]、Wilson 的信息行为模型[82]、Dervin 的意义建构理论[83]、Bates 的摘莓理论[84]、Ellis 的信息检索模式[85-87]、Kuhlthau 的信息查询过程模型[88]、Taylor 的信息使用环境[89]、Spink 的交互搜索过程模型[90]、Foster 的非线性信息搜寻行为[91]等。90 年代以来,用户研究不断细化,不同的特定用户群体成为信息行为的主要研究对象,如 Weiss 等对企业用户的竞争情报的收集方式的研究[92]、Foster 对终端用户商务信息的调查等,在一定程度上揭示了企业用户的信息需求[93]。Case 按照职业、角色、性别等人口学特征分析不同信息用户群体在信息搜寻过程中的行为差异[94]。不同的研究中,科学家、工程师、高校教师、高校不同层级的学生、中小学生、老人等均被视为不同研究群体加以探讨和研究,以便为他们提供更好的信息服务及构建更适合这些用户使用的信息检索系统。Wilson 将活动理论用于信息搜寻行为的研究,试图为用户研究创建一个通用的基础理论[95]。此外,用户的认知、心理、个性等个体特征成为用户研究中的重要变量加以探讨[96];环境与情境对用户信息行为的塑造也获得了学术界的广泛认同[97]。

在 Nguyen 和 Chowdhury 构建的数字图书馆知识地图中,用户研究是 21 个核心主题之一,尽管发文量占比偏低。数字图书馆领域的用户研究有如下子主题:用户、可用性、信息需求及一般性用户研究[98]。数字图书馆的可用性研究面向系统界面的设计,从用户的角度,采用满意度、易学性、易用性、可记忆性等标准,致力于改善系统界面的设计,提升系统的效用,为用户提供更好的用户体验。该领域已引起国内外学者的关注。如前所述(参见 1.3),学者们已提出了一系列的可用性检测标准和评价指标,并展开实证研究。

基于以上的论述,我们将数字图书馆评估置于用户研究的情境之下,将数字图书馆视为用户获取有用信息的重要平台,而成功的交互是获取这些有用信息的必经之路。"交互"在本书中是一个立体的概念,用户与数字图书馆的交互具有多维性的特性,探讨这些维度对评估用户与数字图书馆的交互绩效及他们对交互功能的评估具有重要的意义。这是本书的基本观点。因而,本书将立足于用户研究的理念,从用户视角开展数字图书馆的交互评估研究。这意味着虽然"数字图书馆的交互"是本书的主要研究对象,但是,"用户"是本书的主要研究手段和研究的主体。本书将以此为出发点,丰富和推进用户导向的数字图书馆评估研究。

1.6 研究目的与意义

本书的研究目的如下:

(1)从理论上探讨数字图书馆环境下用户与系统的交互维度与交互绩效,并从实证角度加以验证。明确交互的具体维度及其与绩效之间的关系,为构建数字图书馆交互评估的理论模型奠定基础。本书将数字图书馆置于用户研究与多维交互的理念中加以探讨。

(2)通过实验研究,构建基于用户的数字图书馆交互评估理论模型。基于(1)构建的交互绩效模型,本书将继续探讨数字图书馆环境下用户是如何评估其交互功能的,哪些因素或维度影响了用户对数字图书馆交互功能的评估。更进一步,本书将重点探究哪些因素与用户的评估结果相关及哪些因素可预测用户的评估结果。

(3)基于关键成功因素(Critical Success Factors)的理念,细化(2)所构建的理论模型。关键成功因素是企业管理领域重要的管理方法之一,本书将借助这一概念,探讨用户与数字图书馆交互的关键成功或失败因素,从而更进一步了解用户与数字图书馆交互的关键点,为数字图书馆交互评估工具的开发奠定基础。

(4)开发数字图书馆交互评估工具。基于(1)(2)中逐步构建的数字图书馆交互评估理论模型及(3)中细化的用户与数字图书馆交互关键成功因素模型,开发评估工具,并检验其有效性。

用户与数字图书馆的交互是用户获取信息资源的必经之路,因而,交互的成功与否直接关系到用户是否可以从数字图书馆中获取有用信息,也影响到用户对数字图书馆的满意程度及用户体验。本书探讨用户是如何评估数字图书馆的交互功能,厘清哪些因素与其评估数字图书馆的交互功能具有关联性,哪些因素可预测其对数字图书馆交互功能的评估结果,基于此,构建数字图书馆交互评估模型。因此,本书可为数字图书馆交互功能的评估提供理论框架和评估基础;同时,还可启示数字图书馆的开发和设计者,帮助他们在数字图书馆的建设过程中更好地融入用户因素,以开发出能更好地满足用户交互需求的数字图书馆。

1.7 本书的结构

本书共分为 8 章。第 2—4 章为本书的理论构建部分;第 5—8 章分别为交互维度与交互绩效的关系研究、交互维度与交互功能的评估、交互的关键成功因素与交互评估,以及交互评估工具的开发与构建。图 1 – 1 展示本书的研究阶段、研究内容及对应的章节。

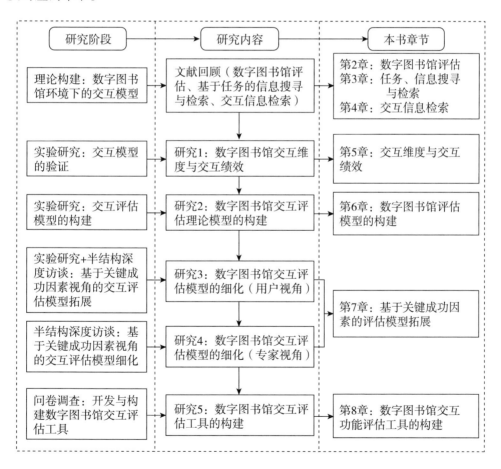

图 1 – 1 研究阶段、内容及本书的结构

总体而言,本书沿着从理论构建到实践应用的思路开展。具体而言,先从文献回顾入手,构建初步的理论模型。本书致力于数字图书馆的交互评估,首先要解决的问题是哪些维度会影响用户与数字图书馆的交互绩效,影响交互绩效的交互维度是评估中应重点考察的方面。为此,作为本书的基础,除了通过文献回顾构建初步的数字图书馆环境下用户与数字图书馆的交互模型之外,确定何种交互维度影响用户与数字图书馆的交互绩效也是至关重要的。一旦这些维度确定,便可基于这些维度进一步评估数字图书馆交互功能,并通过研究细化这些维度及构建用户与数字图书馆交互的评估工具。

本书的主要内容如下:

第 2 章:数字图书馆评估

本章从宏观的角度对数字图书馆评估研究进行了梳理。首先,阐述评估实践中普遍使用的准则:以人为中心的原则、针对性原则、科学性原则、可行性原则、动态性原则、主观和客观相结合原则、灵活性原则。其次,讨论数字图书馆指标体系构建的三种路径:结合传统图书馆领域与其他相关领域指标建立数字图书馆评价指标体系,根据数字图书馆概念模型建立数字图书馆评价指标体系,以及利用层次分析法构建数字图书馆评估指标。再次,从整体评估、数字资源评估、服务评估三个方面总结现有的数字图书馆评估指标体系。然后,对于数字图书馆的可用性评估进行专门讨论,论述系统导向流派、用户导向流派和实践研究流派三个学术流派关于数字图书馆可用性评估的研究成果。最后,介绍数字图书馆的评价方法,包括主观评价法、客观评价法、综合评价法。整体而言,数字图书馆评估还不是一个成熟的研究领域,仍需加强各方面的研究,包括评价指标之间的印证、关键指标识别等;同时,推动以目标用户为导向进行的功能性数字图书馆评估,切实推进数字图书馆的评估研究。

第 3 章:任务、信息搜寻与检索

本章阐述任务的概念和任务分类等基本理论问题,综述了一系列具有普适性的基于任务的信息行为及检索理论模型,如基于任务的信息检索过程模型、任务层次与信息搜寻行为模型、网络搜索模型等。同时,本章综述相关实证研究,阐释任务及不同的任务属性对用户信息搜寻和搜索行为及信息检索研究的影响,尤其是基于任务的个性化信息检索研究。以往的研究表明,任务的属性在不同程度上塑造了用户的信息搜寻行为、搜索行为及用户与信息检索系统的交互。本章回顾并阐述了与任务研究相关的研究方法,尤其是模拟仿真工作任务方法的提出及研究实践。最后,本章总结该领域的研究现状、存在的不足及未来研究发展趋势,指出未来的研究应进一步规范任务维度及不同任务属性和特征的定义和测度;探讨不同社会群体的任务与信息行为和检索实践之间的关系;深化基于任务的个性化信息检索研究。本章的目的在于为数字图书馆交互维度模型的构建,尤其是任务维度的纳入提供理论基础。

第 4 章:交互信息检索

交互信息检索(Interactive Information Retrieval,IIR)是一个交叉研究领域,它继承了传统信息检索领域通过多种技术手段致力于为用户获取相关信息提供便利的使命,同时融合了用户信息行为研究中对用户不同方面特点的关注,聚焦用户与信息检索系统的交互活动,包括用户与系统、用户与信息的交互。IIR 吸纳人机交互领域研究的特点,探究用户的行为并将用户的行为特征融入检索系统的设计。该领域在 20 世纪 60 年代开始萌芽,以融合系统中心和用户中心的研究领域为基础,逐步发展起来,成为信息检索领域的重要分支及情报学的重要研究领域。由于本书的目的在于探讨数字图书馆的交互与评估,其基本理念及研究方法来源于交互信息检索这一领域。换言之,本书所描述的多项研究是交互信息检索领域所探讨的问题,其立场根植于交互信息检索领域。因此,本章的目的在于阐述该领域的历史发展及主要研究领域,并为此后章节的各项研究提供理论与实证基础。

第 5 章:交互维度与交互绩效

本章报告了用户与数字图书馆交互维度与交互绩效关系的研究过程及研究结果。采用实验研究的方法,设计了一项模拟仿真工作任务及要求实验参与者携带一项真实的工作任务,招募了 42 位本科生开展实验研究。本章首先探究模拟仿真工作任务和用户真实任务在任务属性方面的差异及其对用户交互行为及交互绩效的影响,然后探讨数字图书馆环境中用户交互信息搜索行为与交互绩效之间的关系。结果表明,尽管模拟仿真工作任务和用户的真实工作任务在某些任务属性方面存在显著差异,然而,它们在塑造用户交互行为和影响用户交互绩效方面并不存在显著差异。用户与数字图书馆在不同维度的交互会在不同程度上影响交互绩效。其中,技术维度的"界面易用性""导航清晰性"和"栏目信息组织合理性",信息维度的"所获信息充分性"及任务维度的"获得任务所需信息的信心"显著影响并可预测用户与数字图书馆的交互绩效。本书验证了用户的交互维度与交互绩效显著相关,从而为基于该交互模型评估数字图书馆的交互功能奠定了一定的理论基础。

第 6 章:数字图书馆评估模型的构建

本章基于数字图书馆交互功能评估的三维理论模型构建基于用户多维交互行为的数字图书馆评估模型,在本科生、硕士和博士研究生这三个学历层次选取实验对象,采用卡片排序法和模拟仿真工作任务情境等方法对模型进行验证。实验任务分为研究者设计的 4 种不同类别和难易程度的模拟任务及用户自带的真实任务两大类。基于实验数据重点探讨在任务、信息和技术维度下用户与数字图书馆之间的交互以及交互绩效间的关系,并且分析不同学历层次的用户在各维度及交互绩效方面的差异,综合分析了用户在三个维度对基于任务的数字图书馆评估、数字图书馆的交互功能及数字图书馆总体评估的影响。本章的贡献集中在如下三个方面:第一,在三维交互评估模型的基础上,进一步细化各维度的指标,构建出基于用户多维交互行为的数字图书馆评估指标体系。第二,使该体系的各项指标具有可操作性,并采用实验研究方法进行测度。第三,分析每一维度对基于任务的评估结果、交互功能评估、总体评估的影响,以及各维度对这三方面的综合影响,构建不同方面的回归模型,并据此构建基于任务的数字图书馆评估、数字图书馆交互功能评估模型和数字图书馆总体评估模型。

第 7 章:基于关键成功因素的评估模型拓展

本章首先基于专家视角分别针对信息维度下的 4 个子维度(适用性、易理解性、准确性和可获得性)、技术维度下的 3 个子维度(网页结构、网页布局和网页链接),以及任务维度下的 1 个子维度(主观感知任务困难度)展开研究。采用质性研究方法,通过半结构深度访谈获取研究数据,并通过开放编码及主轴编码分析数据,进一步细化"数字图书馆交互功能评估模型"。而后,基于用户视角,采用实验和深度访谈相结合的方法,以南开大学数字图书馆为实验系统展开研究,结果表明同一资源的途径多样性、分类合理程度、用户指导、功能集成程度、类似网站的功能相似性、简洁程度、对网站熟悉程度、自信心等 41 个因素是用户与数字图书馆交互成功的关键因素,在此基础上进一步简化关键成功因素列表,构建了用户与数字图书馆交互的关键成功因素模型,增加了系统与外部联结的因素、目标因素、用户需求因素、用户习惯因素 4 个新的子维度,充实了数字图书馆评估模型。最后,本章对在两类视角下用户与数字图书馆交互成功的关键因素开展对比分析,专家视角提出的关键因素是决定用户视角中的关键因素能否实施的先决条件,用户视角中的关键因素相比较而言更加细化,可以作为专家视角的补充。

第8章:数字图书馆交互功能评估工具的构建

本章基于数字图书馆交互的一系列前期研究及对相关研究的回顾,构建了由52个指标构成的数字图书馆交互评估问卷,经过预调查修改和完善问卷,在正式调查中收集372份有效问卷。研究分析了各指标的重要程度、信度及效度。采用因子分析对52个指标进行聚合,经过筛选和反复验证,最终形成由7个因素,以及包括系统的效用、网站结构与信息组织、资源可获得性、页面表现、可用性、主观任务感知及系统的绩效与效率等在内的45个指标构成的数字图书馆交互评估量表,为评估数字图书馆的交互提供了具备有效性、可靠性和可操作性的评估工具。同时,本章提出使用该工具的相关建议,阐述了如何使用该评估工具开展数字图书馆交互评估,并提出了相关建议。

参考文献:

[1－2][9] BORGMAN C L. What are digital libraries? competing visions[J]. Information processing and management,1999,35:227－243.

[3－4][70][98] NGUYEN S H,CHOWDHURY G. Interpreting the knowledge map of digital library research(1999—2010)[J]. Journal of the American society for information science and technology, 2013,64(6):1235－1258.

[5][7] 张春红,唐勇,肖珑.我国数字图书馆研究十年发展回顾[J].大学图书馆学报,2011(4):18－24.

[6][8] 洪凌子,黄国彬,于洋.基于 CiteSpace 的国内外数字图书馆研究论文的比较分析[J].图书馆论坛,2014(6):91－100.

[10][12][66] SARACEVIC T. Digital library evaluation:toward an evolution of concepts[J]. Library trends,2000,49(2):350－369.

[11][20][22][67] TSAKONAS G,MITRELIS A,PAPACHRISTOPOULOS L,et al. An exploration of the digital library evaluation literature based on an ontological representation[J]. Journal of the American society for information science and technology,2013,64(9):1914－1926.

[13] KYRILLIDOU M,GIERSCH S. Developing the DigiQUAL protocol for digital library evaluation

［C］//MARLINO M,SUMMER T,SHIPMAN F. Proceedings of the fifth ACM/IEEE-CS joint conference on digital libraries. NewYork:ACM Press,2005:172 – 173.

［14］KWAK B H,JUN W,GRUENWALD L. A study on the evaluation model for university libraries in digital environments［C］//AGOSTI M,THANOS C. Research and advanced technology for digital libraries:proceedings of the sixth european conference. Berlin,Germany:Springer,2002:204 – 217.

［15］FUHR N,HANSEN P,MABE M,et al. Digital libraries:a generic classification and evaluation scheme ［C］//CONSTANTOPOULOS P S,SØLVBERG I. Research and advanced technology for digital libraries:proceedings of the fifth European conference. Berlin,Germany:Springer,2001:187 – 199.

［16］LARSEN R. The DLib test suite and metrics working group:harvesting the experience from the digital library initiative［EB/OL］.［2016 – 02 – 10］. http://www. dlib. org/metrics/public/papers/The_ Dlib_Test_Suite_and_Metrics. pdf.

［17］GONÇALVES M A,MOREIRA B L,FOX E A,et al. "What is a good digital library?"—a quality model for digital libraries［J］. Information processing and management,2007,43(5):1416 – 1437.

［18］ZHANG Y. Developing a holistic model for digital library evaluation ［J］. Journal of the American society for information science and technology,2010,61(1):88 – 110.

［19］VULLO G. A global approach to digital library evaluation ［J］. Library quarterly,2010,20(2):169 – 178.

［21］TSAKONAS G,PAPATHEODOROU C. An ontological representation of the digital library evaluation domain［J］. Journal of the American society for information science and technology,2011,62(8): 1577 – 1593.

［23］HILL L L,CARVER L,LARSGAARD M,et al. Alexandria digital library:user evaluation studies and system design［J］. Journal of the American society for information science,2000,51(3):246 – 259.

［24］［37］SHIRI A,MOLBERG K. Interfaces to knowledge organization systems in Canadian digital library collections［J］. Online information review,2005,29(6):604 – 620.

［25］［34］XIE H I. Users' evaluation of digital libraries(DLs):their uses,their criteria,and their assessment［J］. Information processing and management,2008,44(3):1346 – 1373.

［26］［29］［35］［38］ZHANG X,LI Y,LIU J,et al. Effects of interaction design in digital libraries on user interactions［J］. Journal of documentation,2008,64(3):438 – 463.

［27］BORGMAN C L,LEAZER G H,GILLILAND-SWETLAND A J,et al. Iterative design and evaluation of a geographic digital library for university students:a case study of the Alexandria digital earth prototype（ADEPT）［J］. Research and advanced technology for digital libraries lecture notes in computer science,2001,2163/2001:390 – 401.

［28］［36］ZHANG Y,LI Y. A user-centered functional metadata evaluation on moving image collections ［J］. Journal of the American society for information science and technology,2008,59（8）:1331 – 1346.

［30］NIELSEN J. Usability Engineering［M］. Boston MA:Academic Press,1993.

［31］JENG J. Usability assessment of academic digital libraries:effectiveness,efficiency,satisfaction,and learnability［J］. Libri,55:96 – 121.

［32］AITTA M-R,KALEVA S,KORTELAINEN T. Heuristic evaluation applied to library web services ［J］. New library world,2008,109（1/2）:25 – 45.

［33］CHEN Y,GERMAIN C A,YANG H. An exploration into the practices of library web usability in ARL academic libraries［J］. Journal of the American society for information science and technology, 2009,60（5）:953 – 68.

［39］BLANDFORD A,ADAMS A,ATTFIELD S,et al. The PRET a rapporter framework:evaluating digital libraries from the perspective of information work［J］. Information processing and management, 2008,44:4 – 21.

［40］吕娜,余锦凤.基于焦点团体的数字图书馆评价研究框架［J］.图书情报工作,2009,53（9）: 29 – 32.

［41］穆靖,刘毅,郭明明.高校数字图书馆评价指标体系研究［J］.情报科学,2010,28（10）:1509 – 1512.

［42］吴建华,王朝晖.数字图书馆评价层次分析［J］.情报科学,2009,27（8）:1207 – 1213,1218.

［43］李新霞.中外数字图书馆绩效评估的比较研究［J］.图书馆学研究,2013,（7）:34 – 41.

［44］徐婧. AHP 法在数字图书馆综合评价中的应用［J］.图书馆论坛,2006,（1）:238 – 240.

［45］朱红涛,刘永.基于层次分析法的数字图书馆信息服务质量评价研究［J］.情报科学,2007,25 （5）:720 – 724.

［46］张玉兰,郑春厚,刘象超.基于 IA 的数字图书馆评价体系定量分析［J］.情报科学,2008（10）: 1522 – 1525.

［47］王居平.基于群评价方法的数字图书馆读者满意度指数的测评［J］.农业图书情报学刊, 2009,21（7）:17 – 19 .

［48］战学秋,温金明.多层次模糊综合评判法在数字图书馆评价中的应用［J］.情报科学,2007,25 （7）:1035 – 1038.

［49］赵丽梅,张庆普.基于模糊层次分析的数字图书馆绩效评价［J］.现代情报,2009,29（4）:

82 – 85.

[50] 杨志和.数字图书馆发展水平的模糊综合评价[J].情报杂志,2009(S1):142 – 146.

[51] 刘佳,李恩科,康延兴.2002—2008 年我国数字图书馆评价研究文献综述[J].晋图学刊,2010,(3):108 – 111.

[52] 李贺,沈旺,国佳.国外数字图书馆评价研究现状分析[J].中国图书馆学报,2010,36(190):88 – 93.

[53] 王慧,陈雅.国内外数字图书馆评价文献述评[J].大学图书情报学刊,2007,25(3):98 – 104,65.

[54] 吴建华.数字图书馆评价方法[M].北京:科学出版社,2009.

[55] 黄晓斌.数字图书馆可用性评价应关注的几个问题[J].国家图书馆学刊,2010(3):39 – 43.

[56] 邱明辉.数字图书馆可用性评价研究综述[J].国家图书馆学刊,2010(3):33 – 38,52.

[57] 邱明辉,黄晓斌.数字图书馆可用性评价模式研究[J].国家图书馆学刊,2010(3):44 – 48.

[58] 马翠嫦,邱明辉,曹树金.国内外数字图书馆可用性评价研究历史与流派[J].中国图书馆学报,2012,(2):90 – 99.

[59] 张岌秋.数字图书馆可用性评价方法研究[J].图书馆学研究,2007(4):13 – 15.

[60] 黄晓斌,邱明辉.自动可用性评价工具及其在数字图书馆的应用[J].国家图书馆学刊,2013(5):24 – 31.

[61][63] 袁红,王琴.用户信息搜寻模式与数字图书馆可用性评价[J].图书情报工作,2013(13):22 – 28.

[62] 周奇志,张玉兰,王燕.用户视角的数字图书馆评价标准及个案分析[J].情报杂志,2009(5):91 – 94.

[64] 张宏亮.CALIS 数字图书馆资源统一检索系统评价研究[J].图书馆学研究,2007(10):40 – 42.

[65] 伍清霞.数字图书馆联盟效益评估探索——以珠江三角洲数字图书馆联盟为例[J].图书馆论坛,2012,32(4):52 – 57,135.

[68] 刘伟,袁修干.人机交互设计与评价[M].北京:科学出版社,2008.

[69] RUTHVEN I. Interactive information retrieval[J]. Annual review of information science and technology,2009,44:43 – 91.

[71][74] INGWERSEN P. Cognitive perspectives of information retrieval interaction:elements of a cognitive IR theory[J]. Journal of documentation,1996,52(1):3 – 50.

[72][75] BELKIN N J,COOL C,STEIN A,et al. Cases,scripts and information seeking strategies:on the design of interactive information retrieval systems[J]. Expert systems with applications,1995,9

（3）:379 – 395.

［73］［76］ SARACEVIC T. Modeling interaction in information retrieval（IR）:A review and proposal ［C］//Proceedings of the American society for information science,1996,33:3 – 9.

［77］ 韩永青. 国外信息用户研究进展[J]. 情报科学,2008,26(7):1102 – 1109.

［78 – 79］刘永涛. 国外信息用户研究进展[J]. 图书馆研究与工作,2011(2):48 – 50.

［80］ BERNAL J D. Preliminary analysis of pilot questionnaire on the use of scientific literature［C］// Proceedings of the 1948 scientific information conference. London:Royal Society,1948:589 – 637.

［81］ BELKIN N J. Anomalous states of knowledge as a basis for information retrieval［J］. Canadian journal of information and library science,1980(5):133 – 143.

［82］ WILSON T D. On user studies and information needs［J］. Journal of documentation,1981,37(1): 3 – 15.

［83］ DERVIN B. An overview of sense-making research:concepts,methods and results［EB/OL］.［2016 – 02 – 15］. http://faculty. washington. edu/wpratt/MEBI598/Methods/An% 20Overview% 20of% 20Sense-Making% 20Research% 201983a. htm.

［84］ BATES M J. The design of browsing and berrypicking techniques for the online search interface［J］. Online information review,1989,13(5):407 – 424.

［85］ ELLIS D. A behavioural approach to information retrieval design［J］. Journal of documentation, 1989,46:318 – 338.

［86］ ELLIS D,COX D,HALL K. A comparison of the information seeking patterns of researchers in the physical and social sciences［J］. Journal of documentation,1993,49:356 – 369.

［87］ ELLIS D,HAUGAN M. Modelling the information seeking patterns of engineers and research scientists in an industrial environment［J］. Journal of documentation,1997,53(4):384 – 403.

［88］ KUHLTHAU C C. Inside the search process:information seeking from the user's perspective［J］. Journal of the American society for information science,1991,42:361 – 371.

［89］ TAYLOR R S. Information Use Environments［M］//DERVIN B,VOIGT M J. Progress in Communication Sciences. Norwood,NJ:Ablex Publishing,1991:217 – 255.

［90］ SPINK A. Study of interactive feedback during mediated information retrieval［J］. Journal of the American society for information science,1997,48(5):382 – 394.

［91］ FOSTER A. A non-linear model of information seeking behavior［J］. Information research,2005,55, （3）:228 – 237.

［92］ WEISS A. A brief guide to competitive intelligence:how to gather and use information on competitors[J]. Business information review,2002,19(2):39-47.

[93] FOSTER A. Business information in the end-user age:business information resources survey[J]. Business information review,2002,19(1):5-22.

[94] CASE D O. Looking for information:a survey of research on information seeking,needs,and behavior [M]. Bingley,UK:Emerald Publishing Group,2012.

[95-96] WILSON T D. Activity theory and information seeking behavior[J]. Annual review of information science and technology,2008,42(4):119-161.

[97] 李月琳,胡玲玲.基于环境与情境的信息搜寻与搜索[J].情报科学,2012(1):110-114.

2 数字图书馆评估

自 1994 年美国数字图书馆创始计划一期工程启动以来,数字图书馆的研究与实践活动已历经 20 余年的历史。在这期间,出现了各种新兴的国家数字图书馆、商业数字图书馆等,高校图书馆也纷纷实现了向数字图书馆的转型,其中部分数字图书馆取得了成功,成为社会文化建设的中坚力量;然而,也有部分数字图书馆的发展陷入了困境。对于前者而言,需要时刻关注用户需求的变化、审视自身的发展态势,以保持可持续发展的动力;对于后者而言,则需要深入分析存在的问题、提出科学的对策,寻求实现数字图书馆良性发展的路径。由此,数字图书馆评估研究应运而生。

评估是改善实践活动的必要手段,数字图书馆的评估具有重要的现实意义:对于在建的数字图书馆项目进行评估,有助于帮助管理者从整体上把握项目的进展与效果;对于已运行的数字图书馆进行评估,则有助于了解其利用效率、影响力等现状,准确判断数字图书馆在资源、服务、管理等方面存在的问题与不足,预测数字图书馆未来的发展态势,选择适宜其发展的路径与策略,调整并规划其未来的努力方向。总体而言,通过评估,可以促进数字图书馆的可持续发展,使其能够高效发挥传承文化遗产、支持科学研究、传播先进文化的使命,承担服务用户信息需求的责任。

数字图书馆评估以评估标准与指标体系为基础,同时又能促进评估标准与指标体系的改良,从而服务于数字图书馆的标准化管理,为数字图书馆信息资源建设和服务提供参考和借鉴,从根本上促进其管理水平和工作水平的提升。特别在我国,从事数字图书馆项目建设的人员主要来自信息技术公司、图书馆机构等[1],普遍不重视评估的重要性,少有掌握相关评价的理论与方法,而从事数字图书馆研究的人员对于数字图书馆评估的参与更多的是停留在理论层面,缺乏实践,尚未提出权威的、普遍采纳的数字图书馆评估标准,由此导致数字图书馆的实践无法自觉地、充分地运用评估这一手段促进数字图书馆管理水平与工作水平的提升,这是数字图书馆建设长期面临的问题之一。因而,如何有效开展数字图书馆评估研究与实践是现阶段以及未来很长一段时间内数字图书馆建设面临的重要课题之一。

在数字图书馆领域,学者们谈及"评估"时,所使用的术语较为多样化,外文文献中使用"assess""evaluate""measure"等,中文文献则为"评估""评价""测评""验收"等。根据吴建华的总结,"评估"与"测评"在官方组织或学会、协会中使用较多,"评价"则在学术文献中出现得较为频繁,"验收"则专指数字图书馆项目建设的考核;在中文语境下,"评估""评价""测评",三者可以交替使用[2]。本书以使用"评估"为主,有时根据上下文使用"评价""测评"等。此外,关于"数字图书馆"本身,在早期文献中也存在"电子图书馆""虚拟图书馆"等其他体现数字图书馆阶段性发展的称谓;关于"数字信息""数字服务"也存在"电子信息"与"电子服务"的术语,在论述数字图书馆评估问题的过程中,一般采用"数字图书馆""数字信息""数字服务",当涉及相关研究时,将忠于原著,采用传统的用法。此外,数字图书馆评估有针对数字图书馆项目的评估和针对数字图书馆实体的评估之分,本章中所指的数字图书馆评估是指后者,对于前一种情况,本章暂不涉及。

2.1　数字图书馆评估原则

数字图书馆评估是复杂而困难的,这是因为数字图书馆本身是一个复杂的组织机构,涉及的领域繁多,早在 1995 年,Fox 通过文献分析得出数字图书馆所涉及的 65 个领域,包括信息检索、知识产权、信息分类与组织、信息安全、数据库、可用性、用户满意度等[3]。时至今日,数字图书馆涉及的领域更加庞杂。评估时兼顾每一个维度已经十分困难,更何况每一个维度的评价又涉及多个层面,以数字资源建设为例,需要对其时间分布、学科分布、可获得性、使用频率等诸多方面进行考核。

此外,数字图书馆涉及的相关利益群体广泛,如不同层次的用户、出版商、数据库商、计算机与网络专家、信息检索专家、学科专家、馆员,评估需要各方贡献力量,然而不同群体对于数字图书馆的认知不同,如图书馆界认为数字图书馆是传统图书馆在互联网时代的延伸,是信息采集、组织与服务的机构;计算机和网络专家认为数字图书馆是分布式的信息系统;还有学者提出数字图书馆是社会技术系统的观点等[4]。各方群体认知视角的差异以及立场的不同,极易导致评估指标设计与评价数据解读的冲突。鼓励多方参与并整合多方视角无疑增添了数字图书馆评估实施的难度。

尽管数字图书馆及其利益相关群体较为复杂,但实践发现,数字图书馆评估实践存在一些普遍适用的准则:

2.1.1 以人为中心的原则

以人为中心的原则包含两个方面的内容:第一,数字图书馆服务于用户,用户需求是数字图书馆活动的中心,数字图书馆的评估也应当植根于用户需求,评估用户的需求、与需求相匹配的任务以及信息与任务构筑的情境;第二,数字图书馆的评估应当鼓励更多的群体参与其中,融合多种视角、整合多方观点,实施开放式的评价。除了用户,其他利益相关者,如馆员、领导机构、数据供应商等,他们的需求、现状也应当予以考虑。根据 Marchionini 的观点,评估人员奉行以人为中心的原则,需要解决以下挑战:①哪些群体受到数字图书馆的影响;②谁/什么可能左右数字图书馆对利益相关者的影响力;③数字图书馆影响力的预测指标是什么;④如何测度这些指标;⑤数字图书馆当前的影响力如何影响未来用户及系统[5]。上述五个问题的回答能够细化数字图书馆评估的主体与客体,并可作为评估方案设计与实施的参照路径。

2.1.2 针对性原则

针对性原则是指数字图书馆评估方案的制定与评估指标的选取应当秉持目标导向,根据数字图书馆的实际情况与评估活动的根本目的实施评估:不同性质的数字图书馆之间差异较大,服务的用户不同,建设的宗旨与使命也不尽相同,例如高校数字图书馆与科研数字图书馆建设强调"内容为王",而公共图书馆体系的数字图书馆在这方面略有不及,转而重视数字服务。这意味着对于不同类型的数字图书馆,工作重点不一,评估的标准也不能一概而论;数字图书馆属性、规模、复杂程度不一,其评估也有宏微观之分;数字图书馆评估的目的或为立项,或为验收,或为改善服务水平,或为考核绩效,或为理论探索等,应根据评估目的,设计评估标准、选取评估人员、选择评估方法等;评估针对的范围不同,或是只针对单个数字图书馆或是针对多个数字图书馆,或是只针对单个维度(服务、资源、可用性等)抑或是针对数字图书馆整体进行全面评价,需要根据评估客体或是具体的评估事项,选择评估指标。总而言之,每一个不同的评估对象与评估目的,都应该对应不同的指标体系与评价数据收集方法。

2.1.3　科学性原则

评估是主体挖掘客体价值的复杂活动,是一种研究活动。研究讲求科学规范性,数字图书馆评估也应当遵循这一原则,从评价方案的设计到评价结果的分析都需要实事求是,按照标准的评估程序实施评估计划。首先,评价指标及其权重、层次等的确立应既反映主体的主观需求,又契合客体的客观情况;其次,根据评价指标,采用科学的方法与手段实施评估;再次,获取真实可靠的评价数据并采用科学的方法进行分析处理;最后,对评价结果做出客观的评判并予以反馈。

2.1.4　可行性原则

评价活动是实践活动,实践活动的成功取决于实践方案的可行。对于数字图书馆评估而言,评价方案必须具有可操作性才能实施。数字图书馆评估是一个信息处理的过程,即信息获取、加工、描述、反馈的过程。信息,即评价数据的可获得性是整个评价活动的基石,同时也是测度评估方案可行性的重要杠杆。为了获得真实可靠的数据,一方面在设计评价指标时,要考察是否可以将抽象的、复杂的指标进行概念化并将其量化为可测度的变量;另一方面,要考察当前的研究方法与技术手段是否能够胜任主观数据和客观数据的获取,对于那些难以测度的指标适时放弃。此外,除了评价数据的可获得性,评价人员、评估成本等方面的可操作性,也应当予以考虑。

2.1.5　动态性原则

动态性原则是指数字图书馆的评估是一个持续的过程,应当贯穿于数字图书馆的整个生命周期。正如 Marchionini 所指出,数字图书馆评估应当以用户为中心,而现实中用户的需求、任务以及信息行为都处于不断的变化之中,因而数字图书馆的设计与评估也应当与时俱进[6]。Lynch 也特别强调数字图书馆的发展对于用户及其需求的动态把握,将其视作考察数字图书馆可持续发展能力的三个指标之一[7]。另外,数字图书馆是网络、计算机、信息存储与组织等技术结合的产物,信息技术的革新推动数字图书馆不断的发展,这同样要求数字图书馆评估指标与标准、方法的与时俱进。正是用户与技术的改变,决定了数字图书馆评估必将是一个持续的、反复的过程。

2.1.6 主观和客观相结合原则

主观和客观相结合原则是指数字图书馆的评估应当兼顾主观信息和客观信息,通过主客观数据的相互印证、相互弥补,完善评估结果。数字图书馆的主观信息是指用户以及其他群体通过参与数字图书馆的设计、使用、管理,对其信息资源、信息服务等形成的主观的判断,如界面美观与否、服务满意与否等;客观信息是指数字图书馆作为运动的事物本身所显现的丰富数据,包括数字图书馆的结构与功能信息以及用户结构与使用信息,例如电子期刊的种类、数字资源的可获得性、用户年龄分布、资源下载量等。主观信息和客观信息分别揭示了数字图书馆的主观价值和客观价值,只有两者不偏废其一,才能对数字图书馆的价值做出准确的判断。

2.1.7 灵活性原则

灵活性是指数字图书馆评估方法运用应当具有灵活性。数字图书馆的主观信息和客观信息来源不同,需要采用不同的方法对这些信息或数据进行收集,主观信息需要采用观察、问卷、深度访谈、实验、民族志等研究方法,客观信息则需要采用日志、系统测试等方法。由于需要兼顾主客观信息,因而完整的数字图书馆评估往往需要采用定性研究与定量研究相结合的方法。而且,由于数字图书馆的复杂性,评估活动需要考察的信息十分的庞杂,研究方法的结合不只是单一定性方法与单一定量方法的结合,可能是多种定性方法与多种定量方法的结合。每一种数据收集方法都具有其固有的优势与劣势,在评估的过程中,在充分保障数据可获得性与可靠性的基础上,应灵活运用定性和定量两种方法,获取尽可能丰富的数据。

2.2 数字图书馆评估路径与概念模型

尽管数字图书馆评估存在评估目的、主体、客体、范围、层次等的差异,但评估实践基本遵循同样的评估程序:确定评估目的→设定评估标准与指标→获取评估信息→形成评估判断→评估反馈。其中,评估标准与指标承载着评估目的与评估主体的需要,是对数字图书馆的价值进行判断的标杆,这根"标杆"设置得合理与否,不仅关乎数字图书馆的价值能否获得认可,更影响着数字图书馆未来发展道路的抉择。关于如何设置数字图书馆的评价指标体系,一般有以下三种路径:

2.2.1 基于传统图书馆与其他相关领域的指标体系

数字图书馆是多个领域的集合体,集合体中的部分领域已经出现了较为成熟的评估指标体系,可供数字图书馆评价指标设计作为参考。

Saracevic 较早地对数字图书馆评估进行了系统的研究,他认为正是数字图书馆评估概念本质的不清晰阻碍了数字图书馆评估研究与实践的发展,并在文献分析的基础上采用系统方法设计了数字图书馆评估理论框架[8],该框架由以用户为中心的社会、机构、个人层面,界面,以系统为中心的工程、处理、内容层面构成。关于选取哪些标准对这七个层面进行评估,Saracevic 提出可从传统图书馆、信息检索、人机交互三个领域借鉴一些评估指标,具体内容如表 2 - 1 所示。

表 2 - 1 相关领域可供借鉴的数字图书馆评价指标[9]

传统图书馆:

- 藏品:目的、主体、范围、权威性、规模、时效、读者、成本、格式、保护、保存、持续性
- 信息:准确性、适合性、链接、代表性、唯一性、兼容性、展示、即时性、所有权
- 使用:可获得性、可访问性、可搜索、可用性
- 关于成分和过程的标准

信息检索:

- 相关性
- 满意度、成功
- 索引、搜索、输出格式

人机交互:

- 可用性、功能性、结果
- 任务适宜性、失败
- 连通性、恢复性
- 设计特征
- 导航、浏览
- 服务、帮助

此后,美国研究图书馆学会(Association of Research Libraries,以下简称"ARL")也在传统图书馆评估指标 LibQUAL + 的基础上开发出专门用于数字图书馆服务质量评价的 DigiQUAL。另外,查全率、查准率等信息检索的相关指标也被引入数字图书馆评估。

2.2.2　基于数字图书馆的概念模型

评估是价值判断的活动,价值判断以事实判断为基础[10]。关于数字图书馆评估,数字图书馆本身即构成事实信息的组成部分。如果人们对数字图书馆本身的认知存在偏差,评估可能就不够客观、全面。然而,对于什么是数字图书馆,什么是有价值的数字图书馆,不同的利益相关群体回答不一。Fuhr 认为这将会为数字图书馆评估带来一些问题:①评估什么? 馆员比较关注馆藏,而计算机专家可能对技术方面的问题更感兴趣。②测度什么以及如何测度? ③系统设计者更关注数字图书馆(计算机)系统的效率,而其他人可能更关注查全率、查准率、任务完成率等。④谁需要评估结果? 在很多的评估情境中,评估结果是为了支持决策,如图书馆管理者选择新的数字图书馆软件,馆员订购能够满足用户需求的数字图书馆等。⑤什么时候适宜评估? 对于数字图书馆系统功能的评估只要是在实验室环境中任何时间皆可,为数字图书馆采购所进行的评估则必须在最终产品完成之后[11]。这些问题不解决,评估工作将无法顺利开展。

为了解决数字图书馆认知冲突对于评估造成的影响,一些学者跳出概念界定的藩篱,从结构—功能的视角对数字图书馆的本元进行高度抽象,构建数字图书馆的概念模型。数字图书馆的概念模型是对实体数字图书馆的高度抽象,提炼的元素恰是实体数字图书馆构成的基本要素。人们对于数字图书馆的认知大相径庭,但是对于概念模型中提炼的数字图书馆元素的认知是没有异议的,因而,概念模型比数字图书馆的定义更适合作为数字图书馆评估的前提与评估标准和指标构建的基础。DELOS 模型和 5S 模型正是两个被用于数字图书馆评估的概念模型。

(1)DELOS 模型

1997 年,DELOS(Network of Excellence on Digital Libraries,数字图书馆杰出网络)开始举办数字图书馆评估论坛,并成立"数字图书馆测试套件"(Digital Library Test Suite)工作组(以下简称"DELOS 工作组"),致力于为数字图书馆绩效评估建立基础框架。

　　DELOS 工作组成员针对数字图书馆评估存在概念不一致、过度强调某一维度或某一利益相关群体的需求而忽视其他维度或需求的问题,认为有必要拓宽思路、提出一个整体的数字图书馆评估模型。为了克服以往评估研究中数字图书馆概念不一致的问题,工作组成员试图建立一个类属的(Generic)数字图书馆概念,并将其视作整体性数字图书馆评估模型构建工作的起点。该概念模型将数字图书馆各个利益相关群体关注的问题抽象出来,形成数字图书馆域,域内包含用户、数据/藏品、系统/技术、使用四个要素,数字图书馆研究对这四个要素进行整合以容纳不同利益相关群体的诉求[12],如图 2 - 1 所示。从图 2 - 1 中可以清晰地看出,四个核心要素之间存在的关联性,用户决定数据/藏品,转而决定所使用的系统/技术。小组成员还强调基于数字图书馆"内容为王"的本质,数据/藏品将决定潜在客户和他们所需的系统/技术。

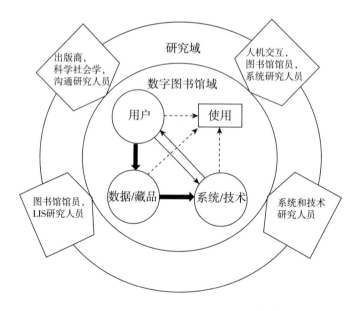

图 2 - 1　概念化的数字图书馆框架[13]

注:粗箭头代表"决定",细箭头代表"交互",虚线箭头代表"贡献"。

　　2002 年,在布达佩斯举办的第一届 DELOS 数字图书馆评估论坛上,学者们讨论了 DELOS 模型的初始版本,之后在帕多瓦举办的第二届 DELOS 数字图书馆评估论坛上,数字图书馆不同要素,即用户—内容、内容—系统、用户—系统,这些要素之间的交互性受到重视。Fuhr 等认为内容—系统之间的交互与绩效属性相关,如查全率、查准率、响应时间等;用户—系统之间的交互与可用性相关,如效益、满意度等;用户—内容之间的交互与有用性相关,基于此,他们构建了数字图书馆交互模型(The Interaction Triptych Model)[14],如图 2 – 2 所示。根据模型,研究人员对于"在进行数字图书馆评估时,对于应将哪些相关领域的研究囊括进来"进行了明确,用户—系统交互性的评估应当包括可用性研究、用户界面研究、使用研究等;用户—内容交互性评估应当包括用户研究、信息行为研究、内容研究等;内容—系统交互性评估应当包括绩效管理研究、离线评估研究、在线评估研究等。该理论框架不仅明确了数字图书馆评估的范畴,还为数字图书馆评估开启了新的视角,在众多的数字图书馆评估研究中,学者们往往根据数字图书馆的要素建立评估指标体系,鲜有评估要素之间的关系,尤其是对于用户与系统、用户与内容交互性关系的评估。数字图书馆交互模型的提出,为推进以用户为导向的数字图书馆评估研究提供了新的理论基础。

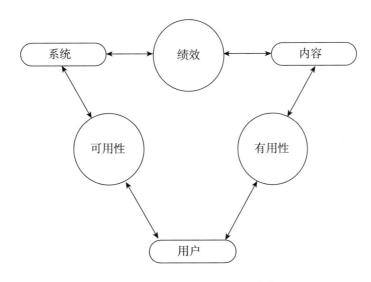

图 2 – 2　数字图书馆交互模型[15]

(2)5S 模型

美国弗尼吉亚理工学院计算机科学系数字图书馆实验室为数字图书馆领域的研究贡献了诸多理论成果,数字图书馆 5S 模型就是其中最具有影响力的成果之一。数字图书馆是一个复杂的信息系统,而形式模型和理论对于理解复杂信息系统的特征、结构、过程和行为具有特别的功用,5S 模型正是在这样的理论基础上提出的。

2004 年,Goncalves 等将数字图书馆的系统观与用户观相融合,构建了 5S 模型(流—结构—空间—情境—社群,Streams – Structures – Spaces – Scenarios – Societies)。5S 模型中,"流"是指抽象元素的定义域,动态流代表信息流,静态流代表信息实体的内容;"结构"是指组成整体的组成部分及其组织方式,数字图书馆中的结构表现为超文本、分类法、系统链接、用户关系、工作流等;"空间"是指对象以及按照一定规则对这些对象所进行的操作的集合,数字图书馆中可供使用的空间包括向量空间、拓扑空间、概率空间等,这些空间有助于实现索引、可视化以及其他信息服务;"情境"是指使用系统完成所需功能的事件和行为的集合,情境借助结构表明在空间中、在流上发生了什么,通过描述服务、活动、任务、操作,明确数字图书馆的功用;"社群"由实体、活动以及它们之间的关系构成。社群是数字图书馆最高等级的元素,因为数字图书馆的存在就是为了满足社群的信息需求。数字图书馆社群包括软硬件设施、利益相关群体及其在图书馆社群中扮演的角色,如参与者、管理者、领导者、贡献者、用户。数字图书馆社群中涉及一些社会问题,如相关政策、语言障碍、治理、在线资源国际化、经济等[16]。

借助集合、关系、函数、定义域、值域、字符串、图表、语法等数学算法,Goncalves 等将流、结构、空间、情境、社群描述为集合和函数的形式,并通过数学化的 5S 对数字图书馆的组成要素元数据、数字对象、藏品、目录、仓储、索引、搜索、浏览进行了概念界定,在运算 5S 和这些数字图书馆已知概念的基础上产生了一个抽象的数字图书馆四元组模型:仓储、元数据目录、服务(索引、搜索、浏览)、社群,如图 2 – 3 所示。

5S 模型是对数字图书馆系统的高度抽象,基于 5S 模型可以构建真实的数字图书馆。5S 模型采用形式理论的方法解析数字图书馆,避免了不同数字图书馆概念之间的冲突,还可以用于解析各种数字图书馆现象,为"何为数字图书馆"问题的解答提供了一个更为科学的解释,从而可以作为数字图书馆评估的逻辑起点,数字图书馆质量评价模型和数字图书馆成功标准即是在此基础上建立起来的。

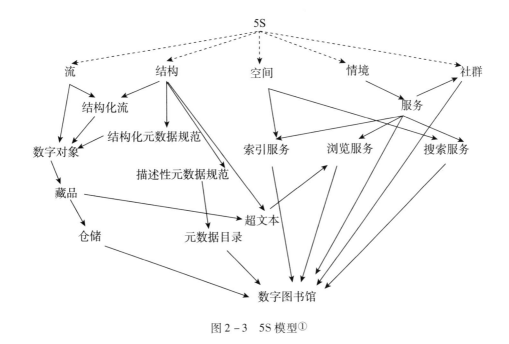

图 2 - 3　5S 模型①

2.2.3　基于数字图书馆的领域本体

领域本体(Domain Ontology)是图书情报领域近年来的研究热点之一。通过描述特定领域内的概念、概念属性以及概念间的关系,为海量知识的表达、组织、检索提供了更加高效的方式。Tsakonas 通过回顾发表于期刊、会议、研讨会等与数字图书馆评估相关的文献,提出数字图书馆评估领域的本体(DiLEO)[17]。

该本体由战略层和操作层两个层次构成。战略层包括评估目标、评估维度及其类型、评估层面、研究问题、评估主体、评估客体、评估主体和客体的特征;操作层包括评估活动、评估标准、评估指标及其类型、评估方法及其类型、评估工具、评估活动的影响因素及研究发现[18],如图 2 - 4 所示。

评估层面借鉴了 Saracevic(2000)的研究[19],包括内容、工程、处理、界面、个人、机构、社会七个层面。评估客体为产品或者操作系统,评估客体的特征属性包括规模、数量、元件类型、服务类型等;评估主体为人或者是机器代理,评估主体的特征为

① 图 2 - 3 根据以下文献整理:吴建华. 数字图书馆评价方法[M]. 北京:科学出版社,2009;Goncalves M A,Fox E A,Watson L T,et al. Streams,Structures,Spaces,Scenarios,Societies (5S):A Formal Model for Digital Libraries [J]. ACM Transactions on Information Systems,2004,22(2):270 - 312.

数量、年龄、经验、职业、专业、角色等。评估活动分为不同的阶段:第一,记录、测评阶段;第二,分析、比较、解释阶段;第三,报告、反馈阶段。评估活动的影响因素包括时间、成本、基础设施、人力等。评估标准分为用户导向型、系统导向型、内容导向型。

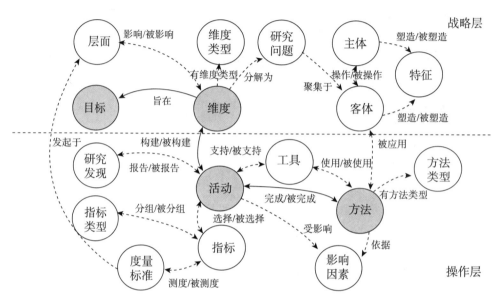

图 2-4　数字图书馆评估领域本体(DiLEO)[20-21]

注:评估维度包括有效性、绩效考评、服务质量、结果评价、技术卓越性,维度的类型为形成型、总结型、迭代型。

评估可分为定性评估和定量评估。评估方法包括日志研究、实验室研究(可用性测试、信息检索实验、眼动实验)、专家调查法(认知遍历①、藏品质量考察)、比较研究(比较分析、持续观察、清单审核法)、田野研究(田野调查法、观察法)、实地研究(问卷、访谈、焦点小组)。评估工具包括软件、设备(麦克风、相机等)、叙述条目(问题和陈述)、研究器物(实验片等)、测量(定性测量和定序测量)、统计资料。

DiLEO 的提出,明确了数字图书馆评估领域的主要概念及其关系,揭示了数字图书馆评估理论研究和评估实践活动的整体范式,可以用于指导数字图书馆的设计和评估。尤其是,任何一个数字图书馆评估研究都可以用 DiLEO 进行解析,因而

---

① 认知遍历(Cognitive Walkthrough,CW),是指通过分析用户的心理认知和心理加工过程评价界面,适用于界面设计初期。

DiLEO 可以用于支持不同评估项目之间的比较研究。

采用 DiLEO, Tsakonas 等对 2001—2011 年发表于数字图书馆联合会议(Joint Conference on Digital Libraries, JCDL)、数字图书馆理论与实践国际会议(International Conference on Theory and Practice of Digital Libraries, TPDL)研究进行了分析。研究发现有效性和绩效评估是主要的研究兴趣所在,其次是技术卓越性。这表明当前的数字图书馆评估活动仍然是以系统为中心;研究方法方面,较多采用实验研究和调查研究,体现了研究人员对于定量研究的偏好,例如调查研究中问卷最多,然后是访谈和焦点小组[22]。

2.2.4　基于层次分析法的指标体系

借鉴传统图书馆指标及相关领域指标与根据数字图书馆概念建立评估指标体系解决了评估指标的选取问题。但是每一个指标对于数字图书馆的影响是不同的,当评估指标明确时,指标权重将决定最终的结果,权重合理与否,将会影响评价结果的可信度。层次分析法是一种将定性与定量相结合的指标权重决策方法,已经被数字图书馆评估研究所采纳。

层次分析法(Analytic Hierarchy Process, AHP)是 20 世纪 70 年代美国运筹学家 Satty 提出的层次结构决策方法,它将目标问题依次分解为子目标或准则、方案等层次,计算每一层次各元素对于上一层次某元素的优先权重,再用加权的算法计算各备选方案对于目标问题的最终权重,权重最大者即为最优方案。层次分析法的重要特点之一就是可以对成对指标的重要程度进行对比,确定其对于目标问题的重要程度,并以权重的方式将重要程度量化。数字图书馆指标繁多,在已经确定指标内容及层次的前提下,层次分析法可以将用户或专家根据经验形成的指标重要性判断进行量化,从而为评估指标权重的最终确立提供科学依据。假设数字图书馆评估指标体系一般包含两个指标等级,使用层次分析法确定数字图书馆评价指标权重,需要遵循以下步骤:

1)构建评估指标层次结构,建立自上而下的指标层次体系:数字图书馆、一级指标、二级指标。指标层次体系的确立可以采用德尔菲法或是最小均方差法等数学方法。

2)比较一级指标之于数字图书馆的重要程度。从第二层次的一级指标开始,成对比较各个一级指标对于数字图书馆的重要程度,用 1—9 标明各个重要程度比较结果,构造对比矩阵,根据矩阵计算每一个一级指标关于数字图书馆的相对权重,并对此进行一致性检验。成对比较指标的重要程度时可采纳德尔菲法。

3)比较二级指标之于一级指标的重要程度。假设数字图书馆的一级评价指标为 C1、C2、C3,第三层次的二级指标共有 N 个,其中 M 个对 C1 有影响,采用 2)的方法成对比较这 M 个指标关于 C1 的重要程度,构造对比矩阵并计算权重。C2、C3 同。

层次分析法有其固有的缺点,在使用层次分析法构建数字图书馆评价指标体系时需要注意以下问题:①层次分析法并不能提供新的评价指标,而是对已确定的指标体系进一步明确其指标权重,因此层次分析法以正确的选择指标为前提;②成对比较指标重要程度以定性判断为基础,若要保证权重的可靠性,需要采用科学的判断方法;③当指标过多时,构建判断矩阵以及通过一致性检验较为困难,应当注意掌握指标数量,不多不漏;④指标层次划分正确,若将二级指标错置为一级指标,会影响指标成对比较的结果,从根本上导致指标权重计算错误。

2.3 数字图书馆评估标准与指标体系

数字图书馆评估具有整体评估与局部评估之分,整体评估是对数字图书馆各个层面的内容进行全面评估,局部评估是对数字图书馆的单个维度进行评估,一般以数字资源评估或服务评估为主。目前,对于整体评估、数字资源评估和服务评估三者的评估标准与指标体系,图书情报界已取得了一定的研究成果和实践经验。

2.3.1 整体评估

(1)数字图书馆质量评价指标体系

一个好的数字图书馆是什么样子。Goncalves 等认为这取决于数字图书馆内容和服务的质量。如何测度数字图书馆的质量,Goncalves 等以 5S 模型为基础构建了数字图书馆的质量指标体系[23]。他们从 5S 模型中抽取了数字图书馆的高层次(high-level)概念,根据文献回顾,总结出与之相对应的质量维度,并结合 5S 对质量指标的内涵和测量方式进行了定义,最终构建的数字图书馆质量指标体系如下表 2-2所示。

表 2 - 2　数字图书馆质量评价体系[24]

数字图书馆概念	质量维度	因素/测度变量
数字对象	可访问性	藏品、结构流的数量、权限管理数据库、社群
	针对性	情境、信息、信息需求
	保存性	保真度(损失)、迁移成本、数字对象复杂性、流格式
	相关性	查询(表达)、数字对象(表达)、外部判断
	相似性	在相关性、引用/链接模式方面的相似性
	重要性	引用/链接模式
	时效性	年代、最近引用数据时间、藏品更新
元数据描述	准确性	准确属性值、记录中的属性的数量
	完备性	缺失属性值、框架规模
	规范性	规范属性值、框架规模
藏品	完备性	藏品规模、"理想藏品"规模
目录	完备性	无元数据描述规范的数字对象的数量、有描述的藏品的规模
	一致性	每一个数字对象的元数据描述集的数量
资源	完备性	藏品的数量
	一致性	藏品的数量、目录与藏品的一致性
服务	可组合型	可扩展性、可重用性
	效率	响应时间
	效果	查准率/查全率(搜索)、F1 检测(分类)
	可扩展性	可扩展服务的数量、数字图书馆中服务的数量、每一个服务管理程序的代码行数
	可重用性	可重复使用的服务的数量、数字图书馆中服务的数量、每一个服务管理程序的代码行数
	可靠性	服务失败次数、访问次数

对于每一个质量维度,都有相对应的基于 5S 和已知数字图书馆概念的集合和函数表示,并借此演化出质量维度的计算方法,例如,服务的可靠性 = 1 - 服务失败次数/访问次数。表 2 - 2 的因素/测度变量列正是用于计算每一质量维度的因变量,Goncalves 等以真实的图书馆为例——说明了如何计算每一个质量维度的数值。

尽管如此,仍然存在对于 5S 与质量评价指标体系关联性及质量维度合理性的质疑,这些质疑认为质量模型更适合数字图书馆的开发而非选择等。就连 Goncalves 等也谦逊地将建立的指标体系称之为"质量指标"(Quality Indicator),认为只有经过信度检验和效度检验的指标方可称之为"质量测量"(Quality Measure),并指出本指标体系尚不完整,有待完善。但是,质量评价指标体系无疑为数字图书馆评估增添了新的工具,它提供了一套量化的评估指标,并充分考虑评估数据的可获得性、可计算性。

Moreira 等以质量评价指标体系为基础,设计了旨在帮助数字图书馆管理者在数字图书馆建设和维护阶段可重复使用的简捷的质量评估工具——5SQual,如表 2 – 3 所示。

表 2 – 3 5SQual 评价指标体系[25]

评价对象	属性
数字对象	可访问性、重要性、相似性、时效性
元数据	完备性、规范性
服务	效率、可靠性

(2)DELOS 评估模型

DELOS 工作小组根据其提出的数字图书馆概念模型,建立了评价指标体系,如表 2 – 4 所示:

表 2 – 4 DELOS 数字图书馆描述框架和评估标准[26]

数据/藏品:

一内容:无/部分/全、音频、文本、视频、2D、3D

　　　　多样性、年代、规模、质量(白/灰文献)

一元内容:书目、索引/叙词/分类、引文

　　　　　媒体、详细程度(MARC、DC、RFC1807、机器自动生成、无)

一管理:权利、工作流、用户管理、维护

　　　　文档年代、增长率、即时性、对象完整性、维护间隔

技术:

一用户技术:文档创建、通报、界面、浏览、搜索、打印、团体/个人

一信息访问:检索、导航、过滤、抽取、文本挖掘

　　　　　效率、效果

一系统机构技术:储藏(集中式/分布式数据库、关系型/面向对象型数据库管理系统、中间件)、

　　　　　　　数据传递模式(协议)(系统和用户界面之间的沟通协议或是系统部件之间的

　　　　　　　沟通协议)

一文档技术:文档模型(垂直/超链接逻辑结构、媒介内容、层次、语义内容、外部属性)、格式

　　　　　(Postscript、PDF、RTF)

用户/使用：

—用户（谁）

- 内部
- 一般
- 教育
- 职业
- 研究

数量、分布

—域（谁）= 主题领域

分布

—信息查询（如何）

- 目标查询
- 浏览（查询者、网上冲浪者）

分布

—目的（为什么）

- 消费（娱乐、兴趣）
- 分析（教育、研究、评论）
- 合成

分布

注：图中大部分的参数（即指标）要么是二维（是/否），要么有限定的值域，少数的参数为数值型参数，以斜体表示。

在实地评估时，通过为评估框架中的问题赋予答案，即可获得关于数字图书馆的个性化描述，这些描述可用于对不同的数字图书馆进行比较或者进行数字图书馆单一维度的测试。DELOS 指标体系的开发人员对该指标的适用性进行了网上问卷调查，调查结果表明该评估标准对于数字图书馆评估是比较适用的，但是在问题陈述、措辞方面存在严重的问题，不能兼容其他领域的术语，使得问卷难以被其他领域的研究人员所理解，而且 DELOS 评估指标体系的参数选择力度不足的问题十分突出，如用户的消费目的可能是娱乐或是兴趣，但两个选项不足以穷尽所有的消费目的;对于导航而言,如何进行描述并没有给出细节信息等。为了方便改进评估参数,DELOS 开发人员建立了可扩展性的调查数据库 DL meta-library,以供记录调查数据、完善评估参数使用。

（3）E-Metrics

2000 年 5 月,ARL 开启了"E-Metrics"项目,测量网络环境下电子资源与服务使用的统计数据,旨在测度数字图书馆对于电子信息资源和服务的投资是否取得收益、是否创造更高的用户使用率。2001 年 10 月,E-Metrics 指标最终形成,如表 2 - 5 所示。

表 2 - 5 E-Metrics 指标体系[27]

统计指标	用户可访问的电子资源	电子全文期刊数量
		电子参考资源数量
		电子书数量
	网络化资源和相关基础设施使用	电子参考咨询业务量
		电子数据库登录（会话）数量
		电子数据库查询（搜索）数量
		电子数据库请求项目数
		图书馆网站和目录的虚拟访问量
	网络化资源和相关基础设施的支出	电子全文期刊的成本
		电子参考资源的成本
		电子书的成本
		图书馆书目中心、网络和组织的支出
		书目中心、网络和组织的外部支出
	图书馆数字化活动	图书馆电子藏品的规模
		图书馆电子藏品的使用
		图书馆电子藏品建设和管理的成本
绩效指标	电子参考咨询业务占总参考咨询业务的百分比	
	虚拟访问占图书馆全部访问的百分比	
	电子书占全部著作的百分比	
	电子期刊占全部刊物订购的百分比	

对于 E-Metrics 的每一个指标,ARL 注明了其定义、测度意义、测度变量、数据源、由谁收集数据、数据采集频率、数据采集程序、数据可获得性等其他事项。E-Metrics 指标的提出是 ARL 成员集思广益的结果,并经过了实践的检验。通过 E-Metrics 获得的数据能够为是否有必要加大电子资源预算在数字图书馆总预算中的比重、是否需要投资更多的软硬件设施、比较不同图书馆数字资源和服务的使用、根据实际使用情况采购数据库提供了参考和借鉴。

(4)数字图书馆整体性评估模型

数字图书馆包括不同的利益相关者,不同的利益相关者对数字图书馆的评估标准不一。Zhang(2010)首先通过文献回顾和半结构访谈识别了数字图书馆内容、技术、界面、服务、用户、情境六个层面的评估指标,然后采用问卷调查(有效问卷 431份),调查了用户、馆员、研究人员、研发人员、管理人员等不同的利益相关者对于上述指标的态度,并根据调查结果构建了数字图书馆整体性评估模型[28]。

该评估指标体系反映了不同利益相关者的呼声,可以帮助了解某一利益相关者最重视哪些指标,还揭示了不同利益相关者的趋同之处和分歧点。该模型为设计者和评估人员提供了灵活的评估工具,允许只选取核心指标或是选取全部的指标、只选取特定角度或是基于整体的视角、选取特定群体或是基于整个数字图书馆社群开展数字图书馆评估的理论研究与实践活动。

2.3.2　数字资源评估

(1)高等学校图书馆数字资源计量指南(2007)

数字资源是高校图书馆资源的重要组成部分,在保障教学、科研方面发挥着举足轻重的作用。随着数字资源采购经费占据图书馆建设经费的比重逐渐增长,将数字资源纳入高校图书馆信息资源规划,并作为评估图书馆信息资源保障能力与总体实力的指标,已经成为 LIS 领域的共识。为了有效评估数字资源,2004 年教育部高等学校图书情报工作指导委员会与高等教育文献保障系统管理中心制定了《高等学校图书馆数字资源计量指南》,对如何统计电子图书、电子期刊、二次文献数据库、其他数据库四类数字资源做出详细规定,并于 2007 年对该指南进行修订,形成了《高等学校图书馆数字资源计量指南(2007 年)》。修订后的指南包括数字资源的定义、数字资源的分类、数字资源的计量、数字资源的馆藏计量、其他相关说明五个部分。

数字资源计量部分如表2-6所示。

表2-6 《高等学校图书馆数字资源计量指南(2007年)》数字资源计量[29]

数字资源	计量
电子图书	• 电子图书以数据库个数和电子图书册数为计量单位 • 会议论文、研究报告、标准等按数据库个数统计
电子期刊	电子期刊以数据库个数、电子期刊种数和份数为计量单位 以种为计量单位时,不同数据库中的同种电子期刊计为一种 以份为计量单位时,总份数为不同数据库中的期刊数之和
二次文献数据库	二次文献数据库以数据库个数为计量单位,自建二次文献数据库同时以记录条数和字节量为计量单位
其他数据库	其他数据库以数据库个数为计量单位,自建其他数据库同时以记录条数为计量单位 数字多媒体资源中的流媒体资源按小时计,其他按字节计量

(2)COUNTER实施规范:电子资源

COUNTER(Counting Online Usage of Networked Electronic Resources,网络化电子资源在线使用统计)于2002年3月成立,是一项服务于图书馆员、出版商、中间商的国际性的创始计划。2003年8月,COUNTER项目组在英国注册成为非营利性的公司Counter Online Metrics。Counter Online Metrics建立了数字资源使用报告规范,使得图书馆、出版商、中间商等能够以持续的、可靠的、兼容的方式获取数字资源的使用统计数据[30],从而为数字资源的管理提供便利。这是因为标准化地统计有利于了解用户对数字资源的使用偏好,评估数字资源的投资回报率,便于图书馆、数据商更好地制定数字资源采购策略、生产策略。

Counter Online Metrics除了设立数字资源使用报告规范,还开展一些与数字资源使用相关的研究与服务。但其影响力最大的成果莫过于COUNTER实施规范的提出,从2002年至2012年,Counter Online Metrics共开发了四版数字资源使用报告实施规范,如表2-7所示。

2012年4月,Counter Online Metrics发布的《COUNTER实施规范:电子资源》对以前的版本进行了整合,将期刊、数据库、图书、参考资料等全部都涵盖到统一的电子资源实施规范中,而不是像前三版那样,对于期刊与数据库实施一套报告标准,图书与参考资料实施另一套报告标准。《COUNTER 实施规范：电子资源》包括以下内容：一般信息介绍、术语定义、SUSHI（Standardized Usage Statistics Harvesting Initiative，标准化电子资源使用统计数据收集创始计划）、使用报告示例（期刊、数据库、图书和参考资料、多媒体、图书馆联盟报告）、数据处理、审核、规章、COUNTER 实施规范的维护和发展、附录。根据《COUNTER 实施规范：电子资源》，数据商或是图书馆应当提供表 2 - 8 所包含的数字资源使用统计报告。

表 2 - 7　COUNTER 所发布的数字资源使用统计实施规范[31]

- 2003 年 1 月　《COUNTER 实施规范：期刊与数据库》第一版
- 2005 年 4 月　《COUNTER 实施规范：期刊与数据库》第二版
- 2006 年 1 月　《COUNTER 实施规范：图书与参考资料》第一版
- 2008 年 8 月　《COUNTER 实施规范：期刊与数据库》第三版
- 2012 年 4 月　《COUNTER 实施规范：电子资源》第四版

表 2 - 8　COUNTER 使用报告列表[32]

报告	描述内容	重要性
期刊报告 1	每种期刊每月全文文献成功请求数量	必须报告
期刊报告 1 GOA①	每种期刊每月开放获取全文文献成功请求数量	必须报告
期刊报告 1a②	每种期刊每月在回溯数据库中的全文文献成功请求数量	可选
期刊报告 2	每种期刊每月被拒绝的全文文献请求数量	必须报告
期刊报告 3	每种期刊每月每种页面类型成功请求数量	可选
期刊报告 3 - 移动	每种期刊每月通过移动设备实现的成功请求数量	可选
期刊报告 4	每个藏品每月全部检索量	可选
期刊报告 5	每种期刊每年全文文献成功请求数量	必须报告

---

①　GOA，全称 Gold Open Access，中文称之为金色开放获取，是指由出版商主导的、通过各类开放获取期刊实现的学术内容免费开放。与金色开放获取相对应的是"绿色开放获取"，即由学术机构、图书馆、学者等主导的将经过同行评审的、发表于传统付费学术期刊的著作，上传至各种机构知识库，供免费获取。此外，金色开放获取一般是在研究发表的同时即可开发获取，绿色开放获取则是延时开放。

②　a 指 Archive（回溯数据库），是指将现有馆藏纸质印刷型文献或是电子版之前的印本期刊等进行数字化，按照规范的结构组织并上传至相应平台，支持检索查询。

续表

报告	描述内容	重要性
数据库报告 1	每个数据库每月全部检索量、结果点击量及记录浏览量	必须报告
数据库报告 2	每个数据库每月被拒绝的请求数量	必须报告
平台报告 1	每个平台每月全部检索量、结果点击量及记录浏览量	必须报告
图书报告 1	每个题名每月成功请求数量	必须报告
图书报告 2	每个题名每月节标题成功请求数量	必须报告
图书报告 3	每个题名每月被拒绝的内容款目请求数量	必须报告
图书报告 4	每个平台每月被拒绝的内容款目请求数量	必须报告
图书报告 5	每个题名每月全部检索量	必须报告
多媒体报告 1	每个藏品每月成功请求数量	必须报告
多媒体报告 2	每个藏品每种款目每月成功请求数量	可选
题名报告 1	每个题名每月期刊全文与图书章节成功请求数量	可选
题名报告 1 – 移动	每个题名每月通过移动设备实现的全文与图书章节成功请求数量	可选
题名报告 2	每个题名每月被拒绝的全文款目请求数量	可选
题名报告 3	每个题名每月每种页面类型的成功请求数量	可选
题名报告 3 – 移动	每个题名每月每种页面类型通过移动设备实现的成功请求数量	可选

《COUNTER 实施规范:电子资源》是一项国际性的数字资源使用报告标准。目前,COUNTER、EBSCO、Wiley、Springer 都等都遵循 COUNTER 规范。

2.3.3 数字图书馆服务评估

(1)LibQUAL + 与 DigiQUAL

LibQUAL + 与 DigiQUAL 均源于服务质量模型(Service Quality,SERVQUAL)。SERVQUAL 于 1988 年由市场营销专家 Parasuraman、Zeithaml 和 Berry 基于全面质量管理理论提出,以"服务质量差距模型"为核心,即服务质量取决于用户实际感知的服务水平与所期望的服务水平之间的差距,是一种新型的服务质量评价体系[33]。该模型将服务质量整合为五个构面,可靠性、反应性、保证性、移情、有形,并将这些构面细分为 22 个具体的问题,由此构成 SERVQUAL 量表,根据顾客对于量表的打分并加权即可计算服务质量。

20 世纪 90 年代末,ARL 和德克萨斯农工大学将 SERQUAL 移植到图书馆的服务质量评价中,建立了适用于高校图书馆和研究型图书馆服务质量评价的 LibQUAL + 。基于 LibQUAL + 的评估,要求被调查者在网上填写与提交问卷,问卷设计模式与 SER-QUAL 相同,针对同一个问题,分别从最低期望水平、感知服务水平、理想服务水平三个方面进行评分,评分标准为 1—9。LibQUAL + 一经产生就被诸多图书馆采纳,其指标也处于不断的调整之中。2003 年,Cook 等人从服务感受、图书馆环境、信息控制 3 个维度(22 个指标)构建了 LibQUAL + 量表,并获得普遍认可[34]。LibQUAL + 在国际图书馆界被普遍采纳,是迄今为止使用最广泛的服务质量评估工具。

ARL 在 LibQUAL + 的基础上开发出专门用于数字图书馆服务质量评价的 DigiQUAL。经过测试与调整,形成了由服务感受、信息控制、数字图书馆环境 3 个维度 12 个主题 180 个陈述项组成的题库,其中 12 个评估主题为设计风格、互操作性、藏品建设、联盟的作用、版权、藏品评估、可访问性/导航性、数字图书馆用户社区、数字图书馆开发者社区、数字图书馆评价者社区、资源利用、数字图书馆可持续性[35]。运用 DigiQUAL 进行评价时,每位被调查者只需完成随机产生的 5 个问题。

（2）eVALUEd

eVALUEd 是由英格兰高等教育资助委员会资助,伯明翰中央苏格兰大学负责开展的、旨在设计适用于高等教育电子图书馆的评估模型和提供数字图书馆评估培训的项目。eVALUEd 模型是该项目组于 2004 年推出的核心成果,适用于电子信息服务（Electronic Information Services,EIS）评价的工具集。该工具集包含四个方面的内容:①EIS 评价主题,包含 eVALUEd 评价指标体系以及评价信息和技巧的说明,见表 2 - 9;②评价工具,包含评估各个主体所需的各种工具,如调查问卷及结果分析说明、访谈大纲及访谈结果分析说明、数据库使用说明、案例、可用性测试、文本分析说明等;③自定义工具,根据自身需要对评价工具进行修改;④评价方法,指导用户如何实施评估[36]。

表 2 - 9　eVALUEd 评价指标体系[37]

评价主题	评价领域	说明
用户体验	用户支持	评估电子信息服务为用户提供的支持是否可靠、可信、负责
	推广	评估电子信息服务如何被推广到师生
	访问	评估电子信息服务的可访问性
	感知	评估师生对于电子信息服务的感知和期望
影响	对于学习和教育的影响	
	对于本科生技能的影响	
	对于研究的影响	
服务管理	利用率	评估电子信息服务使用数量和用户数
	资源	评估电子信息服务数量、质量和范围
	人员	评估电子信息服务人员管理,包括人员的技术和 IT 技能、沟通能力与协调能力、项目管理、关心用户、教学和学习者支持能力等
	预算	评估电子信息服务预算管理,包括硬件成本、软件成本、雇佣成本等
	技术性能	评估电子信息服务的技术性能、互操作性和访问性能,包括终端用户设备的满意度、软件和网络性能、新产品和服务及其处理查询、失误、抱怨和建议的能力
战略规划	结果评估	评估电子信息服务对于机构使命的支持程度
	协作与集成	评估电子信息服务与图书馆服务之间、教学部门与外部实体之间的协作

　　eVALUEd 为数字图书馆信息服务提供了一个通用的模型,特别地,还包括一整套的评估工具,为如何实施 eVALUEd 指标体系提供指导和辅助,从这一意义上而言,eVALUEd 还可以用作数字图书馆评估的培训工具。

2.4　数字图书馆可用性评估

　　可用性(usability)是指产品(包括硬件、软件、服务)在特定使用环境下为特定用户完成特定目标的程度,该程度以有效性、效率和满意度作为评价指标[38]。由该定义可以看出,可用性是用来衡量交互产品与系统的重要指标,而数字图书馆就是一种支持用户通过与系统进行交互满足其信息需求的交互式信息检索系统。因而,可用性评估可视为数字图书馆评估的重要领域。1993年,Fox等率先提出数字图书馆可用性问题,引发了国外学术界关于数字图书馆可用性的探讨[39]。在我国,相关研究出现的较晚,直至2000年左右台湾地区才出现了关于数字图书馆可用性的研究[40]。

在数字图书馆领域,可用性评估具有不同的内涵和外延,一种情况下,研究人员将数字图书馆可用性评估等同于数字图书馆评估,这种评估基于"数字图书馆是一种交互系统"的认知;另一种情况下,研究人员将可用性视为数字图书馆评估的其中一个维度。这也代表了数字图书馆可用性评估的两种趋向,前者以系统为中心,后者以用户为中心。然而随着数字图书馆设计、建设、评估用户导向的深入,单纯地以系统为中心的数字图书馆可用性研究正在逐渐减少。

关于数字图书馆可用性评估研究趋向问题的探讨,马翠嫦等给出了较为全面的论述,即按照数字图书馆可用性评估研究发展的历史和深度,将数字图书馆可用性评价研究分为三个逐级递进、相互互斥的流派[41]。本章将按照这三个流派的划分论述近年来国内外数字图书馆可用性评估研究:

1)以系统为中心的研究流派,主要借鉴人机交互领域的研究成果进行数字图书馆可用性评价,是数字图书馆可用性研究的起点。

Nielson提出的可用性评价指标是可用性研究的基石。Nielson认为可用性应当包含五个属性:① 易学习性(Learnability),即系统应当容易学习;② 效率(Efficiency),即系统的使用应当高效;③可记忆性(Memorability),即系统应当容易记忆;④容错(Errors),即系统应当具有低出错率,即使错误出现,系统也能提供有效的方法予以提示或纠正;⑤满意度(Satisfaction),即系统应当使用起来令人愉快[42-43]。上述五个属性被认为是具体而可衡量的数字图书馆可用性评价指标,被广泛地用于数字图书馆可用性评估研究,对于这五个指标其他研究人员或是全部采纳,如Ferreira[44],或是部分应用,如Fuhr[45]。

以系统为中心的研究流派无疑是以数字图书馆系统为核心,然而由于用户对系统感知往往是通过界面进行的,因而对界面的评价就成为系统可用性评价中的重要一环。可用性评价被认为是评价数字图书馆界面的有效方法[46-47],在国内众多的界面评价指标中,黄晓斌和卢琰提出的数字图书馆用户界面评价指标具有一定的影响力,具体指标见表2-10。该指标体系同时兼顾界面的内在可用性和外在可用性,网站结构和页面表现集中体现了直接与用户的视觉感知相关的外在系统属性,人机交互和网络性能则集中表现在由用户感知的内在的系统属性。

表 2 - 10　用户界面评价指标[48]

评估维度	评估指标
网站结构	网页组织有序化、合理的菜单树、导航功能完备、符合浏览规律、提供联系方式
页面表现	页面排版布局合理、内容简洁易懂、图像色彩搭配协调、视觉清晰度强、多媒体使用合理
人机交互	容错性强、检索功能完善、提供及时的反馈与帮助、提供个性化的服务方式、具备用户信息交流场所
网络性能	页面下载速度快、服务器运行稳定、无错误链接、访问方式安全、浏览器的兼容性

2)以用户为中心的研究流派,基于用户心理和行为理论,同时结合人机交互领域的成果研究数字图书馆可用性问题。Marchionini 等强调基于用户视角的数字图书馆可用性评价必须植根于信息需求、特征和使用情况[49],Xie 的研究肯定了上述的观点,其实证研究的结果指出用户所重视的可用性指标为:藏品质量、服务质量、系统绩效、用户满意度[50]。

3)LIS 学科和实践研究流派。马翠嫦等总结了该流派的研究具有以下四个特征:①融合了可用性研究中的用户视角和图情领域以用户为中心的理念。②将数字图书馆可用性评价范围从界面扩展到与交互相关的要素。这一点在早期的数字图书馆可用性评价中即有体现,就像 Lamb 曾指出数字图书馆的可用性问题应该扩展至界面可用性以外,包括内容可用性、组织可用性和组织间可用性等[51]。将数字图书馆可用性的评价范围向交互之外的因素拓展,体现了人们对数字图书馆系统更深层次的理解,表明学者们正将数字图书馆系统与其他的信息系统区别开来,挖掘数字图书馆独有的特征,对其进行可用性评价。因而评价范围的拓展是可用性理论与数字图书馆实践相结合的体现。③数字图书馆可用性评价与信息服务相结合。现代的数字图书馆除具有传统交互信息系统的特征外,还具有信息服务的职能,结合信息服务发展数字图书馆可用性评价是数字图书馆可持续发展的内在要求。④将可用性理论与情报学领域的信息行为理论和模型结合起来进行研究。例如,Kim 提出了与用户信息查寻过程模型对应的可用性分类框架,并通过此框架对可用性问题进行分类[52]。

马翠嫦等的研究梳理了数字图书馆可用性评价研究的发展,但是关于数字图书馆可用性评估应当包含哪些指标,目前尚无定论。除了 Nielsen 提出的可学习性、效率、可记忆性、容错、满意度五个指标的使用率较高外,易用性、有效性、一致性也有较高的使用率[53]。此外,根据 Jeng 提出的系统的可用性取决于工具、用户、任务和环境四个要素之间的动态作用[54],邱明辉等提出在数字图书馆环境下,可用性的四要素的具体含义:工具即数字图书馆,用户涵盖不同性别、年龄、教育程度等,任务是指用户为满足信息需求与数字图书馆交互所执行的任务,环境是指用户与数字图书馆交互时所处的物理环境、社会环境等[55]。

尽管数字图书馆可用性评价指标尚未取得一致性成果,但是在学术领域和实践领域,可用性评价正在如火如荼地开展。在进行数字图书馆可用性评价时一般采用专家评价法和用户评价法两种方法。启发式评价(Heuristic Evaluation)是一种专家评价法,一般由可用性专家或是拥有被测试系统相关专业知识的专家,反复浏览系统,根据通用的可用性原则和自身的经验进行独立的可用性评估,允许各位评价人在完成独立评估之后讨论各自的发现,共同找出系统存在的可用性问题[56];或者是要求评价人根据预先拟好的可用性测试检查表,判断系统的每一个因素是否符合已有的可用性标准。认知遍历(Cognitive Walkthrough),也是一种专家评价法,这种方法需要先定义用户和任务,进行任务分析,解析用户为完成任务需要采取的每一步行动以及系统对用户行动的反应,然后系统的研发人员作为小组随着这些行动,自我提问,问题诸如"用户是否会发现这一按钮""在完成这一操作之后用户是否知道他正在做的是正确的事情",最终根据演练过程中收集的数据完成可用性测试报告[57]。除了专家参与评价,数字图书馆可用性测试还采用用户测试的方法,即由用户来操作系统,评价人对其操作过程进行观察和记录,分为在可用性实验室进行测试或者是在用户的真实使用场景进行测试。在用户测试的过程中,往往综合使用问卷调查、观察、访谈和出声思考等方法。除此以外,还有专门的自动化可用性评价工具可供使用,它们能够自动地采集、分析可用性相关数据,并主动地提出修改建议,具有代表性的自动化可用性评价工具包括 AccVerify、Bobby 和 Cynthia Says 等[58]。

不能否认的是,数字图书馆的可用性评价也存在一些问题。首先,正如上文所指出的那样,尽管存在大量的可用性标准,但是数字图书馆环境下的可用性评价指标尚未达成一致。而且,必须对来自其他领域的指标进行调整以适应数字图书馆的用户群[59]。其次,由于可用性测试发生在人工控制的环境中,结果不具有代表性[60],需要通过结合如真实任务[61]、实时交互反馈[62]等加以克服。

就我国的数字图书馆可用性评估研究和实践而言,除了上述问题,还存在研究短缺的问题,借用 Saracevic 和 Covi 对国外早期数字图书馆可用性评估研究的观点:"研究者为了采用尽可能多的研究方法或开拓广阔的研究领域,往往将数字图书馆的定义扩大化或模糊化,从而降低了可用性评价在数字图书馆评估领域应用的可能性,使数字图书馆的可用性评价难以融入众多的数字图书馆研究计划中。"[63]国外的学者们开发了 5S、DELOS、DiLEO 等进一步明确数字图书馆的内涵和外延,然而,在我国国情下,"如何界定数字图书馆"方面的研究极为欠缺,也就很难真正明确可用性评价的客体及其要素。而且,我国现有的可用性评价主要针对图书馆网站,特别是界面而不是针对数字图书馆整体进行。然而,真正的可用性评估不应该仅仅关注系统的表面呈现,更应该深入整个图书馆系统的内在结构和关系,方能挖掘影响用户使用数字图书馆的深层次因素,推进用户友好型数字图书馆的建设。

2.5 数字图书馆评估的方法

数字图书馆评估活动受到多种因素的影响,如人财物成本、是否能够有效解决问题、花费时间多少、如何组织人员进行参与、需要哪些软硬件设施、活动地点是实验室还是真实环境、在什么样的时机下开始评估活动、评估进度如何掌握等[64]。评估环境的复杂性对评估活动的质量提出了更高的要求,即要求采用科学的评估方法获取可靠的评估数据。

根据评估数据的获取途径不同,数字图书馆评估可以分为主观评价、客观评价和主客观综合评价。主观评价以专家、用户、其他群体作为信息源,根据评价主体对于数字图书馆的主观判断进行评估,如专家评价法、用户评价法。客观评价则依据数字图书馆的事实数据开展,包括数字图书馆机构与功能的基本信息,如数字资源的类型、数量、时空分布;数字图书馆性能的数据,例如查全率、查准率、容错能力、响应速度等;用户基本信息,如性别、专业、年龄、地域分布等;用户使用日志数据,如数字资源访问次数、下载量,数字服务使用次数以及用户访问日志等。

2.5.1　主观评价

(1)专家评价法

专家评价法是指在评价活动中,专家作为评价主体,对于数字图书馆进行评价。专家评价的基本原理为:不同的评价主体对客体的认知能力不同,专家比普通人具有更强的洞察力、理解力、知识储备与信息获取能力等,因而可以对评价客体做出更为准确的价值判断。从事数字图书馆研究与实践的人员,比一般用户更了解数字图书馆的体系结构等,尤其是那些支持数字图书馆系统运行的“隐性功能”,他们能够从用户和系统两个角度做出评价。

专家评价法的实施一般以多位专家共同组成的专家小组的形式进行。这些专家包括:①计算机和网络专家,考察软硬件设施的性能;②信息专家,评估系统的信息组织水平与检索性能;③学科专家,鉴定数字图书馆拥有的数字资源是否符合学科发展的需求;④资深用户;⑤馆员;等等。在数字图书馆评估的过程中,选取哪些专家、专家数量、内部专家与外部专家的比例如何分配,需要依据评估目的与评估客体的规模确定。

专家评价法有多种路径:①访谈方法,对专家进行一对一的深度访谈或是开展焦点小组访谈;②问卷调查方法,即要求专家完成规定的专家评分表。专家评价法具有使用简单的特点,在建项目的评估需要分阶段多次评估,故而经常使用这种评价方法。

(2)用户评价法

用户评价法,即通过获取用户对于数字图书馆的反馈意见,形成评价结果。用户评价法的实施路径主要包括两种:①问卷调查方法,即要求用户完成规定的问卷或是标准量表,如 DigiQUAL 等;②实验方法,要求用户在指定的数字图书馆环境下完成特定的任务。基于用户意见进行评估,首先需要明确用户群体、理解用户需求,再划分用户层次,并确定不同等级用户的评估意见在评估结果中占据的比重。

2.5.2　客观评价

(1)系统测试

数字图书馆作为信息系统,用户通过与系统交互获取信息和服务,系统的质量关系到数字图书馆信息与服务的承载能力和供给水平,对其系统质量的评估是数字图书馆评估不可或缺的组成部分,而对其系统质量的评估最适宜的方法莫过于系统测试。系统测试是人机交互系统评估常用的方法,测试的内容一般包括功能测试、性能测试、安全测试等,对于数字图书馆系统的测试也集中于上述内容。

数字图书馆的功能测试是指检查系统的各项功能是否正确、是否能够正常实现,功能测试包括可用性测试,如系统是否易用、界面是否美观、标题是否醒目、链接是否有效等;性能测试检验系统运行的效果和效率,如系统运行占据的 CPU 资源、系统处理某一检索所用的时间等。性能测试是负载测试和压力测试的过程,考察数字图书馆在不同负载量下的表现及其所能响应的最大用户请求数量,以及系统在异常情况下的运行能力与异常之后恢复正常的能力,还有系统的容错能力;安全测试着重考察数字图书馆系统抵制非法操作的能力,如抵制恶意入侵,保证数字资源不因多人使用而造成损坏。当前数字图书馆主要通过 Web 提供信息与服务,系统测试可以通过 Web 服务器测试完成,目前可供使用的数字图书馆系统测试工具包括 SPEC-Web99、Webstone、SClient 等。

(2)日志分析

每一次当用户访问数字图书馆时,都在 Web 服务器上留下关于访问活动的记录,这些记录以日志的方式得以保存。数字图书馆的网站日志记录了系统运行的基本情况以及 Web 服务器处理用户请求的原始信息。通过网络日志可以得知用户访问数字图书馆的 IP、时间、使用的浏览器与操作系统、访问对象、访问结果成功与否、系统响应请求的时间、用户在某一页面停留的时间、哪些资源被频繁的访问、哪些检索工具被频繁使用、系统是否发生错误等。通过日志分析,一方面可以发现用户群体的信息行为特征与规律,另一方面可以为系统功能与性能的改善提供依据,同时也可以作为考察系统能力的参考指标。

日志分析具有格式简单、成本低、客观公正、非介入性等特点,而且由于网站日志每时每刻都在产生,便于进行持续的、动态的、反复的评价分析。目前,可供采纳的网站日志分析工具有 Analog、Webtrends 等。

(3)调查

除了系统测试和访问网站日志,还可以通过调查的方式获取客观的测量数据,包括观察、实验、问卷调查、既有资料统计分析等。

观察是指评价主体现场观察、记录用户如何使用数字图书馆以及数字图书馆网站的基本信息。具体而言，需要观察用户的任务是什么，他们是如何与数字图书馆进行交互从而完成这些任务的，在完成任务的过程中遇到了哪些问题，这些问题是否是由于系统本身的原因造成的，用户是否中途停止执行任务。即通过观察，评估数字图书馆的交互绩效，评价资源、服务用户的能力。

实验的方法与观察存在异曲同工之处，同样可以获取关于数字图书馆交互绩效的评估数据，但实验的方法获取的数据更加丰富：首先，实验的方法通常要求用户使用特定的系统完成评估者指定的任务。多情境模拟仿真工作任务的设计，方便同时考察用户使用数字图书馆完成多种类型任务的情形；其次，在实验的过程中，允许用户出声思考，方便捕捉用户完成任务过程中的思想与行动，例如，如何设计检索路径或提出对于某处页面布局的意见等；此外，实验的方法除了可以记录用户活动与系统运行的客观数据，还可以辅之以前测问卷与后测问卷，以及访谈，获取用户主观评价。

问卷调查的方法是指根据评价目的设计问卷，以问卷覆盖评价单元，选取具有代表性的对象完成问卷，以此收集评价数据，或是以获取用户或是其他群体的主观评价为目的，或是以获取数字图书馆的客观信息为目的，或是两者兼顾。值得一提的是，在前文中所提到的各种数字图书馆评价指标 COUNTER、eVALUEd 等都可以被用来设计问卷。

既有资料统计分析是指利用已有的事实数据，如读者借阅记录、数字图书馆的采购记录、文献传递服务请求次数等评估数字图书馆的资源、服务等的利用情况。

2.5.3 综合评价

主观评价和客观评价获取的数据都只侧重一个方面，具有局限性。数字图书馆评估研究应当是历时的，以收集丰富的、可靠的数据；同时，研究应当是多维的，结合多种方法，获得更加全面的信息[65]。因而，在实际的评估中，研究人员通常组合多种评价方法，实现主客观评价信息的结合。

此外，在使用调查、实验、访谈等方法采集评价数据时，应当注意保持数据标准的统一；数据收集完成后，还需对数据进行进一步的整理，如量级和量纲的统一、正指标与逆指标的转换等；最后，采用定性分析工具和定量分析工具对数据进行分析。

2.6 结语

综观国内外的数字图书馆评估研究,可以发现该领域的研究成果十分丰富,学者们和实践人员从不同的视角、不同的立场对于如何评估数字图书馆给出了多样化的意见,数字图书馆评估当前的研究几乎可以用"百花齐放、百家争鸣"来形容。然而,我们仍然必须清醒地认识到,数字图书馆评估还不是一个成熟的研究领域,还有诸多问题尚待解决。

(1)注重评价指标之间的印证,识别关键指标

数字图书馆评估是一个跨学科的研究领域,来自情报科学、计算机科学、社会学、经济学等不同学科的研究人员采用不同的理论范式、方法论、工具,拓展着该领域的研究,然而,却无意间导致了"巴比伦塔效应"①,即研究结果的多样性导致了共识性缺乏的弊端[66]。这种弊端在评估标准与指标方面显现得更为清晰,一方面,共识性的缺乏影响了研究结果的推广应用,削弱了评估研究领域的社会效益;另一方面,指标体系的繁杂也使评估研究变得复杂,且耗时耗力,影响了评估的效率[67]。基于上述考虑,数字图书馆评估未来的研究和实践需要整合现有的指标,探索能够评价数字图书馆的关键性指标,挖掘共性指标。因为只有那些为实践所检验,并获得一致认可的共性指标,方能支撑数字图书馆的建设。而当前,在本领域中关于指标比较、印证的研究较为短缺,这是本书将致力解决的问题,也是数字图书馆评估研究未来需要重视之处。

(2)以目标用户为导向进行功能性的数字图书馆评估

尽管以用户为导向建设数字图书馆已经成为一种共识,但是在数字图书馆评估领域,仍是以系统为中心占据主导位置[68]。这表现为当在进行数字图书馆评估时,往往以数字图书馆本身作为研究起点,而不是以数字图书馆给用户带来了什么作为研究起点。以数字图书馆本身为起点,是一种输入式的评估,以考察数字图书馆以

---

① 巴比伦塔效应,源自《圣经·旧约·创世记》,人类联合起来希望兴建可以通天的巴比伦塔,为了阻止这一计划,上帝让人类说不同的语言,使得人类由于相互之间不能沟通而导致计划失败。通常用来比喻意见众多,难以统一。

什么为重点;而以数字图书馆给用户带来什么,则是一种输出式的评估,以考察数字图书馆的外部效应为主。既然数字图书馆是一种服务机构,显然输出式的评估才更有意义。而且一味地强调数字图书馆拥有什么,并以此作为评估的导向,容易导致盲目追求过高标准,而以此为据建立的数字图书馆,可能并不符合用户的需求。

以用户为中心进行数字图书馆评估,绝不仅仅是围绕数字图书馆能够提供何种资源与服务,而必须考虑这些资源和服务给用户带来的效益。换言之,以功能为导向而非结构为导向,开展数字图书馆评估工作。以高校数字图书馆的评估为例,只关注资源和服务的数量是不够的,还需要从学科保障的角度和科研建设的角度考察数字图书馆能否胜任这些职能。

此外,数字图书馆涉及众多的利益相关群体,在进行设计和评估时,这些群体会参与其中,他们的意见也被带入其中。但是真正的目标用户与其他利益相关者,如馆员、研发人员之间的关注点是有差异的[69],因此,以用户为中心,还应做到以核心目标用户为中心。

(3)重视研究团队的建设,发挥集体智慧,开展数字图书馆评估研究

以团队为单位开展数字图书馆建设和评估,在我国的国情下,是比较匮乏的,反观国外的研究成果,那些极具应用价值的成果,如 eVALUEd、数字图书馆质量评价指标体系等无一不是集体智慧的结晶,研究小组成立项目组,甚至成立公司,致力于数字图书馆评估指标的建设,如《COUNTER 实施规范:电子资源》就是由 Counter Online Metrics 公司所开发的。国外以团队为单位开展专门的数字图书馆评估工作这一点非常值得我们借鉴。在我国现有的研究中,研究人员或许对于数字图书馆的理论研究和实践感兴趣,但是对于"评估"本身并不重视,也不擅长。这一点从国内学者与国外学者从事数字图书馆评估实践研究的时间长短比较即可发现。评估活动是一种价值判断研究,而价值判断往往耗时耗力,因而数字图书馆评估工作也是一种需要持续性投入的事业,以项目组、公司等形式开展团队研究,不仅能够汇集集体智慧、发挥评估这一工具的价值,而且能够保持这项工作的持久性。这是未来数字图书馆评估研究和实践的趋势,也是我国数字图书馆评估研究和实践需要弥补的地方。

参考文献:

[1-2][4] 吴建华.数字图书馆评价方法[M].北京:科学出版社,2009.

［3］ FOX E A,AKSCYN R M,FURUTA R K,et al. Digital libraries［J］. Communications of the ACM,
1995,38(4):23-28.

［5-6］ MARCHIONINI G,PLAISANT C,KOMLOD A. The People in Digital Libraries:Multifaceted Ap-
proaches to Assessing Needs and Impact［M］// Digital Library Use:Social Practice in Design and E-
valuation. Cambridge:MIT,2003:119-160.

［7］ LYNCH C. Colliding with the Real World:Heresies and Unexplored Questions about Audience,Eco-
nomics,and Control of Digital Libraries［M］// In Bishop A P et al. Digital Library Use:Social Prac-
tice in Design and Evaluation. Cambridge,MA:The MIT Press,2003:191-218.

［8-9］［19］ SARACEVIC T. Digital library evaluation:toward an evolution of concepts［J］. Library
Trends,2000,49(2):350-369.

［10］ 冯平. 走出价值判断的悖谬［J］. 哲学研究,1995(10):41-48.

［11-13］［26］ FUHR N,HANSEN P,MABE M,et al. Digital libraries:a generic classification and eval-
uation scheme［C］// Proceedings of the 5th european conference on research and advanced tech-
nology for digital libraries,2001:187-199.

［14-15］［45］［60］［64］ FUHR N,TSAKONAS G,AALBERG T,et al. Evaluation of digital libraries
［J］. International journal on digital libraries,2007,8(1):21-38.

［16］ GONCALVES M A,FOX E A,WATSON L T,et al. Streams,structures,spaces,scenarios,societies
(5S):a formal model for digital libraries ［J］. ACM transactions on information systems,2004,22
(2):270-312.

［17］［20］ TSAKONAS G,PAPATHEODOROU C. An ontological representation of the digital library e-
valuation domain［J］. Journal of the American society for information science & technology,2011,
62(8):1577-1593.

［18］［21-22］［66］［68］ TSAKONAS G,MITRELIS A,PAPACHRISTOPOULOS L,et al. An exploration
of the digital library evaluation literature based on an ontological representation［J］. Journal of the
American society for information science and technology,2013,64(9):1914-1926.

［23-24］ GONCALVES M A,MOREIRA B L,FOX E A,et al. "What is a good digital library?"— a quality
model for digital libraries ［J］. Information processing and management,2007,43(5):1416-1437.

［25］ MOREIRA B L,GONCALVES M L,ALBERTO H F,et al. Evaluating digital libraries with 5SQual
［C］// The 11th European conference on research and advanced technology for digital libraries,
2007:466-470.

［27］ BLIXRUD L C. Measures for electronic use:the ARL E-metrics project［C］// Statistics in practice-

measuring and managing-IFLA satellite conference,2002:73 - 84.

［28］［69］ZHANG Y. Developing a holistic model for digital library evaluation［J］. Journal of the Ameri-can society for information science and technology,2010,61(1):88 - 110.

［29］高等学校图书馆数字资源计量指南.教育部高等学校图书情报工作指导委员会,高等教育文献保障系统管理中心,2007 - 04 - 10.

［30］郭依群.COUNTER——网络化电子资源使用统计的新标准［J］.大学图书馆学报,2005(2):20 - 23.

［31 - 32］The COUNTER code of practice:e-resources［EB/OL］.［2015 - 04 - 30］. https://www. pro-jectcounter. org.

［33］PARASURAMAN A,BERRY L L,ZEITHAML V A. SERVQUAL:a multiple-item scale for measur-ing consumer perceptions of service quality［J］. Journal of retailing,1988,64:12 - 40.

［34］KYRILLIDOU M,COOK C,LINCOLN Y. Digital Ltibrary Service Quality:What does it Look Like?［M］//Evaluation of Digital Libraries. Oxford:chandos,2009:187 - 214.

［35］KYRILLIDOU M, GIERSCH S. Developing the DigiQUAL protocol for digital library evaluation［EB/OL］.［2005 - 06 - 11］. http://old. libqual. org/documents/admin/digiqual-jcdl05-v5. pdf.

［36 - 37］An evaluation toolkit for e-library developments［EB/OL］.［2015 - 04 - 30］. http://www. evalued. bcu. ac. uk/tutorial/3. htm.

［38］Ergonomic requirements for office work with visual display terminals (VDTs) - Part 11:guidance on usability［S/OL］.［2015 - 04 - 30］. http://www. iso. org/iso/catalogue_detail. htm? csnumber = 16883.

［39］FOX E A,HIX D,NOWELL L T,et al. Users,user interfaces,and objects:envision,a digital library［J］. Journal of the American society for information science,1993,44(8):480 - 491.

［40 - 41］马翠嫦,邱明辉,曹树金.国内外数字图书馆可用性评价研究历史与流派［J］.中国图书馆学报,2012,38(198):90 - 99.

［42］NIELSEN J. Usability engineering［M］. San Francisco,Calif. :Morgan Kaufmann Publishers,1993.

［43］NIELSON J. 可用性工程［M］.刘正捷,等,译.北京:机械工业出版社,2004.

［44］FERREIRA S M,PITHAN D N. Usability of digital libraries:a study based on the areas of information science and human-computer-interaction［J］. OCLC systems and services,2005,21(4):311 - 323.

［46］蓝素华.大学图书馆网站资讯架构可用性之研究——以台湾大学图书馆网站为例［D］.台北:台湾大学图书资讯学研究,2000.

［47］蔡维君.大学图书馆网站好用性评估:以台湾大学图书馆网站为例［D］.台北:台湾大学图书

资讯学研究,2005.

[48] 黄晓斌,卢琰.论数字图书馆用户界面的评价[J].图书馆论坛,2005,25(3):16－19.

[49] MARCHIONINI G,WILDEMUTH B M,GEISLER G. The open video digital library:A möbius strip of research and practice[J]. Journal of the American society for information science & technology, 2006,57(12):1629－1643.

[50] XIE I H. Users' evaluation of digital libraries (DLs):their uses,their criteria,and their assessment [J]. Information processing and management,2008,44:1346－1373.

[51] LAMB R. Using Online Information Resources:Reaching for the ＊.＊s[M]//SHIPMAN F M,FU-RUTA R,LEVY D M. Digital Libraries'95. Austin,TX:Department of Computer Science,Texas A&M University,1995:137－146.

[52][67] KIM K. A model of digital library information seeking process (DLISP model)as a frame for classifying usability problems [D]. New Jersey,US:Rutgers,the State University of New Jersey,2002.

[53] 李月琳,梁娜,齐雪.从交互维度到交互功能:构建数字图书馆交互评估理论模型[J].中国图书馆学报,2016,42(221):66－82.

[54] JENG J. Usability of the digital library:an evaluation model[D]. New Jersey,US:Rutgers,the State University of New Jersey,2004.

[55] 邱明辉,黄晓斌.数字图书馆可用性评价模式研究[J].国家图书馆学刊,2010(3):44－48.

[56] NIELSEN J,MOLICH R. Heuristic evaluation of user interfaces[C]// Proceeding of ACM CHI'90 Conference,1990:249－256

[57] WHARTON C,RIEMAN J,LEWIS C,et al. The Cognitive Walkthrough Method:A Practitioner's Guide[M]//NIELSEN J,MACK R. Usability inspection methods. Hoboken:Wiley,1990:105－140.

[58] 黄晓斌,邱明辉.自动可用性评价工具及其在数字图书馆的应用[J].国家图书馆学刊,2013(5):24－31.

[59] BORGMAN C L,LEAZER G H,GILLILAND-SWETLAND A L,et al. Iterative design and evalua-tion of a geographic digital library for university students:a case study of the alexandria digital earth prototype (ADEPT)[G]// Lecture notes in computer science:research and advanced technology for digital libraries,2001,2163:390－401.

[61] BLANDFORD A,STELMASZEWSKA H,BRYANN-KINNS N. Use of multiple digital libraries:a case study[C]// Proceedings of the first ACM/IEEE-CS joint conference on digital Libraries, 2001:179－188.

［62］ CASTILLO J,HARTSON H R,HIX D. Remote usability evaluation:can users report their own critical incidents［C］// CHI 1998 conference summary on human factors in computing systems,1998: 253 - 254.

［63］ SARACEVIC T. COVI L. Challenges for digital library evaluation［C］// Proceedings of the ASIS annual meeting,2000,37:341 - 350.

［65］ MARCHIONINI G. Evaluating digital libraries:a longitudinal and multifaceted view［J］. Library trends,2000,49(2):304 - 333.

3 任务、信息搜寻与检索

任务是触发用户与信息检索系统交互的主要动机之一,而数字图书馆的诞生和发展无疑为用户的信息搜寻与搜索提供了全新的环境,构筑了新的与信息及系统交互的空间。本章聚焦于任务与信息搜寻与检索的相关研究,为进一步探讨用户与数字图书馆的交互绩效及评估奠定理论基础。

用户信息行为与信息检索是情报学研究的重要领域。基于学者们对信息行为的长期研究,Wilson 提出信息行为嵌套模型[1],将信息行为(Information Behavior)、信息搜寻行为(Information-seeking Behavior)及信息搜索行为(Information Search Behavior)三者之间的关系界定为一种嵌套关系,即信息行为是宽泛的、发生在人与信息之间的所有相关行为的总称;信息搜寻行为则属于信息行为,是诸多信息行为的一种,指的是人们通过多种渠道和途径,发现和获取不同类型信息的行为;信息搜索行为则属于信息搜寻行为的一种,关注用户与计算机信息检索系统之间的交互行为。信息检索行为则是信息搜索行为的特例[2]。信息搜索更偏重于从用户的角度阐释用户与系统的交互以获得有用信息的过程;而信息检索的技术含义更浓厚,着重研究从技术角度如何提高用户与信息检索系统的交互绩效[3]。

对用户信息行为的关注,促使学者们探讨信息行为产生的动机和目的。较早的理论构想是信息需求,即信息需求是促使人们积极从事信息搜寻活动的根本原因。然而,研究表明,"信息需求"这一构念(Construct)难以捕捉和测度。在用户寻求信息的过程中,由于搜索是学习并不断获取新知的过程[4],信息需求对用户而言,是一个随搜索时间和进程不断变化的概念。为此,学者们提出不同的理论观点,试图进一步解释用户信息搜寻的动机,包括知识非常态(Anomalous State of Knowledge, ASK)[5]、认知鸿沟(Gap)[6]、目的[7]、信息问题或问题(information problem or problem)[8]等。这些概念从用户认知及一般性需求的角度,不同程度地解释了用户信息搜寻行为的动机,同时,也促进了情报学研究的发展,尤其是从系统导向范式向用户导向范式的变迁[9]。

如前所述,除用户信息需求之外,学者们提出并试图验证诸多用户信息搜寻行为的动机[10],任务便是其中之一。任务同时被认为是诸种动机的原始动机[11],如任务促使用户产生信息需求、产生知识非常态现象、意识到认知的鸿沟及带有明确目的等。已有的研究表明,相对于其他的动机及既定的用户群体而言,任务的特征表现相对稳定[12],因而能更有效地帮助研究者揭示动机对用户信息搜寻及搜索行为的影响。其研究结果更可直接转化,有助于改善信息检索系统的绩效[13]。近年来,学者们日益认识到"任务"研究的效用,越来越多的学者开始关注与任务相关的研究。该领域的研究已从早期仅将任务作为研究的情境,发展到将其作为研究考察的主要变量;从关注任务的单一特征,如仅关注任务复杂性[14],到关注任务作为一种复合变量[15],即同时考虑多种任务维度与特征对用户信息搜寻与搜索的影响[16-17]。

基于任务的信息搜寻与检索研究是情报学相对较新的研究领域。由于受到组织管理、人机交互、网络搜寻、环境与信息检索等领域研究的影响,自 20 世纪 90 年代以来,该领域引起了情报学学者的广泛关注[18-20],并随之开展了一系列研究,探讨任务在用户信息搜寻和搜索过程中扮演的角色及其影响机制。2000 年以后,该领域得到蓬勃发展。2007 年,"任务"作为索引词首次在情报学的相关著作出现,即 Case 所著的分析用户信息需求和搜寻的专著[21]。为总结已有研究成果,Vakkarri[22] 和 Toms[23] 综述了任务的相关研究。Vakkarri 着重回顾 2000 年以前的相关研究,剖析任务的概念,归纳和总结主要研究成果,阐述该领域的主要研究课题、发展趋势和方向等[24]。该综述首次开宗明义地使用"基于任务的信息搜索"这一名称,成为推动任务与信息搜索和检索研究的扛鼎之作。Toms 着重总结近年来任务概念化研究取得的成果,分析任务在相关研究中的角色,指出概念化任务的未来发展方向[25]。然而,该综述忽略了近年来大量的实证研究所取得的成果及其昭示的发展趋势。鉴于当前研究的不足,全面、深入地展示和总结该领域的现状和研究成果依然十分必要。

本章将基于近年来的研究,进一步探讨基于任务的信息搜寻与检索研究的现状、问题及发展趋势,着重分析自 2000 年以来,该领域在实证与理论研究方面取得的成果。由于国内在该领域的研究尚处于萌芽状态,发表的研究不多,且多为综述或介绍性论文,因而,本章着重综述国际学术领域的研究成果,以期为国内的学者呈现该领域研究的内容和特点,以促进国内学术研究的发展。

3.1 任务

基于任务的信息搜寻和检索研究是新兴的、不断发展壮大的情报学研究领域之一[26]。由于该领域的快速发展,任务已成为信息搜寻与检索研究的核心概念之一[27]。Järvelin 早在 1986 年就提出任务是促进用户信息搜寻与检索的驱动力[28]。研究任务及其对信息搜寻行为的影响,是进一步厘清用户与信息检索系统交互行为特征之间关系的有效途径。为此,概念化任务是该领域研究的起点。该领域的学者们通常从概念化任务出发,即阐述任务的基本概念、分类和定义,开展大量的实证研究,探讨任务与信息搜寻或搜索行为之间的关系,并基于实证研究的结果对两者的关系进行深入的理论阐释。

3.1.1 任务的概念

Vakkari 对任务的解释具有指导意义[29]。他认为,一方面,任务可定义为工作内容的抽象描述,包括具体内容、目的、期待达成的结果等,如 Borlund 和 Ingwersen 提出的模拟仿真工作任务情境(Simulated Work Task Situations)中对任务的理解和界定[30];另一方面,任务是对过程的描述,即任务可分解成不同的阶段或过程。他将任务与目标结合起来,认为任务是个体为实现某些或某个目标而开展的一系列活动。基于这种理解,他指出,任务通常包含任务的描述及完成任务过程中的一系列行动。Kuhlthau 和 Allen 等在定义信息搜索任务和信息任务(Information Task)时采取了这一立场,他们将任务看作是连续的、可分解成不同阶段的过程[31-32]。

Byström 和 Hansen 明确三类与信息搜寻行为相关的任务,即工作任务(Work Task)、信息搜寻任务(Information-seeking Task,简称 Seeking Task)和信息搜索任务(Information Search Task,简称 Search Task)[33],并将它们视为完成既定任务流程中不同层次的关键任务。当前研究中,学者们通常探讨这三类任务。Ingwersen 从认知的角度进一步阐述了任务的概念,将其定义为人们通过实际工作试图解决的问

3 任务、信息搜寻与检索 | 63

题[34]。随着信息技术的发展,互联网的普及,信息用户概念的日益泛化,用户基于不同的目的,从网络上搜寻不同类型的信息。仅以与工作相关定义工作任务存在局限性。因此,Ingwersen 和 Järvelin 重新审视并界定工作任务,将其含义延伸至日常生活中的各项任务,如购物、娱乐需求等[35]。

由此可见,在情报学领域,工作任务有狭义和广义之分。狭义的工作任务往往仅指与工作及职责相关的任务;而广义的工作任务则指任何驱动用户信息搜寻与检索的活动。对信息搜寻任务的理解和界定,源于 Wilson 对信息搜寻行为的理解和界定[36],学者们通常把信息搜寻任务与广泛的信息来源和渠道相关联[37],用户的信息搜寻任务指为完成工作任务所需进行的广泛的信息收集和获取活动。同样基于 Wilson 对信息搜索行为的界定,信息搜索任务则指为完成工作任务,用户通过与各类信息系统的交互,以搜集和获取相关信息的活动[38]。

3.1.2 任务的分类

任务分类是任务与信息搜寻和检索研究的起点。任务类型具有多样性,因此,依研究的目的和需要,学者们从不同的角度出发,将任务分成不同的类型。

(1)基于任务内容的分类。将任务的类型与用户的工作内容相关联是常用的任务分类方式,如 Toms 等为探讨任务对用户搜索行为的影响,将任务分成消费者健康任务、研究任务、旅行任务及购物任务等四类[39]。

(2)基于任务特征的分类。任务复杂性、困难程度、可分析性、主题熟悉程度、相互依赖性等是当前研究着重考察的任务属性,因此,基于这些属性分类任务较为普遍。其中,对任务复杂性的研究最为广泛、深入。Byström 和 Järvelin 基于任务的不确定性和可分析性,将任务复杂性定义为对信息输入、处理及输出的确定程度[40]。据此,他们将任务划分为自动信息处理任务、一般信息处理任务、一般决策任务、已知真实决策任务及真实决策任务,这些任务的复杂程度不一,逐步攀升。基于对任务的分类,他们进一步研究任务复杂性与用户信息搜寻行为之间的关系。他们对任务复杂性的界定极大地影响了该领域的研究,催生了一系列与任务复杂性相关的研究,如 Bell 和 Rutheven 基于这一理念,探究不同程度的任务复杂性对用户网络信息搜索行为的影响[41]。一些研究虽基于任务复杂性划分任务类型,但趋于简单化,如将任务分为简单任务和复杂任务[42];或考虑客观和主观任务复杂性的区别,将任务从主、客观两个角度分为低、中、高复杂性任务[43]。本书稍后还将继续探讨与任务复杂性相关的研究。

（3）基于目标文献的特征与明确程度的分类。该途径是信息搜索任务分类的常用途径。用户在信息检索系统中搜索信息通常带有一定的目的性，该目的或清晰或模糊，目标文献或明确或不确定。据此，可将任务划分为具体任务（Specific Tasks）和一般性任务（General Tasks），或已知搜索项任务（Known Item Search）和主题搜索任务（Subject Search）。当前，主题任务的称谓多被"探索性搜索任务"（Exploratory Search Task）所取代。此外，Kim 又将任务细分为事实性、解释性和探索性任务，探讨任务是否可以预测用户的信息搜索行为[44]。Toms 将不同的搜索任务类型总结为两类，称之为两种"核心搜索任务"，即具体事项或信息体（Information Object）搜索任务及一般性主题搜索任务（General Topic Search）[45]。

（4）基于用户搜索活动特征的分类。搜索和浏览是从事信息检索研究的学者最常研究的两类任务[46]。Hong、Thong 和 Tam 将任务分成搜索和浏览任务，探讨非标题广告动画对用户完成搜索和浏览任务的影响。结果表明，动画对浏览任务绩效的负面影响高于搜索任务；而用户的经验在帮助降低动画对搜索任务的负面影响方面强于浏览任务[47]。此外，Kellar 等的田野研究表明，用户网络信息搜寻任务包括事实查找、信息搜集、浏览及事务性任务[48]。

（5）基于分面分类的任务分类法。鉴于以往的任务分类法多从任务的单一特性或维度分类任务，无法全面反映任务的不同方面和特性，Li 和 Belkin 基于分面分类法的理念[49-50]，构建了一套任务分类体系。该研究通过综述管理学、社会学、社会心理学及情报学等学科中的任务相关研究，明确不同任务分类法所涉及的任务维度，即任务面，由此确定其不同的分面和值。他们将任务面分成两类：一类称之为任务的通用面，反映任务的不同维度及不同维度下的任务类型，包括任务的来源、执行者、时间、产品、过程及目的；另一类称之为任务的共有属性，即不同类型的任务所共有的属性和特征，包括任务特征及用户的任务感知。如表 3 - 1 所示。

表 3 - 1　基于分面分类的任务分类法[51]

	面	子面	类	描述
通用面	任务来源		内置任务	基于自我的需要而产生的任务
			协作任务	一组成员通过讨论产生的任务
			外置任务	由其他人布置的任务
	任务执行者		个人	任务执行者独立完成的任务
			小组中的个人	分别由小组中的成员单独完成的任务
			小组	由一组成员共同完成的任务
	时间	频率	一次	一次性完成的任务
			间断的	不时出现但并非频繁出现的任务
			常规的	属日常工作、按部就班完成的任务
		长度	短期	在短时间内完成的任务（例如，少于一个月）
			长期	长时间才能完成的任务（例如，多于一个月）
		阶段	初期	处于初始阶段的任务
			中期	已经开始运行，处于中期阶段的任务
			末期	已基本完成的任务
	产品		物质的	产生物质产品的任务
			知识的	产生新的想法、知识的任务
			决定的	产生决定或解决问题方案的任务
			事实的	为了获取事实资料或数据等的任务
			图像的	为了获取图像资料的任务
			混合型	产生的结果混合了以上几种类型的任务
	进程		一次性的	一次性完成、不需要重复其中步骤的任务
			重复性的	需要不断重复，或采取相同步骤的任务
	目标	质量	明确目标	有明确、清晰、具体目标的任务
			抽象目标	具有抽象目标的任务
			混合目标	同时包含明确和抽象目标的任务
		数量	单个目标	目标单一的任务
			多个目标	有多个目标的任务

续表

	面	子面	类	描述
共有属性	任务特征	客观复杂度	复杂程度高	需要经过多种路径完成的任务(例如,需分解成多个子任务)
			复杂程度居中	需要经过一些路径但并不多的任务
			复杂程度低	单一路径便可完成的任务
		相互依赖性	相互依赖程度高	需要通过多个人的合作完成的任务(至少两个人)
			相互依赖程度居中	需要其他人的帮助或建议才能完成的任务
			相互依赖程度低	任务执行者独自完成的任务
	用户对任务的感知	重要性	重要程度高	任务执行者认为相当重要的任务
			重要程度居中	任务执行者认为比较重要或视具体情况而定的任务
			重要程度低	任务执行者认为不重要的任务
		迫切性	迫切程度高	任务执行者认为很迫切需要完成的任务
			迫切程度居中	任务执行者认为比较迫切完成或视具体情况而定的任务
			迫切程度低	任务执行者认为不需迫切完成的任务
		困难度	困难程度高	任务执行者认为很困难的任务
			困难程度居中	任务执行者认为比较困难或视具体情况而定的任务
			困难程度低	任务执行者认为不困难的任务
		主观复杂度	复杂程度高	任务执行者认为很复杂的任务
			复杂程度居中	任务执行者认为比较复杂或视具体情况而定的任务
			复杂程度低	任务执行者认为不复杂的任务
		任务主题相关知识	丰富程度强	任务执行者具备丰富的主题相关知识的任务
			丰富程度居中	任务执行者具备一定程度的主题相关知识或视具体情况而定的任务
			丰富程度弱	任务执行者具备较低程度,或并不具备主题相关知识的任务
		任务执行程序与过程	丰富程度强	任务执行者具备丰富的与任务执行程序与过程相关知识的任务
			丰富程度居中	任务执行者具备一定程度的与任务执行程序与过程相关知识,或视具体情况而定的任务
			丰富程度弱	任务执行者具备较低程度,或并不具备与任务执行程序与过程相关知识的任务

与其他的任务分类体系相比,该分类法的分类角度更为全面、完整,为基于任务的信息搜寻与检索研究提供了全面描述任务特征的可能性。同时,该分面分类法提供了构建模拟仿真工作任务或搜索任务的新途径[52]。在信息检索,尤其是交互信息检索的实验研究中,实验任务设计是关键环节。使用该分类法,可基于研究者的需要,通过控制一些任务面以突出某些任务面加以研究,并设计不同的实验任务。目前,该方法已为一些实证研究所采用[53-55]。

此外,任务类型划分还有明确定义(Well-defined)和非明确定义(Ill-defined)、结构化的和非结构化等标准,但在情报学领域,采用这些分类方法的研究并不多见。因此,本书不予详细讨论。

3.2 基于任务的信息搜寻理论模型

理论研究是彰显一个领域学术价值的重要方面,也是该领域得以生存和发展的重要基础。自任务成为学者们关注的对象以来,基于实证数据的理论研究与探索从未停止。学者们通过实证研究,提出和构建了一系列基于任务的信息搜寻、搜索或检索的理论模型。本章将着重阐述具有普适性的理论模型,一些针对特定用户构建的理论模型在此不予论述,如 Freund 等构建的基于工作任务框架下软件服务领域的信息行为模型[56]。

3.2.1 专业人员信息搜寻模型[57]

工程师、健康护理人员和律师等专业人员的信息搜寻行为研究一直是学者们关注的课题[58],并对此开展了大量的实证研究。然而,较少有学者对这些实证研究结果进行分析,也缺乏理性思考。为弥补这一不足,Leckie 等通过对已有实证研究结果的分析,提出了一个适用于解释各类专业人员信息搜寻行为的模型。该模型包括六大要素:工作角色、与角色相关联的任务、信息需求特点和影响信息搜寻的三种因素,即信息意识、信息源及结果。它们之间的关系如图 3-1 所示。

Leckie 等人进一步解释了该模型中不同要素的含义。专业人员的工作角色通常包括服务提供者、管理或经理人员、研究者、教育工作者和学生。与不同的工作角色相关联的工作任务包括评估、咨询、监管、报告写作等。已有的研究表明,信息搜寻与特定的角色及相关的工作任务高度相关。信息需求由工作任务和专业人员的角色所驱动,是多种因素共同影响和作用的产物。这些因素包括个体的人口统计学特征、环境、频率、可预测性、重要性及复杂性。针对专业人员而言,年龄、事业所处阶段、专业领域及地理位置,影响和塑造他们的信息需求。影响信息搜寻的因素包括信息来源和专业人员的信息意识。结果是信息搜寻过程的最终产品,在这一阶段也许工作角色和相关任务驱动的信息需求得以满足,整个信息搜寻过程得以结束;也许信息需求未能得到满足,新的信息需求产生,导致新一轮信息搜寻活动的开始。模型所描述的由工作角色和任务驱动的信息搜寻过程并非静止的、流线型的,而是动态的,各要素之间交互作用,且由于有反馈环节的存在,导致信息搜寻过程循环往复,直至信息需求得以满足,最终完成工作任务。

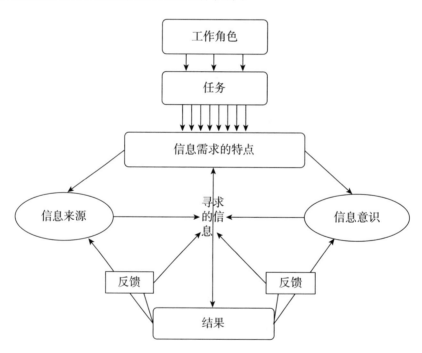

图 3 - 1 专业人员信息搜寻行为模型

Leckie 等的模型是提出较早并将工作角色与相关任务融入用户信息搜寻过程的理论模型。因其仅针对专业人员的信息搜寻行为过程提出,忽略了任务的不同层次及其特征,带有一定的局限性。然而,该模型强调工作角色和相关任务对信息搜寻行为的驱动,为进一步探讨任务与信息搜寻行为的关系奠定了理论基础。

3.2.2　基于任务的信息搜索过程模型[59]

基于 Kuhlthau 提出的 ISP(Information Search Process)模型[60],即信息搜索过程模型,Vakkari 和他的同事开展了一系列实证研究[61-63],以探讨一定的任务情境(完成硕士生毕业论文开题报告)下,任务的不同阶段与用户搜寻策略与信息搜索类型的关系。通过整合多个实证研究的结果,Vakkari 提出基于任务的信息检索过程理论模型。图 3-2 显示该模型的各要素及要素之间的关系。

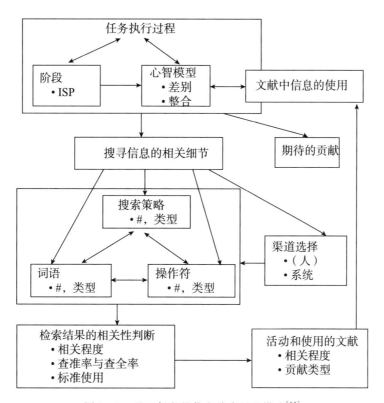

图 3-2　基于任务的信息检索过程模型[64]

Vakkari 的模型以任务执行过程(Task Performance Process)为信息检索活动的驱动力,借助 Kuhlthau 对信息搜索阶段的定义,提出任务执行过程和用户心智模型决定用户的信息检索过程,如所需信息的相关细节、特征、检索策略的应用、检索词与操作符的选择和使用、相关性判断、文献的选择与利用等。而这一系列活动,又重构了用户的心智模型,从而改善用户对任务的认知,支持任务的执行过程。这一过程循环往复,用户对任务和检索的理解不断提升,信息对任务最终完成的支持程度不断增强。该模型不同于传统的忽略用户因素的信息检索模型及以任务作为环境要素的信息搜索模型,专门分析了不同任务阶段信息检索行为的特点,揭示了任务阶段与用户信息检索行为的关系。该模型强调信息检索过程由任务执行过程驱动的观点,有助于我们更好地理解用户信息检索的过程与任务扮演的重要角色,从而帮助我们重新思考和改善信息检索系统的开发和设计。

3.2.3 任务层次与信息搜寻行为模型[65-66]

作为任务与信息搜寻行为研究的先驱,Byström 和她的合作者开展了一系列实证研究,探讨任务复杂性与用户信息搜寻行为之间的关系[67-68]。Byström 和 Hansen 提出任务的嵌套模型,以描述不同层次的任务,即工作任务、信息搜寻任务、信息搜索或检索任务及它们之间的关系。如图 3-3 所示。搜寻任务是工作任务的子任务,而搜索任务则是搜寻任务的子任务。用户从信息源中搜索相关信息,完成信息搜索任务;信息搜索和信息搜寻任务的完成为工作任务的完成提供支持和保障。该理论模型为之后的一些实证研究提供了理论框架,如 Li 探讨工作任务、搜索任务及交互信息检索行为之间关系的研究[69]。

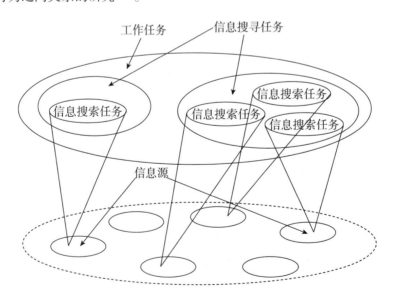

图 3-3　任务层次与信息搜寻行为模型

3.2.4 网络搜索模型[70-71]

网络已成为用户获取信息的重要来源。然而,描述网络用户信息搜寻行为及影响因素的理论模型却并不多见,尤其是基于任务的模型。Pharo 和 Järvelin 基于对相关研究的综述,提出了用户的网络信息搜索模型,如图 3-4 所示[72]。该模型中,他们将工作任务定义为在非信息搜寻环境下,为实现某一目标而采取的一系列行动;搜索任务则指以获取或多或少精确界定的信息为目标的一系列信息搜寻和搜索活动[73]。

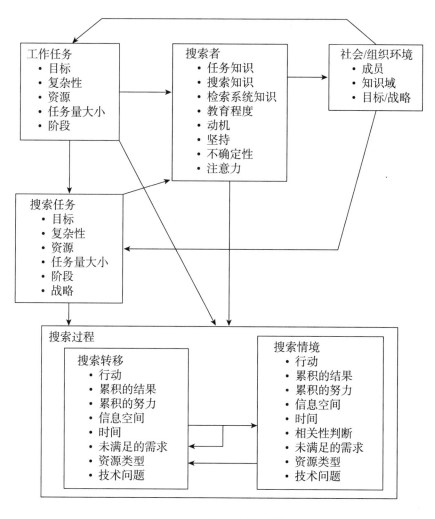

图 3-4 网络搜索模型[74]

社会或组织环境决定了用户的工作任务和搜索任务。工作任务影响和塑造搜索任务,同时,也影响用户的搜索过程。搜索过程包括两个要素,即搜索转换和搜索情境。该模型表明,搜索过程是多种因素共同作用的结果,这些因素包括工作任务、搜索任务,同时也包括搜索者本身具有的与任务相关的知识、搜索知识、检索系统知识等。工作任务和搜索任务本身的完成也改变了搜索者,而搜索者的改变又重塑了社会和组织环境。该模型的特点在于明确网络搜索过程中各个要素,如环境、工作任务、搜索任务、搜索者及搜索过程之间的关系,为实证研究提供理论框架,明确未来的研究问题和方向。

3.2.5 信息搜寻、检索设计与评估框架[75]

Järvelin 和 Ingwersen 意识到,学术界仍然缺乏与信息检索系统特征、任务特征及搜寻过程相关的研究[76]。因而,他们指出应将信息搜寻研究延伸至任务和技术层面。基于相关文献研究,他们明确了与信息搜寻和检索过程相关的 9 个维度:工作任务、搜索任务、信息寻求者、感知工作任务情境、文献、搜索引擎算法、界面算法、获取与交互维度。工作任务不仅指与工作相关的任务,还包括日常生活、娱乐及文化兴趣等。通过整合这 9 个维度,他们提出了一个信息搜寻和检索设计与评估框架[77]。该框架将信息搜寻与检索活动置于一定的社会和组织文化环境中,工作任务、搜寻任务及信息检索本身也构成一个嵌套的环境,影响和塑造用户的信息搜寻与检索活动。图 3 - 5 描述了该模型。

该理论模型具有多重功能。一方面,该模型整合了信息搜寻与检索过程的相关要素,描述了它们之间的关系,为将信息搜寻与检索研究延伸拓展到任务与技术层面提供了理论基础;另一方面,它提供信息搜寻与检索过程的评价层次和标准。该模型表明,信息搜寻和检索在不同层面要实现的目标不同,因而针对不同层次,评估的维度和标准有所不同。该模型为信息检索系统的评估实践提供理论框架,已被用于一些实证研究中[78]。

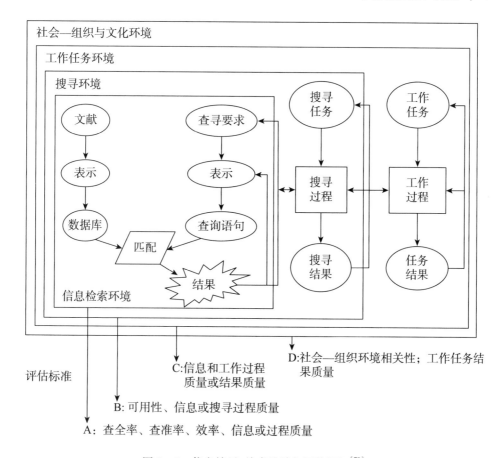

图 3 – 5　信息搜寻、检索设计与评估框架[79]

3.2.6　基于任务的信息搜寻模型[80]

任务影响用户信息搜寻行为已成不少学者的共识。然而,任务是否可以预测用户网络信息搜索行为仍然值得探究。为此,Kim 回顾了以往与任务相关的研究,构建了基于任务的信息搜寻模型,并以此作为实证研究的基础。该模型如图 3 – 6 所示。

图 3 – 6 中加粗的要素为模型的核心概念,包括任务变量、任务承担者、任务、任务情境、搜索策略制定、任务结果及评估。每一个要素下方,Kim 列出了测度该要素的主要维度,如任务变量可从任务结构、主题、目标、期待的信息及信息源几个方面考察;而任务的承担者则可从其领域知识、感知任务困难程度及其人口统计学特征等方面衡量。信息搜寻策略借鉴了 Belkin 等提出的信息搜寻策略(Information Seeking Strategies,ISSs)模型[81],该模型是基于分面分类法确定的 16 种用户与信息检索

系统交互时所使用的策略。它的构建基于以下前提:①任务类型是信息搜寻行为的
影响因素;②任务类型由不同的任务维度决定;③除了任务类型,任务承担者自身的
一些因素及其所处的情境维度影响用户搜寻策略的制定;④任务承担者使用多种信
息搜寻策略,因而,信息搜寻行为可看作是用户从一种策略到另一种策略的转换过
程。实际上,以上前提条件都有实证数据的支持。

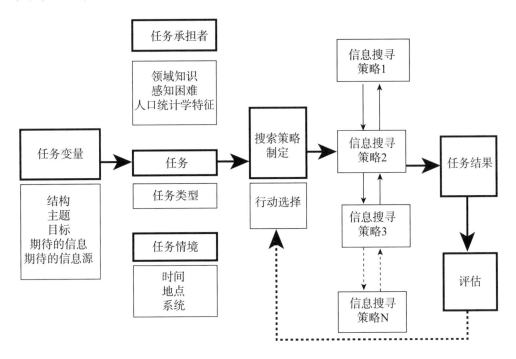

图 3 – 6　基于任务的信息搜寻模型[82]

图 3 – 6 的模型试图解释用户的任务与信息搜寻策略的选择与使用之间的关系,
以及信息搜寻策略对任务结果的影响。同时,展示与任务相关的不同方面,如任务
承担者、不同的任务变量、时间、地点及信息检索系统构建的任务情境、任务的结果
等。然而,它却忽略了任务承担者及任务情境对搜索策略制定的影响,因而未能全
面体现包括工作任务和搜索任务在内的不同层次任务对用户搜索策略制定的影响。

3.2.7　基于任务的信息搜寻动机期待价值模型[83]

Savolainen 借助心理学研究领域的期待价值理论,对现存的基于任务的信息需求
理论进行比较分析,以全面揭示激发用户信息搜寻行为的因素[84]。在 Eccles 和

Wigfield(2002)提出的期待价值理论模型的基础上[85],Savolainen 嵌入基于任务的信息搜寻过程,去除原有与信息搜寻不相关的因素,重构了如图 3 – 7 所示的基于任务的信息搜寻动机期待价值模型。

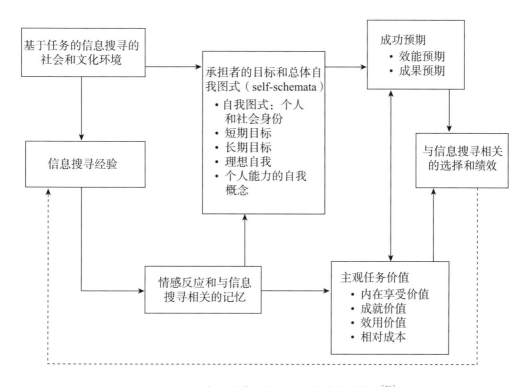

图 3 – 7　基于任务的信息搜寻动机期待价值模型[86]

　　图 3 – 7 表明,基于任务的用户信息搜寻行为与绩效受个人及多种环境要素的影响,如社会与文化环境,包括工作的角色及任务的重要性。此外,与任务相关的信息搜寻经验导致的负面或正面情感反应,或相关记忆,也影响到用户信息搜寻行为;再者,任务承担者的总体目标包括短期或长期目标,以及自我图式,即用户作为雇员对个人在不同领域的能力所决定的个人及社会身份的认知,都将影响用户的信息搜寻行为。Savolainen 描述两类驱动用户信息搜寻及绩效的因素,即成功预期及主观任务价值,它们直接影响用户如何搜寻信息及其过程特征。这两个要素同时涵盖多个维度,如成功预期包括效能预期、成果预期;而主观任务价值则包括内在享受价值、成就价值、效用价值及相对成本。两个要素彼此影响,相互塑造。该模型表明,信息搜寻是一个循环的过程,用户信息搜寻过程影响并丰富了用户基于任务的信息搜寻经

验。此外,已有研究表明,完全理性的信息搜寻行为和过程是不真实的,情感因素一定程度上影响和塑造用户的信息搜寻行为及过程。该模型融入用户的情感反应和相关记忆,降低用户信息搜寻行为的理性成分,而使其更真实地描述基于任务的信息搜寻行为。

该模型超越了传统的信息搜寻行为的理论框架,即强调任务本身激发的信息需求是用户产生信息搜寻行为的原始动力,转而强调用户的成功预期及主观任务价值决定了用户的信息搜寻行为及对最终绩效的评价。该框架提供了一种新的视角,即从用户心理期望和主观任务价值出发思考信息搜寻行为,从而有别于其他基于任务的信息行为研究理论模型。Savolainen 明确指出,该模型是对基于任务的信息搜寻的理论描述,通过实证研究验证该模型的优势与不足是必要的。然而,它表达的不同要素之间的复杂关系,会导致相关实证研究的困难。

3.2.8 基于任务的用户模型[87]

李月琳和张佳在综述用户模型的获取、组成、构建三个方面研究的基础上,以用户的任务为出发点,构建基于任务的用户模型,如图 3 - 8 所示[88]。

图 3 - 8 表明,用户任务是用户信息检索的出发点,任务激发用户的问题及解决问题的信息需求。基于此,用户形成查询语句,借助客户端提交查询请求,系统自动标引用户的查询语句,并与系统的标引数据库进行匹配,输出检索结果。用户判断检索结果的相关性,如结果相关,满足其信息需求,用户便完成检索任务,退出检索系统或进行下一个检索任务。如不相关,用户便会重新思考其问题与需求,重新构建查询语句,如此循环往复,以最终完成检索任务。图 3 - 8 中的①描述了传统的信息检索的检索模型,其本质是用户与 IR 系统的交互过程,系统提供了有限的支持和帮助。图 3 - 8 中的②描述了基于任务的个性化信息检索用户模型:通过隐式获取方式,系统识别和记录用户与系统交互的内容和行为特征(即①的流程),并基于这些特征推知用户的任务特征,判断用户的任务类型。由于并非所有的任务都需要个性化信息检索技术的支持,如导航性搜索任务,因而,模型将判断任务的类型及其是否需要个性化检索技术的支持:如不需要,则退出用户模型,只是完成①的流程即可;如需要个性化信息检索技术的支持,用户任务数据库将启动。该数据库包括任务类型及适用的个性化检索策略。如任务数据库中存有与该任务相似的任务,则直接采

用其个性化检索策略；如是新任务，则需考虑适用的个性化检索策略，并将之加入到用户任务数据库中。基于不同的任务及需要，个性化检索策略可作用于用户的查询语句、匹配过程及结果的排序及输出，以帮助①的流程得以完成。

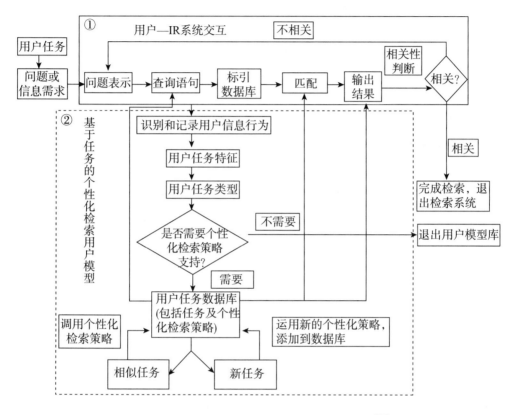

图 3 - 8　基于任务的个性化信息检索用户模型图[89]

该用户模型与传统的信息检索过程相融合，采用隐式获取的方式，不需考虑用户为新用户或旧用户，只需考虑用户任务的特征和类型，从理论上可解决用户兴趣模型中的"冷启动"问题。此外，其区别于以往的用户模型，强调任务而非用户兴趣的重要性。同时，其强调用户与系统交互的内容和行为与任务特征的关系、任务特征对任务类型的预测、任务类型与个性化信息检索策略之间的关系及用户任务与个性化检索策略的数据库。这些构成了基于任务的个性化信息检索用户模型的主要元素。已有的研究一定程度上揭示了任务特征和类型与用户信息行为之间的关系及任务与文献类型之间的关系，为该模型的成立提供理论支持。同时，由于用户任务的特征和类型具有一定的稳定性，不同类型的个性化检索策略可应用于不同类型的任务,这为构建用户任务与个性化检索策略数据库提供了理论上的可行性。

3.3 任务与信息搜寻和搜索行为研究

3.3.1 任务作为信息搜寻的环境或情境

情报学研究领域对任务的关注起源于不同任务所构筑的信息搜寻或搜索环境(Context)或情境(Situation),不同的环境或情境影响和塑造用户的信息搜寻行为模式这一观点获得广泛认同。Taylor 提出的"信息使用环境(Information Use Environment)"的概念为此类研究提供了理论基础[90],其特点表现为任务本身并不是研究的变量,而是重要的研究环境或情境。Kuhlthau 开展的一系列相关研究均以不同研究对象的工作任务为情境,如学生需完成他们的期末论文,研究用户的信息搜索行为,并提出对情报学研究影响深远的信息搜寻过程(Information Search Process,ISP)模型[91]。该模型包括用户搜索过程所经历的 6 个阶段,在不同阶段用户表现出不同的行为方式、情感特征及对信息的认知程度。基于对任务所构筑的搜寻情境的理解,Hjørland 和 Christensen 以一位医生治疗一位精神分裂症患者的任务为例[92],具体分析在该任务情境下,如何理解工作任务、任务情境、目的、任务复杂性、任务执行、信息搜寻、主题及情境相关性等与信息搜寻活动相关的要素。不同的任务构筑不同的情境,Tanni 和 Sormunen 关注学习任务所构筑的环境下用户的信息行为,并综述相关研究[93]。上述研究表明,不同的环境或情境影响和塑造用户的信息搜寻行为。因此,将信息搜寻行为研究置于一定环境或工作任务情境下开展将更科学,也更有效。

3.3.2 任务属性与信息搜寻和搜索

任务的不同属性与用户信息搜寻行为的关系是情报学研究领域较早关注的课题。Byström 和 Järvelin 对任务复杂性与信息搜寻行为的探究,为基于任务的信息行为研究奠定了基础[94]。为进一步研究任务的不同属性与特征对用户信息行为的影响,Kim 和 Soergel 通过综述任务的相关研究,提出一系列影响用户信息搜寻行为的任务相关特征或变量[95]。他们将这些变量分成内在任务特征(如任务类型、抽象任务特征、任务产品、任务范围等)、外在任务特征(如任务来源、任务迫切性、任务风险、任务频率等）、与任务执行者相关的特征（如个体、小组作为任务执行者及任务执行者之间的交互等）及任务与执行者关系的相关特征（任务熟悉程度、新颖性、重要性、目标可接受性、任务动机等）。他们指出，任务阶段、任务复杂性、任务可分析性与任务确定性、任务相互依赖性及任务的范围是重要的任务变量。这些变量与信息源的利用、信息需求量的大小、相关性判断、信息类型、搜索绩效等密切相关。Li 和 Belkin 在他们的任务分面分类法中也明确了不同任务的共有属性，包括客观任务特性，如客观任务复杂性、任务相互依赖性，以及用户对任务的感知，如任务的重要性、迫切性、困难程度、主观任务复杂性、任务主题的知识丰富程度及任务过程与方法的知识丰富程度[96]。另外，部分研究者针对某些具体的任务属性，如任务复杂性、任务困难程度、任务阶段等进行了深入探讨。

（1）任务复杂性

任务复杂性是学者们研究得最广泛的任务变量之一。Campbell 全面阐释任务复杂性的概念、维度、基于任务复杂性的任务类型，为任务复杂性在不同学科领域的研究奠定理论基础[97]。Byström 和 Järvelin 的研究是情报学领域较早开展的针对工作任务复杂性与信息搜寻行为关系的研究[98]，他们将任务复杂性定义为用户前期知识的确定程度，据此，将任务分成五大类型（参见 3.1.2），并进一步探讨任务复杂性与用户信息搜寻行为之间的关系。值得一提的是，区别于情报学中大量的以高校和学生为研究场所和对象的研究，他们的研究针对政府部门的工作人员，探讨任务复杂性与这类用户信息搜寻行为之间的关系。研究结果表明，任务越复杂，信息类型需求越多样化，用户信息搜索活动越频繁，他们越难以确定所需信息类型。同时，越需要咨询专家以获取有用信息[99]。Saastamoinen 等的研究进一步支持这些观点，即越复杂的任务，用户信息搜索活动越频繁，越转向从人际信息源获取有用信息[100]。由此可见，信息检索系统对复杂程度较高的任务提供信息支持方面表现乏力，有必要进一步改进和完善其服务功能。此后的一些研究支持了任务复杂性对信息搜寻行为的影响[101]。

Bell 和 Ruthven 从信息检索系统评估的角度探讨任务复杂性[102]。他们指出，三个方面的要素影响任务复杂性：用户不了解需要何种信息，搜索本身的困难程度和解释相关性的难度。他们仿效 Byström 和 Järvelin，定义了三类复杂程度不同的任务，并设计了三个模拟仿真工作任务情境，以评估两个搜索界面。研究结果表明用户可识别不同任务的复杂程度;任务越复杂,完成越困难。同时,任务本身提供的用户信息、所需信息类型及信息量影响任务的复杂程度。他们将任务复杂度和任务困难程度视为同一概念交替使用。Gwizdka 和 Spence 在探讨行为和不同任务特征之间的关系时发现,用户感知的搜索后任务困难程度与多项行为指标密切相关,如用户付出的搜索努力、浏览速度、搜索效率等[103]。可见,某些行为指标可预测用户的任务特征。此外,客观任务复杂性与用户主观感知的任务困难程度显著相关。Li 和 Belkin的研究也表明,客观任务复杂性显著影响用户交互信息搜索行为的各个方面,如信息源选择、交互次数、浏览的结果页面数量等;针对不同复杂程度的任务,用户通常选择更多的信息源以获取足够的信息[104]。

(2)任务多维性

任务是多维变量,其不同维度和性质,亦在用户与信息检索系统交互的过程中扮演了不同的角色,发挥着不同的作用,从而产生不同的影响[105]。为进一步探讨不同工作任务的维度对用户交互信息搜索行为的影响,Li 研究了任务的共有属性与用户交互信息行为之间的关系[106-107],结果表明与任务主题相关的知识、任务困难程度、任务复杂程度及时间维度显著影响用户的资源选择及查询语句构建行为。

(3)任务困难程度

任务困难程度和复杂性相关[108],但就对用户行为的影响而言,表现不同[109-110]。Kim 的研究探讨不同任务困难程度与用户信息搜索行为之间的关系[111]。结果表明,用户在完成不同类型的任务时,信息搜索行为表现不同,如对事实型任务而言,搜索后的困难程度与任务完成时间、检索语句的数量及浏览的页面量显著相关;而对探索性任务而言,行为只与搜索前的任务困难程度相关;对解释性任务而言,任务困难程度与用户行为并不显著相关。不同的任务类型、用户行为特征可以预测任务的困难程度[112]。研究同时发现,就某些任务类型而言,用户的搜索前和搜索后任务困难程度保持一致。然而,对另一些任务而言,用户感知搜索前、后的任务困难程度不同[113]。对平行结构和具体任务,搜索后任务困难程度降低;而对模糊任务,搜索后困难程度增加。Li 和 Hu 的研究表明,对研究中使用的真实工作任务,某些用户搜索前感知的困难程度低于搜索后;而对仿真工作任务而言,正好相反:搜索前感知的困难程度高于搜索后的感知困难程度[114]。

（4）任务阶段

用户在不同任务阶段表现出不同的信息行为和信息需求特征[115-118]。受 Kuhlthau 研究的影响,Vakkari 和他的同事研究了学生在撰写硕士毕业论文开题报告的不同阶段,采取的信息搜索策略和表现出的检索词选择行为特征[119]。研究表明,处于不同任务阶段的学生的确在搜索策略和检索词的选择和使用上表现出不同的特点,如:随着学生对任务理解的加深,他们使用越来越多更具体的词汇作为检索词,且更频繁地使用操作符;就搜索策略而言,他们更频繁地使用"平行策略"(Parallel Tactics)。Vakkari 等开展的实证研究成为本书此前论述的"基于任务的信息检索过程"理论模型的重要基础(见 3.2.2)。此外,Xie 的研究也表明,任务的不同阶段塑造用户信息搜寻行为特征,并扮演重要角色[120]。

（5）基于任务的分面分类法

基于任务的分面分类法[121],Li 通过深度访谈,以任务的分面分类法为数据收集和分析的理论框架,探讨工作任务与搜索任务之间的关系。并通过开放编码和描述性统计,分析工作和搜索任务不同分面之间的关系,同时也研究了同一类型的任务中不同分面之间的关系[122]。研究结果表明,工作任务的不同面或分面对搜索任务的完成时间(长度)、客观复杂性及主观复杂性影响最大。用户对任务涉及的主题知识的丰富程度与搜索任务涉及的主题丰富程度高度相关。同时,研究发现,任务复杂性和任务困难程度是不同的构念,应分别加以研究而非交叉使用。鉴于任务复杂性和困难程度是任务的两种主要特征和研究变量,如何界定和测度它们,则有待进一步研究。该研究同时发现,就工作任务和搜索任务自身而言,客观任务复杂性与其他的任务共有属性显著相关,如任务困难程度、主观任务复杂性及任务主题的知识丰富程度。由此可见,客观任务复杂性对不同层次的任务来说,是一个相对关键的变量。该研究从实证角度为任务的多层次嵌套理论框架提供实证依据[123]。同时,研究也指出,工作任务只能部分决定搜索任务的性质与特征,如要完整地揭示搜索任务的性质和特征,我们仍然应该考察其他因素,如用户的个体特征、系统特征等。

此外,学者们还研究了其他的任务属性。已有研究表明,用户在与信息检索系统交互的过程中所做的决定、合作意向及搜索策略与搜索任务的不同维度相关[124]。工作或搜索任务的不同维度,如任务的类型、任务的本质特征、任务的时间性等影响用户的搜索规划及规划内容;任务时间性影响用户对信息类型的选择及所需信息量的多少[125]。

3.3.3 工作任务、搜索任务与信息搜寻和搜索

（1）工作任务

Pharo 和 Järvelin 较早地意识到工作任务、搜索任务对网络信息搜寻行为的影响，并展开深入研究[126-127]。他们提出一种分析网络用户信息搜寻行为过程的方法，命名为搜索情境转移（Search Situation Transition，SST）。该方法主要聚焦于基于任务的网络信息搜寻过程，采用三角互证研究方法，通过收集用户对网络信息搜寻过程的描述、搜索日志、访谈、问卷等数据，探知用户工作任务、搜索任务、用户知识及组织环境对网络信息搜寻过程的影响。基于这一研究途径，他们发现工作任务直接或间接影响用户的搜寻行为，尤其影响用户的相关性判断[128-129]。他们还指出，工作任务包含多种维度，如目标、复杂性、资源、任务量大小及阶段；就其对用户信息搜寻过程的影响而言，工作和搜索任务扮演不同的角色。由于工作任务有多重维度，研究也可从不同的维度入手，探讨这些维度对用户信息搜寻的影响。他们的研究，帮助学者们更深入地理解不同层次的任务及维度在用户网络信息搜寻过程中扮演的不同角色。

Li 和 Belkin 的研究探讨了工作任务的维度及其影响。他们开展了一系列针对工作任务与用户交互信息搜索行为关系的研究，通过明确任务的不同维度概念化任务，进一步验证工作任务是一个多维变量的观点[130-133]。任务作为整合变量，影响和塑造搜索任务及用户与信息系统的交互行为特征。为更深入揭示工作任务与用户交互行为之间的关系，Li 和 Belkin 基于任务分面分类法，构建了六类工作任务，并基于用户真实任务的基础上，设计相应的模拟仿真工作任务情境。研究表明，工作任务是一个多维变量，不同的工作任务导致用户搜索任务的不同。两者在塑造用户的交互信息行为方面扮演不同的角色。工作任务影响和塑造用户与系统的交互行为，如信息源的选择、检索语句的构建和提交、检索结果的筛选等。基于收集的数据，Xie 和 Joo 确定了三类工作任务，如学者任务（Scholarly Task）、职业任务（Occupational Task）及普通任务（Popular Task）。研究表明，工作任务类型与用户搜索策略选择显著相关[134]，此外，任务难度、用户对任务的付出和满意度也受任务类型的影响[135]。可见，工作任务确实影响用户信息搜寻行为。此外，工作任务对用户的交互

绩效,如用户对交互过程的满意程度、感知成功度、时间等有显著的影响[136]。

一些研究针对某些专门的职业领域,如 Freund 等研究软件工程师的工作任务与文献需求类型之间的关系[137];胡雅萍等对竞争情报工作者在任务环境下,对于信息源的选择、甄别与利用行为进行了研究[138];Landry 的研究针对牙医这一特定的用户群展开[139],该研究表明,与用户工作角色相关的任务影响牙医对信息源的选择和利用。

(2)搜索任务

相对于工作任务,情报学领域的学者们对搜索任务的关注可以追溯到更早的时期。20 世纪 80 年代,一些著名的学者便开始关注不同的搜索任务类型如何影响用户的搜索行为。例如,Marchionini 将搜索任务分成开放式和封闭式两类任务进行考察,研究发现用户确实要用更多的时间和步骤完成对开放式任务的搜索[140]。在情报学领域,搜索任务通常分为具体任务和一般性任务[141],尽管在不同的研究中,任务名称不尽相同。已有的研究揭示任务类型影响用户搜索的不同方面,包括查准率和查全率、搜索时间、网络浏览的数量、链接点击数量等[142-143]。Kim 研究了任务是否可以预测用户的搜寻行为特征[144]。为此,基于任务的不同维度,她将搜索任务分成三类:事实性、解释性及探索性任务。研究发现用户与信息检索系统的交互深受不同任务类型的影响。对于不同的任务类型,用户保存不同数量的页面、用户的搜索策略也不尽相同。李月琳等[145]针对探索式搜索任务属性与信息搜索行为关系的问题,探讨高任务复杂度与高任务困难度与用户信息搜索行为之间的关系,并探究可预测这两种任务属性的搜索行为特征。其研究表明,不管是搜索高复杂度任务还是高困难度任务,用户的不同搜索行为之间存在显著的相关关系。这些针对不同类型搜索任务的研究启示我们,一般性任务或探索性任务相对具体或事实性任务来说,用户需付出更多的时间和交互努力,从而更需要我们从系统层面为用户提供支持。

从不同的角度划分任务类型的研究也表明,不同的任务类型始终是影响用户信息搜寻行为的关键因素[146]。Lorigo 等将任务划分为导航性任务和信息任务。他们发现,不同的任务类型导致用户在网络搜寻的过程中所需时间不同,瞳孔活动状况也有差异[147]。Xie 和 Joo 在他们的研究中,发现三类搜索任务影响用户的搜索策略的选择,即主题导向搜索(Subject-oriented Search)、具体信息搜索(Specific Information Search)及已知项搜索(Known-item Search)[148]。Thatcher 的研究支持这一结果,尽管在他的研究中,任务被划分为直接的搜索任务和一般目的的浏览任务,且搜索策略划分更为细致[149]。由此可见,不同的任务类型一定程度上塑造了用户与信息检索系统的交互过程和用户的行为特征。

另一类研究试图探知用户与网络交互过程中所从事的各类信息任务,如 Kellar 等通过田野调查,明确用户网络信息搜寻的不同任务类型,如事实查找、信息搜集、浏览、交易及其他任务[150]。此类研究的意义在于帮助研究者进一步明确用户任务的类型,为基于任务的信息搜寻与检索研究提供更明确、更科学的研究起点。

3.4 任务与信息检索研究

Freund 和她的团队针对软件工程师这一特定的用户群体开展了一系列的研究。Freund、Toms 和 Waterhouse 首先构建一个环境要素模型,该模型包括咨询师、咨询活动、问题情境及工作任务[151]。他们进一步研究这些要素与用户信息搜寻行为之间的关系。在他们的研究中,信息行为定义为用户对信息渠道、信息源及文献类型的选择和应用。研究表明,时间、信息的可获取性及信息特征是影响软件工程师信息搜寻行为的重要因素。基于此研究,Freund、Toms 和 Clarke 进一步探讨工作任务和文献类型之间的关系[152]。任务与文献类型的选择与利用确实存在显著关系。研究结果表明,不同的工作任务,如软件开发、咨询、销售及不同的信息任务,如学习、事实搜寻等是影响工作任务与文献类型关系的主要原因。Freund 意识到信息检索系统往往无法区分与主题相关信息和有用信息,即能支持用户工作任务的信息。因此,她试图通过确定任务与文献类型的关系,明确更多的有用文献[153],研究表明,用户的感知可用性取决于用户的信息任务类型、文献的类型及两者之间的关系。同时,用户的专业技能也能影响用户对文献有用性的感知。Freund 等的研究针对某一特定行业的特定用户群开展研究,明确其工作任务特性及有用信息资源的类型,对专业行业的工作任务、信息任务、文献类型、用户信息搜寻行为等的研究具有借鉴意义。同时,他们的研究将工作任务与信息检索、信息检索系统紧密相连,对改善行业信息检索系统的开发设计具有理论和实践意义。

用户心智模型是信息检索和行为研究领域关注的重要课题之一。然而从任务角度探讨用户心智模型的研究并不多见。Zhang 研究任务复杂性与用户心智模型之间的关系。她将任务分成两种类型，即简单任务和复杂任务[154]。复杂任务由以下三种要素决定：①回答问题所需信息的清晰程度；②所需信息的分布状况；③多大程度上要求用户付出更复杂的认知努力。Zhang 将复杂任务界定为开放式任务，所需信息不清晰，相关信息分散。同时，解决复杂的任务，需要更高端的认知活动，如比较、分析、综合等的支持。研究结果表明从事不同任务的用户对系统的感知、功能、信息组织、信息量、搜索过程中的策略等方面的认知均表现出明显差异。该研究启示我们，任务影响用户对系统的感知和评价，因而一定程度上塑造了用户的心智模型。在信息检索研究中，文献的不同组成部分对用户相关性判断及文献选择的影响作用是学者们关注的课题。针对文献的组成要素，如全文、文献的部分及其子部分，Pharos 和 Krahn 研究任务类型是否会影响用户对这些文献不同要素的偏好[155]。结果表明，对事实查找型任务来说，文献的部分似乎扮演更重要的角色，用户更可能使用单一文献要素；而对信息搜集型的任务而言，用户更倾向文献的全文和子部分，更可能从多个要素中选择相关信息。

将信息搜寻行为研究的成果应用于信息检索或过滤技术，以及系统的开发和设计是情报学领域一些知名学者的倡议[156-158]。近年来，这一倡议为一些学者接受并付诸实践。Wu 及其同事的研究体现了两个领域的融合[159]。他们意识到用户日益复杂的工作任务需大量有用信息或知识的支持，如何帮助用户从信息冗余的困境中解脱出来，获取有用信息，成为研究者的重要任务。鉴于此，Wu 等以真实工作任务为研究对象，提出一种能确定用户任务阶段的信息过滤技术，试图通过对用户阶段的确认，过滤更有用的信息以支持用户的工作任务。任务阶段的概念借鉴了 Kuhlthau 提出的 ISP 模型[160]及 Vakkari 等的研究[161]，基于任务需求模型相似性分析，将任务阶段区分为任务核心确定前、任务核心确定和任务核心确定后三个阶段，并通过一定的技术产生任务不同阶段的画像（Profile），以提供相关文献支持。尽管研究存在局限性，然而，与传统的信息过滤技术相比，该技术在帮助检索任务相关文献方面更胜一筹。

借助已有情报学研究的理论，Wu 进一步探讨用户从事长期任务过程中主题需求变迁问题[162]。该研究针对复杂、长期的真实工作任务进行研究，并基于已有研究,提出理论模型,探查任务主题需求变迁的技术。该模型涵盖用户信息搜寻过程的不同方面,如任务、问题阶段、主题相关性、信息需求探知机制、信息需求跟踪、界面支持及文献传递、评估过程等,同时也包括用户个人因素及系统内容因素的影响。探知用户主题需求变迁的步骤包括分析用户信息行为,如使用文献的状况,尤其是用户在一段时间内信息的获取情况,通过在线问题阶段探测机制,探知用户的问题阶段,以及从"一般"到"具体"的主题需求变迁。主题本体在该技术中发挥基础性作用,隐含和明确反馈机制保证了该技术的最终实现。实证研究的结果表明,该技术确实提高了信息检索的效率。Wu 及其同事的研究无疑是将信息行为研究成果应用于信息检索及过滤技术的典型案例,这种思路和方法值得信息检索研究者关注。

近年来,技术的发展已能较好地解决相对简单的事实型、数据型等搜索任务的完成,信息检索领域的学者越来越意识到设计新的系统或界面以支持复杂任务的必要性。Villa 等设计了一种新型的用户界面以支持现实生活中复杂任务的信息需求[163]。该界面允许用户创建与任务相关的搜索活动的不同层面,每一层面都被看作是该复杂任务的子任务。该界面不仅帮助用户分解及更好地了解搜索的过程,且帮助他们组织搜索的结果。研究表明,该界面确实优于传统的网络搜索界面,尤其是面对一些宽泛的、相对复杂的搜索任务。然而,其功能的发挥对用户提出了很高的要求,不仅要求他们对搜索环境有所了解,还要求他们对任务主题有相对清晰的认知,这在现实的环境下,是不易实现的[164]。开发能有效支持复杂任务的信息检索系统仍然任重而道远。

利用用户的相关信息及一些环境因素,通过技术支持,个性化信息检索得以实现。近年来,在情报学领域,任务成为一种新的个性化信息检索的途径,即基于任务的特点和不同属性实现个性化信息检索。Li 和 Belkin 提出可基于任务的主要属性,如任务复杂性、任务困难程度等实现个性化信息检索[165]。Liu J. 的一系列相关研究延续了这一思路[166-167],针对任务困难程度与用户行为之间的关系展开研究,试图通过用户行为或任务类型预测任务的困难程度,从而帮助信息检索系统更好地支持用户的个性化信息检索。进一步的研究发现,对于平行任务(Parallel Task),任务阶段有助于预测文献的有用性[168]。通过隐含反馈探知用户的需求,是实现个性化信息检索的重要手段,其中停留时间是隐含反馈的指标之一。Kelly 和 Belkin 通过研究停留时间和用户及任务之间的互动,探讨停留时间是否可以预测文献的有用性[169]。

研究表明,这一指标的确可以预测文献的有用性,从而为个性化信息检索提供可能的切入点。Liu J. 的研究也表明在不考虑任务类型的情况下,总的文献停留时间是文献有用性的有效预测指标[170]。Liu C. 针对不同任务类型及搜索的不同阶段,利用用户的交互行为特征实现个性化信息检索[171],即通过不同任务类型中用户表现的多种行为特征,构建文献的有用性预测模型;通过观察用户的搜索行为构建任务类型的预测模型。该研究为最终构建个性化信息检索系统提供了理论和实证支持。

3.5 模拟仿真工作任务情境

任务设计是 IR 实验及行为研究中的关键步骤,从根本上影响着包括信息行为及信息系统评估在内的信息检索研究的最终结果。长期以来,情报学研究中任务设计沿袭了 Cranfield 项目中的任务设计方法,即仅提供简单的任务描述,如"请在某数据库或检索系统中搜索与某主题相关的文献"。然而,随着用户导向的信息检索研究范式的形成,与用户相关的环境因素影响并塑造用户信息搜寻行为已成为学界的共识。因而,在任务设计中融入环境要素,尤其是任务的相关描述成为必要。顺应这种需求和发展的趋势,Borlund 和 Ingwersen 提出了"模拟仿真工作任务情境"(Simulated Work Task Situations)并验证其可靠性[172-173]。该方法在提出用户任务的同时,提供了与该主题相关的环境信息,为用户构筑想象空间和搜索情境,用户可以在此种情境下思考其搜索的策略。该方法的提出,不仅加强了实验的可控性,还帮助研究者更科学地设计实验,研究结果也更具效度和信度。该方法自提出以来,已为近200 项研究所采用[174],其可靠性在 Blomgren 等[175]、Li 和 Hu[176] 及李月琳等[177] 的研究中进一步获得验证[178]。李月琳等[179] 通过分析实验参加者在实施两项搜索任务中的交互信息检索行为和检索绩效,发现仿真工作任务与真实工作任务在属性上尽管存在某些显著差异,但并未对用户交互信息搜索行为及绩效产生显著影响。此外,Li 和 Hu 的研究表明,严格遵循 Borlund 提出的模拟仿真工作任务设计的相关要求[180],基于用户群体的真实工作任务并考虑关键任务属性,如任务复杂性等要素,是成功设计模拟仿真工作任务情境的重要因素[181]。该研究方法将成为本书的主要研究方法之一。

3.6　结语

历经 20 多年的发展,基于任务的信息搜寻、搜索和检索研究已成为情报学研究的重要领域之一,越来越多的来自不同国家和地区的学者投入该领域的研究,如来自北欧的 Vakkari、Ingwersen、Järvelin、Byström、Borlund、Pharo 等,来自加拿大的 Toms、Freund 等,以及来自美国的 Belkin 领导的研究团队,引领着任务与信息搜寻和搜索及检索研究的潮流。从近几年来每年 ASIST 年会上任务与信息搜寻和检索相关研究成为一个单列的分会场,便可见其发展的态势。

3.6.1　研究成就

1) 任务的概念化研究。由于任务在不同领域表现的多样性和复杂性,概念化任务十分艰巨。概念化任务指的是如何定义、分类任务,从而为提供任务的操作化定义奠定基础。任务概念化是理论研究的一部分,因其是实证研究的出发点而成为该领域研究的重要基础。鉴于其重要性,学者们借鉴不同学科的途径和方法,尤其是社会学、社会心理学、组织管理学等,同时结合情报学对任务的阐释概念化任务。当前,在情报学领域,Kim 和 Soergel[182] 及 Li 和 Belkin[183] 提供了最全面的对任务不同特征和性质的阐述,前者借鉴了 Hackman 的分类任务特征的理论框架[184],后者则借鉴图书馆学领域的分面分类法。尽管两者采用了不同的途径和方法,他们的研究已为不少实证研究提供了研究的基础。

2) 基于任务的信息搜寻、搜索与检索的理论研究取得了一定的成果。学者们基于各自的研究,提出理论模型或框架以解释任务与信息行为之间的关系。迄今,这些理论模型所达成的共识包括:①任务是信息搜寻和搜索行为的驱动力;②任务影响和塑造用户信息搜寻和搜索的过程;③基于任务的信息搜寻和搜索过程是以获取有用信息,支持任务的最终完成为目的,该过程通常是螺旋式上升的过程;④任务具有不同的层次,即工作任务、信息搜寻任务及信息搜索(检索)任务;⑤是否有效支持任务的完成应成为信息系统评价的指标;⑥任务属于更宽泛的组织环境和社会文化环境的一部分。这些理论框架的提出多基于实证研究的结果或已经在一定程度上为实证研究所验证,因而,具有一定的科学性和可靠性,可为今后的实证研究提供理论基础。

3)任务作为研究的自变量及个性化信息检索研究取得一定成果,已初步探知任务对信息搜寻及检索的影响机制。在情报学领域,任务作为研究的自变量,始于对搜索任务如何影响用户搜索行为的研究,较早期的如 Marchionini 的研究[185]。而工作任务作为研究中的自变量在情报学领域的探讨,则始于 Byström 和 Järvelin[186] 的研究。他们针对政府部门工作人员的工作任务复杂性与这一特定用户群信息搜寻行为的研究,揭示了不同复杂程度的工作任务如何影响和决定用户信息源及信息类型的选择和利用[187-188]。此后,Algon、Pharo、Kim、Li 和 Freund 等相继在他们的研究中以工作任务或搜索任务为主要的研究变量,探讨网络环境下,用户的工作任务如何影响他们与信息检索系统或 Web 的交互、信息源的选择、信息搜寻策略、文献类型的不同需求等[189-193]。这些研究,一方面揭示了工作任务和搜索任务作为信息搜寻行为的驱动力,影响和塑造用户信息搜寻行为,以及在搜寻或搜索过程中所扮演的角色;另一方面,也使我们认识到在信息检索系统开发和建设的过程中,纳入任务这一重要因素加以考虑,是提高信息检索系统的适应性及检索绩效的重要途径之一。尽管这类研究依然处于理论探索阶段[194-197],这些研究,仍然直接催生了以任务作为实现个性化信息检索研究的切入点,如 Wu 等、Liu J. 及 Liu C. 。

4)已有研究基于不同的任务概念化过程,从实证研究的角度,表明以下观点:①任务类型,即不同类型的任务影响用户的信息搜寻和搜索行为;②任务可预测用户的信息搜寻或搜索行为特征;③工作任务和搜索任务在塑造用户信息搜寻和搜索行为的过程中扮演了不同角色;④任务复杂程度、困难程度和任务的阶段性在塑造用户信息搜寻和搜索行为的过程中发挥了关键作用;⑤用户的信息搜寻或搜索行为特征可构建描述用户任务的模型,帮助实现个性化信息检索。

5)环境、情境与信息搜寻和搜索行为研究。学者们较早地意识到任务是重要的环境要素之一,尤其是 Taylor 提出了"信息使用环境"这一概念之后[198]。Cool 和 Spink 系统地阐述了环境的概念[199-200],并认为任务是重要的环境要素之一。依托具体的任务,Kuhlthau 提出了影响卓著的 ISP 模型[201],Wang 等深入探讨用户在任务不同阶段的相关性判断标准[202]。当前的研究表明,在研究信息行为的过程中,用户所处的环境是必须考虑的重要因素,脱离环境的影响考察用户的信息行为,是不科学、不严谨的。

6)模拟仿真工作任务的提出[203-204]及验证性研究的开展[205-206],为信息行为及信息评估研究提供了相对可靠及科学的任务设计方法,从而进一步保障了研究结果的可靠性和科学性。这是该领域研究方法的创新和对情报学研究的重要贡献。

3.6.2 研究不足

1)任务的维度与特征具有多样性,当前的研究趋于将任务类型、阶段、复杂性和困难程度作为研究的重点。然而,其他的维度与特征扮演何种角色,仍然缺乏研究。此外,一些实证研究结果缺乏深入的理论解释,如任务主题的熟悉程度对用户信息行为的影响。一些研究发现该因素对某些行为指标影响显著,对另一些行为指标影响并不显著,如对于用户的查询构建行为的影响(Querying Behavior)[207-208]。其中的原因仍有待深入探讨。

2)同一任务变量的定义不一致导致研究结果缺乏可比性,不同研究中共同的研究发现相对较少,难以形成共识性的理论以解释任务与信息搜寻和搜索行为之间的关系。如,尽管很多学者研究任务复杂性,然而,他们对任务复杂性的定义并不完全一致。如 Byström 的一系列研究将任务复杂性定义为用户"前期知识"不足导致的不确定性[209];而 Li 的研究中,将主观和客观任务复杂性区别对待[210],主观任务复杂性是用户个体对任务复杂程度的感知;而客观任务复杂性则采用了 Campbell 对任务复杂程度的阐释[211],将其定义为由子任务数量决定的要素,与用户的前期知识并无关联。Zhang 则将任务复杂性具体化为三个方面的特征,并据此定义简单任务和复杂任务[212]。再如对任务困难程度的定义,一些研究将其定义为用户的感知[213];而一些研究则将其定义为任务的措辞与现有网页之间的匹配程度[214]。由此可见,虽然我们一定程度上对任务的维度及不同的属性、特征达成共识,但由于定义的实质内容不一致,导致研究结果无法比较,而难以形成共识性的理论解释。这是该领域研究中普遍存在的问题。另一个问题是对于某些相关度较高的任务属性,如任务复杂性和困难程度,一些研究将它们交替使用,看作是同一概念,不同名称[215];另一些研究发现它们其实是不同的变量[216-218]。然而,将它们区别定义,并使其成为有意义的变量,依然需要进一步的研究和探讨。

3)研究的主题相对集中于工作任务和搜索任务,但对特定的组织和用户群体而言,研究主题相对分散。当前的研究,大多集中于工作任务和搜索任务,从搜寻任务层面展开的研究并不多见。工作任务研究方面,集中于学生、政府工作人员、软件开发工程师、医生等特定群体。针对每一特定群体,开展的研究相对较少,尤其是验证性研究缺乏。这种现状不利于构建具有普遍揭示意义的理论体系。搜索任务的研究更是大多以学生和学者的搜索任务研究居多,研究的结果可解释某个群体而不具有普适性。

4)研究样本较小,且多为非概率样本。由于资源的局限,当前研究中,研究总体(Study Population)多选择某一特定群体,多数研究的样本量较少,研究参加人员很少超过 50 人,且多为非概率样本。因此,研究结果的解释能力有一定的局限性,产生偏差的可能性较大。

3.6.3 研究趋势

1)进一步规范任务维度及不同任务属性和特征的定义和测度。这是该领域研究的基础性工作。如前所述,经过学者们的努力,已取得一定的进展和成果。然而,如何提供具有共识性的定义和测度方式,依然需要深入探索。这是提升该领域理论研究深度的必经阶段。这些基础性的工作,也必将成为继续深入探讨任务与信息行为的关系,提出具有普遍解释能力的理论体系的必经步骤。可以预见,随着这些基础性工作的进一步推进,深入解释任务与信息行为之间关系的研究仍会是今后研究的重要课题。

2)探讨不同社会群体的任务与信息行为和检索实践之间的关系。组织管理工作的信息化是社会信息化的必然结果,人们每日面对的工作任务也与信息及信息技术密不可分。然而,针对特定用户群体的任务与信息行为和检索研究依然薄弱。因此,开展此类研究,探讨特定用户群体的工作任务,明确其工作任务的类型[219]、特征、关键属性及其与信息行为之间的关系,是研究的重要内容之一。这类研究能为某一群体的任务与信息搜寻、搜索和检索行为之间的关系提供理论解释,同时为改善用户信息搜寻环境、信息内容供给与组织、信息系统的建设等提供理论和实证支持。

3)深化基于任务的个性化信息检索研究,加快研究成果的转化。任务与信息行为研究已取得一定的研究成果,为实现基于任务的个性化信息检索提供了理论和实证基础。一些学者的研究已开启这一领域的探索[220-223]。随着越来越多的学者关注基于任务的个性化信息检索研究,这一领域也必将迎来更多将理论成果转化为实际应用的研究,即将理论研究成果应用于信息系统开发、设计和绩效的改善。这些研究,是推动基于任务的信息搜寻、搜索与检索研究最终走向更广阔的应用领域的必经途径,也是未来该领域研究发展的重要趋势。

总之,任务与信息搜寻、搜索和检索的研究发端于人们对用户信息搜寻行为动机的探索,从探讨搜索任务与用户搜索行为,包括系统选择、搜索策略、交互行为等之间的关系,发展到对工作任务与信息搜寻行为的关系研究;从关注任务作为整合变量,到关注其多维性特征;从仅关注任务某一方面的属性,到关注其多方面的属性的共同影响,人们对任务的本质及其作为用户信息搜寻和搜索行为的驱动力日益了解,任务的角色也日益清晰。该领域的研究和探索,进一步推进了包括信息检索系统在内的信息系统的建设和绩效的改善,从而实现该领域研究不断改善人与信息及信息技术的交互绩效,推进彼此之间和谐发展,更好地支持用户的信息搜寻和检索需求,帮助用户完成其工作任务的目的。

本书将基于以上的探讨,将任务视为数字图书馆环境下的交互要素之一,并基于模拟仿真工作任务情境,开展实验研究,进一步探究数字图书馆环境下不同的交互维度与交互绩效的关系及构建基于多维交互且功能不同的数字图书馆评估模型。

参考文献:

[1][36] WILSON T D. Models in information behavior research[J]. Journal of documentation,1999,55(3):249-270.

[2][33][65][123] BYSTRÖM K,HANSEN P. Conceptual framework for tasks in information studies [J]. Journal of American society for information science and technology,2005,56(10):1050-1061.

[3] MARCHIONINI G. Information seeking in electronic environments[M]. New York,NY:Cambridge University Press,2005.

[4][53] LIU J,BELKIN N J,ZHANG X,YUAN X. Examining users' knowledge change in the task completion process[J]. Information processing and management,2013,49:1058-1074.

[5] BELKIN N J. Anomalous states of knowledge as a basis for information retrieval[J]. Canadian journal of information science,1980,(5):133-143.

[6] DERVIN B. An overview of sense-making research:concepts,methods and results to date[C]//Inter-

national Communications Association Annual Meeting. Dallas,Texas,1983.

[7] HERT C A. User goals on an online public access catalog[J]. Journal of the American society for information science,1996,47(7):504 - 518.

[8] BELKIN N J,MARCHETTI P G,COOL C. BRAQUE:design of an interface to support user interaction in information retrieval[J]. Information processing & management,1993,29(3):325 - 344.

[9] DERVIN B,NILAN M. Information needs and uses[J]. Annual review of information science and technology,1996,21:4 - 32.

[10] COLE C. A theory of information need for information retrieval that connects information to knowledge[J]. Journal of the American society for information science and technology,2011,62(7):1216 - 1231.

[11][18][23][25][45][141][219] TOMS E. Task-based Information Searching and Retrieval[M]// RUTHVEN I,KELLY D. Interactive Information Seeking, Behaviour and Retrieval. London:Facet Publishing,2011:43 - 59.

[12][19] INGWERSEN P. Cognitive information retrieval[J]. Annual review of information science and technology,1999,34:3 - 52.

[13][20][22][24][29] VAKKARI P. Task-based information searching[J]. Annual review of information science and technology,2003,37:413 - 464.

[14][40][67][94][98][186 - 187][209] BYSTRÖM K,JÄRVELIN K. Task complexity affects information seeking and use[J]. Information processing & management,1995,31:191 - 213.

[15][37 - 38][109][122][130][216] LI Y. Exploring the relationships between work task and search task in information search[J]. Journal of the American society for information science and technology,2009,60(2):275 - 291.

[16][120][125] XIE I. Dimensions of tasks:influences on information-seeking and retrieving processes [J]. Journal of documentation,2009,65(3):339 - 366.

[17][105 - 106][131] LI Y. Investigating the relationships between facets of work task and selection and query-related behavior[J]. Chinese journal of library and information science,2012,5(1):51 - 69.

[21] CASE D O. Looking for Information:A Survey of Research on Information Seeking,Needs,and Behavior[M]. San Diego,CA:Academic Press,2007.

[26][93] TANNI M,SORMUNEN E. A critical review of research on information behavior in assigned learning tasks[J]. Journal of documentation,2008,64(6):893 - 914.

[27 - 28][35][75][79][156] INGWERSEN P,JÄRVELIN K. The Turn:Integration of Information

Seeking and Retrieval in Context[M]. Dortrecht,NL:Springer,2005.

[30][172][203] BORLUND P,INGWERSEN P. The development of a method for the evaluation of interactive information retrieval systems[J]. Journal of documentation,1997,53(3):225 – 250.

[31][60][91][115][160][201] KUHLTHAU C. Inside the search process:information seeking from the user's perspective[J]. Journal of the American society for information science,1991,42(5): 361 – 371.

[32] ALLEN B. Information Tasks:Toward a User-centered Approach to Information Systems[M]. San Diego,CA:Academic Press,1996.

[34] INGWERSEN P. Information Retrieval Interaction[M]. London:Taylor Graham,1992.

[39][146] TOMS E,FREUND L,KOPAK R,et al. The effect of task domain on search[C]//Conference of the centre for advanced studies on collaborative research. IBM Press,2003:303 – 312.

[41][102][215] BELL D J,RUTHVEN I. Searcher's assessments of task complexity for web searching [C]// European conference on information retrieval. springer Berlin Heidelberg,2004:57 – 71.

[42][54][154][212] ZHANG Y. The impact of task complexity on people's mental models of medlinePlus[J]. Information processing and management,2012,48:107 – 119.

[43][96][121][183][210][213] LI Y,BELKIN N J. A faceted approach to conceptualizing tasks in information seeking[J]. Information processing & management,2008,44(6):1822 – 1837.

[44][80][144] KIM J. Describing and predicting information-seeking behavior on the web[J]. Journal of the American society for information science and technology,2009,60(4):679 – 693.

[46] BAEZA-YATES R,RIBEIRO-NETO B. Modern Information Retrieval[M]. New York,NY,USA: ACM Press,1999.

[47] HONG,W,THONG J Y L,TAM K Y. How do web users respond to non-banner-ads animation? The effects of task type and user experience[J]. Journal of the American society for information science and technology,2007,58(10):1467 – 1482.

[48][150] KELLAR M,WATTERS C,SHEPHERD M. A field study characterizing web-based information-seeking tasks[J]. Journal of American society for information science and technology,2007,58 (7):999 – 1018.

[49] LI Y. Task type and a faceted classification of task[C]. Proceedings of annual meeting of ASIST. Providence,Rhode Island,USA,2004.

[50 – 52][55][104][107 – 108][110][132][165][217] LI Y,BELKIN N J. An exploration of the relationships between work task and interactive information search behavior[J]. Journal of the American society for information science and technology,2010,61(9):1771 –1789.

[56][101][151] FREUND L,TOMS E G,WATERHOUSE J. Modeling the information behaviour of software engineers using a work-task framework[C]. Proceedings of annual meeting of ASIST 2005 (CD Rom),Charlotte,NC,2005.

[57 – 58] LECKIE G J,PETTIGREW K E,SYLVAIN C. Modeling the information seeking of professionals:a general model derived from research on engineers,health care professions,and lawyers[J]. Library quarterly,1996,66 (2):161 – 193.

[59][64][116] VAKKARI P. A theory of the task-based information retrieval process:a summary and generalization of a longitudinal study[J]. Journal of documentation,2001,57(1):44 – 60.

[61] VAKKARI P. E-cognition and changes of search terms and tactics during task performance:a longitudinal case study[C]. http://www. info. uta. fi/vakkari/Vakkari_Tactics_RIAO2000. html.

[62] VAKKARI P. Relevance and contributory information types of searched documents in task performance[C]//Proceedings of the 23rd annual international ACM SIGIR conference on research and development in information retrieval. New York:ACM Press,2000:2 – 9.

[63] VAKKARI P,HAKALA N. Changes in relevance criteria and problem stages in task performance [J]. Journal of Documentation,56:540 – 562.

[66] BYSTRÖM K,HANSEN, P. Work tasks as units for analysis in information seeking and retrieval studies[J]. Emerging frameworks & methods,2002:239 – 251.

[68][99][188] BYSTRÖM K. Information and information sources in tasks of varying complexity[J]. Journal of the American society for information science and technology,2002,53(7):581 –591.

[69][133][189] LI Y. Relationships among work tasks,search tasks,and interactive information search behavior[D]. Unpublished dissertation. New Brunswick,NJ:Rutgers University,2008.

[70][126][128][190] PHARO N. The SST method schema:a tool for analyzing work task-based web information search process[D]. Unpublished dissertation,Finland:University of Tampere,2002.

[71 – 74][127][129] PHARO N,JÄRVELIN K. The SST method:a tool for analyzing web information search process[J]. Information processing and management,2004,40:633 – 654.

[76 – 77][157] JÄRVELIN K,INGWERSEN P. Information seeking research needs extension towards tasks and technology[J]. Information research,2004,10(1).

[78] KUMPULAINEN S,JARVELIN K. Barriers to task-based information access in molecular medicine [J]. Journal of the American society for information science and technology,2012,63(1):86 –97.

[81 – 82] BELKIN N J,COOL C,STEIN A,THEIL U. Cases,scripts and information seeking strategies:

on the design of interactive information retrieval systems［J］. Expert systems with applications, 1995,9(3):379 – 395.

［83 – 84］［86］ SAVOLAINEN R. Expectancy-value beliefs and information needs as motivators for task-based information seeking［J］. Journal of documentation,2012,68(4):492 – 511.

［85］ ECCLES J S,WIGFIELD A. Motivational beliefs,values and goals［J］. Annual review of psychology,2002,53:109 – 132.

［87 – 89］ 李月琳,张佳. 基于任务的个性化信息检索用户模型［J］. 情报理论与实践,2015,38(5): 60 – 65.

［90］［198］ TAYLOR R S. Information Use Environments［M］// DERVIN B,VOIGT M J. Progress in Communication Sciences,10,Norwood,NJ:Ablex Publishing,1991:217 – 255.

［92］ HJØRLAND B,CHRISTENSEN F S. Work tasks and socio-cognitive relevance:a specific example ［J］. Journal of the American society for information science and technology,2002,53(11):960 – 965.

［95］［182］ KIM S,SOERGEL D. Selecting and measuring task characteristics as independent variables ［C］. Proceedings of annual meeting of ASIST 2005 (CD Rom),Charlotte,NC,2005.

［97］［211］ CAMPBELL D J. Task complexity:a review and analysis［J］. Academy of management Review,1988,13(1):40 – 52.

［100］ SAASTAMOINEN M,KUMPULAINEN S,JARVELIN K. Task complexity and information searching in administrative tasks revisited［C］. Proceedings of IIIX'12. Nijmegen,Netherlands,2012.

［103］ GWIZDKA J,SPENCE I. What can searching behavior tell us about the difficulty of information tasks? A study of web navigation［C］. Proceedings of annual meeting of ASIST 2006, Austin, TX,2006.

［111］［191］ KIM J. Task as a predictable indicator for information seeking behavior on the web［D］. Unpublished dissertation. New Brunswick,NJ:Rutgers University,2006.

［112］ LIU J,GWIZDKA J,LIU C,et al. Predicting task difficulty for different task types［C］. Proceedings of annual meeting of ASIST. Pittsburgh,PA,2010.

［113］［166］［208］ LIU J,LIU C,YUAN X,BELKIN N J. Understanding searchers' perception of task difficulty:relationships with task type［C］. Proceedings of annual meeting of ASIST. New Orleans, LA,2011.

［114］［176］［181］［205］［207］［218］ LI Y,HU D. Interactive retrieval using simulated versus real work task situations:differences in sub-facets of tasks and interaction performance［C］. Proceedings of the annual meeting of ASIST,Montreal,CA,2013.

[117][119][161] VAKKARI P,PENNANEN M,SEROLA S. Changes of search terms and tactics while writing a research proposal:a longitudinal case study[J]. Information processing & management, 2003,39:445 - 463.

[118][202] WANG P. Users' information Needs at Different Stages of a Research Project:A Cognitive View[M]//VAKKARI P,SAVOLAINEN R,DERVIN B. Information Seeking in Context:Proceedings of an International Conference on Research in Information Needs,Seeking and Use in different contexts. London:Taylor Graham,1997:307 - 318.

[124] XIE H. Understanding human-work domain interaction:implication for the design of a corporate digital library[J]. Journal of American society for information science and technology,2006,57 (1):128 - 143.

[134][148] XIE I,JOO S. Factors affecting the selection of search tactics:tasks,knowledge,process,and systems[J]. Information processing and management,2012,48:254 - 270.

[135] 孙丽,王宇婷,曹锦丹.任务类型对用户网络健康信息搜寻行为的影响研究[J].情报科学, 2015,33(9):131 - 135.

[136][152] LI Y. An exploration of the relationships between work tasks and user's interaction performance[C]. Proceedings of ASIST,Pittsburgh,PA,USA,2010.

[137] FREUND L,TOMS E G,CLARKE C L A. Modeling task-Genre relationships for IR in the workplace[C]. Proceedings of SIGIR'05. Salvador,Brazil,2005:441 - 448.

[138] 胡雅萍,潘彬彬,叶凤云.竞争情报工作者信息搜寻与利用行为研究[J].情报理论与实践, 2015,38(2):1 - 5.

[139] LANDRY C F. Work roles,tasks,and the information behavior of dentists[J]. Journal of the American society for information science and technology,2006,57(14):1896 - 1908.

[140][185] MARCHIONINI G. Information seeking strategies of novices using a full-text electronic encyclopedia[J]. Journal of the American society for information science,1989,40(1),54 - 66.

[142] KIM K-S. Information seeking on the web:effects of user and task variables[J]. Library & information science research,2001,23:233 - 255.

[143] KIM K-S,ALLEN B. Cognitive and task influences on web searching behavior[J]. Journal of the American society for information science and technology,2002,53(2):109 - 119.

[145] 李月琳,樊振佳,孙星明.探索式搜索任务属性与信息搜索行为的关系研究[J].情报资料工作,2017(1):54 - 61.

［147］LORIGO L,PAN B,HEMBROOKE H,et al. The influence of task and gender on search and evalu-
ation behavior using Google［J］. Information processing and management,2006,42:1123 - 1131.

［149］THATCHER A. Web search strategies:the influence of web experience and task type［J］. Informa-
tion processing & management,2008,44:1308 - 1329.

［153］FREUND L. A Cross-domain analysis of task and genre effects on perceptions of usefulness［J］. In-
formation processing and management,2012,49:1108 - 1121.

［155］PHARO N,KRAHN A. The effect of task type on preferred element types in an XML-based retriev-
al system［J］. Journal of the American society for information science and technology,2011,62
(9):1717 -1726.

［158］BELKIN N J. Interaction with texts:information retrieval as information-seeking behavior［C］. Kon-
stanz:Universitätsverlag Konstanz,1993:55 -66.

［159］［194］［220］WU I-C,LIU D-R,CHANG P-C. Toward incorporating a task-stage identification
technique into the long-term document support process［J］. Information processing and manage-
ment,2008,44:1649 - 1672.

［162］［195］［221］WU I-C. Toward supporting information-seeking and retrieval activities based on evol-
ving topic-needs［J］. Journal of documentation,2011,67(3):525 -561.

［163 -164］VILLA R,VANTADOR I,JOHO H,JOSE J M. An aspectual interface for supporting complex
search tasks［C］. Proceedings of SIGIR. Boston,MA,USA,2009.

［167 -168］［170］LIU J,BELKIN J J. Personalizing information retrieval for multi-session tasks:the
roles of task stage and task type［C］. Proceedings of SIGIR'10. Geneva,Switzerland,2010.

［169］KELLY D,BELKIN N J. Display time as implicit feedback:understanding task effects［C］. Pro-
ceedings of SIGIR. Sheffield,South Yorkshire,UK,2004.

［171］［196］［222］LIU C. Personalizing information retrieval using interaction behaviors in different
types of tasks［D］. Unpublished dissertation. New Brunswick,NJ:Rutgers University,2012.

［173］［180］［204］BORLUND P. Experimental components for the evaluation of interactive information
retrieval systems［J］. Journal of documentation,2000,56(1):71 -79.

［174］BORLUND P,SCHNEIDER J W. Reconsideration of the simulated work task situation:a context
instrument for evaluation of information retrieval interaction［C］. Proceedings of IIiX 2010,New
Brunswick,NJ,2010.

［175］［178］BLOMGREN L,VALLO H,BYSTRÖM K. Evaluation of an information system in an infor-
mation seeking process［C］. Proceedings of ECDL 2004. Heidelberg,Germany:Springer-Verlag

Berlin,2004:57 - 68.

[177][179][206] 李月琳,肖雪,胡蝶. 信息检索实验中的任务设计——真实与模拟仿真工作任务的比较研究[J]. 图书情报工作,2014,58(16):5 - 12.

[184] HACKMAN R. Toward understanding the role of tasks in behavioral research[J]. Acta psychologica,1969,31:97 - 128.

[192] ALGON J. The effect of task on the information-related behavior of individuals in a work-group environment[D]. Unpublished doctoral dissertation. New Brunswick,NJ:Rutgers University,1999.

[193] FREUND L S. Exploiting task-document relations in support of information retrieval in the workplace[D]. Unpublisheddissertation. Toronto,CA:University of Toronto,2008.

[197][223] LIU J. Personalizing information retrieval using task features,task knowledge,and task product[D]. New Brunswick,NJ:Rutgers University,2010.

[199] COOL C. The concept of situation in information science[J]. Annual review of information science and technology,2001,35:5 - 41.

[200] COOL C,SPINK A. Issues of context in information retrieval (IR):an introduction to the special issue[J]. Information processing and management,2002,38(5):605 - 611.

[214] BARSKY E,BAR-LLAN J. The impact of task phrasing on the choice of search keywords and on the search process and success[J]. Journal of the American society for information science and technology,2011,62(9):1717 - 1726.

4　交互信息检索

伴随着 Luhn、Garfield、Bagley 和 Moores 等先驱们的开创性工作,现代信息检索研究于 20 世纪 50 年代发端。Moores 更是创造性地使用了"Information Retrieval",即"信息检索"这一术语[1]。信息检索,被沿用至今并受到广泛认同,目前已发展成为包括计算机科学、人机交互、情报学等多门学科领域共同关注的研究领域。信息检索的定义随着信息技术的不断发展与应用,其内容也不断丰富。Baeza-Yates 和 Ribeiro-Neto 将信息检索描述为:信息检索着力解决包括文献、网页、联机目录、结构或半结构记录及多媒体文档在内的信息的表示、存储、组织及获取,以帮助用户更容易获取他们感兴趣的信息[2]。传统的信息检索领域强调如何采用技术手段,如通过构建模型、提出算法满足用户获取相关信息的需求。经典的信息检索模型,包括布尔模型、向量空间模型及概率模型均以此为目的。然而,在信息检索领域,仅仅强调技术手段是不够的。研究表明,信息检索是涉及用户、信息、环境(包括任务)等诸多要素在内的复杂活动,仅仅依靠技术手段和优越的算法难以有效支持用户的信息搜索活动。与此同时,信息行为研究领域的成果丰硕,引发了研究者将这两个领域整合的思考[3]。信息行为研究领域注重探究用户信息搜寻、搜索、浏览及信息获取和利用过程中的行为特征和模式,该领域所取得的研究成果,尤其是针对用户信息搜索行为的研究可启示信息检索领域,进一步探讨如何更好地在信息检索系统开发和设计中融入用户的行为因素,以便更有效地支持用户的信息搜索过程及与系统的交互过程。交互信息检索(Interactive Information Retrieval, IIR)便顺应了这一要求和趋势。IIR 在 20 世纪 60 年代开始萌芽,以融合系统中心和用户中心的研究领域为基础逐步发展起来,成为信息检索领域的重要分支及情报学研究的重要领域。本书的目的在于探讨数字图书馆的交互与评估,其基本理念及研究方法来源于交互信息检索这一领域。换言之,本书所描述的多项研究是交互信息检索这一研究领域所探讨的问题,其立场也根植于交互信息检索领域。因此,本章的目的在于阐述该领域的历史发展及主要研究领域,以为本书此后章节的各项研究提供理论与实证基础。

4.1 交互信息检索的概念

交互是信息检索的本质属性[4]。交互信息检索是一个交叉研究领域,它继承了传统信息检索领域通过多种技术手段致力于为用户获取相关信息提供便利的使命,同时融合了用户信息行为研究中对用户不同方面特点的关注,聚焦用户与信息检索系统的交互活动,包括用户与系统、用户与信息的交互。IIR 吸纳人机交互领域研究的特点,探究用户的行为并将用户的行为特征融入检索系统的设计中。因此,IIR 强调的是检索过程中的交互及如何更好地支持用户与信息检索系统之间的交互,是传统信息检索领域的补充和拓展。

IIR 与人机交互(Human-computer Interaction,HCI)领域的研究密切相关。HCI 领域的学者将人与计算机的交互模式、交互障碍以及界面设计等问题作为自己的研究重点,因此其与 IIR 领域也存在着密切联系。IIR 领域的研究通常与人机交互、信息检索等领域的创新实践相对应。Beaulieu 曾于 2000 年提出关于 IIR 与 HCI 之间关系的讨论:前者究竟是一个独立的领域,有自己独特的研究问题和研究方法,抑或只是人机交互领域下的子领域[5]。就检索界面的设计与构建而言,二者的研究彼此渗透,互相影响。但值得注意的是,IIR 的研究问题不仅仅局限于交互界面研究[6],它通常包含两个知识模块:一方面,是以交互系统开发为核心的技术模块;一方面,是以用户的搜索行为模式和搜索情境分析为核心的行为模块[7]。除此之外,HCI 和 IIR 的产生背景与传统检索也不同:HCI 更多注重检索系统的可用性(Usability),即信息系统在检索方面的一般功能与效率;IIR 更注重检索系统的有效性(Effectiveness),即对解决实际检索问题,服务于用户信息需求的效用大小。Bates 指出,IIR 系统设计不仅仅停留于界面层次,它是一个从用户交互行为、交互界面的要素排列到系统中信息组织的内在的实体,其本身具有内在一致性[8]。李月琳等的研究也揭示,两者关注的焦点分别是"交互性"与"可用性",它们是两个不同的概念[9]。

4.2 交互信息检索的发展历程

Cool 和 Belkin 撰文阐述了交互信息检索发展的历史[10]，Savage-Knepshield 和 Belkin 曾分阶段综述了交互信息检索的发展历程[11]，Kelly 也通过系统综述的方式全面剖析了 IIR 评估的发展[12]。这些研究都是了解 IIR 发展历程的重要来源。

在信息检索发展的早期阶段，批处理模式占据主导地位，用户并不能与信息检索系统之间直接互动，而需要通过搜索中介（多为受过专业训练的图书馆员）的帮助完成信息检索任务，获得相关信息。因而，早期的交互是用户与搜索中介之间的交互以及搜索中介与信息检索系统之间的交互。早在 1968 年，Taylor 便对用户与搜索中介（图书馆员）之间的交互开展了研究，揭示了用户信息需求的不同层次[13]。他的研究对用户信息行为及交互信息检索研究影响深远，Belkin 提出的 ASK（Anomalous State of Knowledge，知识非常态）假设便深受其思想观点的影响[14]。随着信息技术的发展，人们意识到批处理模式无法满足用户的信息需求，信息检索系统应能实现联机检索，支持终端用户与系统的直接交互，帮助用户完成信息搜索任务。为此，1971 年，Bennett 提出了一些挑战性的问题，他认为，要实现信息检索系统的价值，使交互界面更友好地服务于用户的检索行为和检索需求，信息科学家和研究者们需致力于开展以下几方面的研究[15]：

- 系统所服务的信息搜索者的特征；
- 检索系统提供给搜索者的概念框架；
- 反馈（feedback）在搜索过程中的角色；
- 检索系统的操作性特征：命令语言、展示格式和反应时长；
- 终端技术的限制与削弱这些限制的技术；
- 文献数据库系统对搜索者用户界面的影响；
- 如何将搜索系统介绍给用户；
- 在优化设计循环中系统评估与反馈的角色。

Bennett 提出的框架可以被视为一个包含用户、信息以及 IIR 系统的研究模型。Savage-Knepshield 和 Belkin[16]在综述交互信息检索的发展历程时，将 Bennett 挑战作为指导性框架,并将 1960 年以来该领域内的学术成果植入以搜寻者特征、概念框架以及系统评估为基本维度的分类矩阵之中,以分析信息检索领域的研究进展和基本趋势。这些挑战同时表明,信息检索是与用户密切相关的领域,从用户视角思考信息检索的相关问题是必不可少的。由此可见,Bennett 框架不仅帮助业界的信息检索系统开发,尤其是为系统交互界面的设计实践与学术界的信息检索研究之间建立了沟通交流的基本共识,也深远地影响日后更为系统全面的 IIR 研究。

20 世纪 80 年代早期,用户与信息检索系统的直接交互得以实现[17]。这一目标的实现,愈加凸显了终端用户与系统直接交互的重要性,使信息检索中的交互问题受到前所未有的重视。学者们意识到信息检索系统必须能有效地支持终端用户与系统的直接交互才能实现信息检索的目标。图书馆的目录系统率先实践了这一理念,世界范围内的各大图书馆开始为纸质和卡片目录馆藏提供联机公共获取目录(Online Public Access Catalogs,OPACs),推动了图书馆检索与查询服务的革新。其具体的实现方式为:图书馆为已有的存储于计算机系统的文件资源提供基本检索界面,信息搜寻用户则可以利用图书馆内的终端检索和使用这些文件资源[18]。这一转变过程提高了已有的计算机管理数据库系统的使用效率,有利于降低纸质和卡片目录的维护与编制成本。除了为图书馆工作和信息检索实践提供便利之外,OPAC 系统的出现也为大量聚焦于 OPAC 使用与检索行为的研究提供了数据基础,使得非介入性、大规模研究成为可能[19-21]。这些研究的核心变量通常包括:系统的用户、图书馆环境、搜索策略,以及系统效率本身。此外,传统信息系统研究的核心概念——相关性的定义也是 OPAC 研究长期关注的热点[22]。在 OPAC 发展的过程中,值得一提的是 OKAPI 系统,该系统构建了终端用户可直接上机操作的机制,并以概率排序原理对搜索结果进行相关性排序。因该系统直接支持系统与终端用户的交互,在 20 世纪 80 年代早期,还是相当超前的[23]。以 OPAC 系统的使用为核心内容的系列研究代表了情报学及其相关领域对大规模交互信息检索研究的首次尝试,OPAC 的相关研究直接关注用户与系统的交互,揭示用户与系统交互过程中的行为特点,在 IIR 发展的历史上占有重要地位。OPAC 系统检索形成的日志也为"用户—系统"的交互模式探索与构建提供了宝贵的洞见与经验基础,成为此后通过分析网络日志探究用户信息行为研究的起点。

进入 90 年代,信息检索系统日益多样化,数字图书馆、搜索引擎、门户网站、社交媒体等迅猛发展,交互信息检索研究也随之拓展,不同数字环境下用户与系统的交互搜索行为及如何更好地支持用户交互行为的相关技术的研究已成为学者们关注的重点。当前的交互信息检索研究主要关注三个方面的问题:①用户与系统交互而产生的搜索行为研究;②改善交互及搜索过程智能化以支持用户与系统交互的技术研究[24];③IIR 评估研究。因此,下文将基于此前的研究,着重阐述 IIR 技术、交互信息行为研究及 IIR 评估。

4.3　交互信息检索技术

Ruthven 全面综述了交互信息检索领域在改善交互及搜索过程自动化的研究成果[25],涵盖改善交互的技术,包括检索式构建、检索式重构、信息替代(Surrogate)、聚类、分类及浏览、可视化、信息再查找(Re-finding Information)、部分检索、具体任务的支持及搜索过程自动化的探讨,如隐含反馈、个性化、自动化搜索助手等。此外,White 撰文着重论述了交互技术研究的进展[26],聚焦在帮助用户构建查询语句的技术、显性及隐性相关反馈(Explicit and Implicit Relevance Feedback)及用户决策支持技术。以下基于已有的研究,着重阐述相对成熟的支持用户与系统交互的查询语句构建及相关反馈。

4.3.1　查询语句的构建与重构

查询语句是用户对其问题或信息需求的外化及表示方式,是用户复杂的认知活动的结果。用户与系统的交互往往是从认知问题或信息需求、构建并提交查询语句开始的。由于用户的信息搜索过程通常不是一蹴而就,而是一个循环往复、螺旋式上升的过程,这样的过程,伴随着查询语句的构建与重构,蕴含着丰富的内涵,其中包括认知和情感的变化,同时伴随着用户行为的变迁,从而为信息检索领域的研究者提供了丰富的研究内容。因而,查询语句是 IIR 研究的主要对象之一。检索者通常以一个查询语句的形成和提交来开启自己的信息检索过程。相应地,查询语句驱动的信息检索系统及其交互界面也是以用户能有效构建查询语句,且该查询语句能正确并充分地被系统所识别为基础。然而,研究表明,用户一旦有信息检索的需求,就表明用户的知识状态处于非正常状态,也即是处于 ASK,他们并不能准确地描述其问题或信息需求[27]，从而也无法构建有效的查询语句。这就要求 IIR 系统能提供某些技术支持。因此，如何构建、分析和解读查询语句是 IIR 领域研究用户查询语句的起点与基础。IIR 领域关注如何通过科学的逻辑关系组合和关键词选择来帮助用户构建优质、精确的查询语句，提高检索的有效性和用户满意度[28]。

因而，在 IIR 研究中，如何让系统协助用户建构出更为准确且包含更多特征信息的查询语句，是该领域学者长期关注的焦点[29-31]。现代 IIR 系统（尤其是各类搜索引擎）为用户的检索式构建提供了诸多的帮助：如根据其他用户的相关反馈与查询语句的构建，自动补全当前查询语句；根据不同语种的拼写规则与表达习惯，自动调整或修正可能存在问题的查询语句；根据用户的查询语句结构替换部分检索词等。以上述功能设计为代表，在信息检索的过程中，用户与系统在某种程度上形成循环交互、不断修正的迭代关系：用户根据检索系统的结果展示调整检索词、构建更为精确的查询语句；系统根据用户的查询语句构建调整返回的结果集合与优先次序。然而，若要进一步提高检索的交互性、提升查询语句与用户需求的匹配度，则需检索系统使用更为复杂的检索语言和更为高级的检索特征，使查询语句的表达不断接近用户认知层面的真实信息需求，提高信息检索的质量。

在查询语句重构的相关研究中，小规模的实验和大规模的日志分析是两种最常见的研究方法。在实验研究方面，不同背景用户的查询语句重构模式以及对系统建议功能的态度往往是学者关注的重点。Koenemann 和 Belkin 定义并研究了交互式检索扩展[32]，即在用户提交并运行查询语句之后为用户提供扩展建议，以供用户选择。在该研究中，支持查询语句扩展的词或词组基于语言学分析获得，而非从用户确认的相关文本中抽取所得。这种术语性的检索重构支持在部分用户的查询语句重构中得到了持续且成功的使用，但大部分查询语句的重构过程依然是由用户手动完成的[33]。查询语句建议功能是当前搜索引擎常用的辅助用户构建或重构查询式的方法。为用户提供建议的方法多种多样，例如通过用户在搜索引擎上点击过的数据及凝聚聚类技术确定相关查询语句及网页[34]；基于文献聚类实现查询语句扩展[35]；通过查询语句和检索结果的映射[36]等。已有研究表明，用户通常在执行已知项搜索任务时倾向于使用查询语句优化建议；在探索式搜索任务时更倾向于系统提供的受欢迎的目标网页[37]。Kelly 等的研究表明，用户能够区分查询语句建议功能提供的查询式质量的高低，但却不受使用信息的影响。定性数据分析也表明，相较于使用信息,他们确实更倾向于建议功能[38]。

用户检索的缓存信息(Cookie)被用于跟踪用户的搜索行为。日志分析研究表明用户通常对于系统提供的重构建议感到疑惑,扩展查询语句的词组本质对用户来说往往是含糊不清的。Ruthven 认为[39],在用户查询语句的重构中提供更多的信息,并控制显示在交互界面上的因素量,可以解决用户与查询语句重构建议之间的障碍。在商业网络的交互界面中,除核心内容以外的剩余屏幕空间通常被用于安置广告以获取收入,这就要求检索系统的开发者在支持用户检索的过程中更富有创造力与想象力,尽量排除干扰因素,合理调配用户的注意力,协助用户完成商业信息检索。因此,在信息内容与形式日益多样复杂的大数据发展背景下,信息检索中的查询式重构在考虑语言学相关性的同时,应更深入地研究内容相关性和用户的检索情境[40]。

除上述的交互式检索重构之外,基于知识特征的自动查询式重构(Knowledge-based Automatic Query Reformulation)技术也是交互信息检索领域所关注的内容[41]。用户的认知改变或知识异常态构成用户开启以及持续检索过程的内在动力,而查询语句重构则是用户对人机交互之迭代过程的具体回应。系统对查询语句重构的支持可以鼓励用户更多地参与到信息检索过程之中,也有助于检索系统获取更多的显性相关反馈(Explicit Relevance Feedback),从而更准确地把握用户的个体特征与检索模式。以下着重阐述显性和隐性相关反馈。

4.3.2 显性与隐性相关反馈

相关性是信息检索的基础,信息检索系统输出与用户查询语句相关的结果是信息检索系统的重要任务。因此,如何通过用户与系统的交互来支持相关文献的获取是 IIR 领域的主要研究课题之一。相关反馈是学者们最早探究的交互技术之一,该技术通过循环往复的过程,改善系统对用户静态信息需求的表示[42],并基于此反馈更多相似文献,直到用户信息需求得以满足。相关反馈通常分为两类:显性相关和隐性相关。显性相关试图通过了解用户判定为"相关"的文献的基础上(由用户标记),提炼文献中可区别相关与不相关文献的关键词汇,用户重构查询语句或扩展查询语句或改变检索词的权重等,由此反馈更多与标记的相关文献相似的文献,并根据相关文献的相似度对反馈的文献进行排序输出,以帮助用户获得更多、更完整的相关文献集合,更好地满足用户的信息需求。隐性相关反馈则通过机器自动识别用户的行为,判断文献的相关性,并依据相关文献特征反馈相似文献。对前者而言,用户需要主动参与,付出时间和智力成本;而后者正相反,用户不需主动参与,处于被动地位,他们甚至可以对此一无所知,也无须付出任何成本。

尽管一些研究表明显性相关反馈确实起到了一定的作用[43-44],然而,在交互搜索过程中,相关反馈系统并不受用户的欢迎[45],在网络搜索环境下,使用率并不高[46],用户的接受程度有限。究其原因,用户在使用此类系统时面临的挑战不可忽略。这些挑战包括[47]:认知负担;额外的努力;不善处理复杂和多主题文献;相关性判断本质上的不确定性和复杂性;相关反馈对初始结果排序的依赖;需要一定量的相关反馈;基于用户个体对文献的评估。由于用户需要主动参与到显性相关反馈中,这不仅增加了他们的认知负担,而且他们还要付出额外的努力去判断文献的相关性,帮助显性相关反馈的完成,这无疑会打消他们的积极性,使他们并不情愿提供相关反馈。而多主题文献的存在无疑会使相关反馈偏离正确的方向,加之相关性判断并非绝对二元性(即"相关"和"不相关"),而存在"部分相关"的文献,这一方面有助于相关反馈,另一方面也增加了相关反馈的复杂性。此外,用户只能判断系统输出的文献的相关性,一旦系统的查准率低,用户就很难提供相关文献,而对于相关反馈系统来说,用户提供一定量的相关文献是必需的。这些问题直接导致显性相关反馈技术未能有效地支持信息检索系统的使命。

显性相关反馈面临的挑战引发了学者们的思考,隐性相关反馈随之诞生。研究表明隐性相关反馈不如显性相关反馈有效,然而却可有效地取代显性相关反馈[48-49]。隐性相关反馈通常基于用户的交互行为,通过观察交互行为指标来推断用户对文献的兴趣程度和对文献相关性的判断。这些行为指标包括驻足时间、保存、打印、选择、鼠标点击,页面滑动及文献参考。而驻足时间是最常用的隐含反馈指标[50],研究发现,驻足时间与主题的熟悉程度显著相关,用户越熟悉主题,驻足时间越短[51]。Oard 和 Kim 将这些隐性指标分为四类,包括检查行为、保留行为、参考行为及注释行为[52]。Kelly 和 Teevan 揭示了另外一类隐性指标,即创造行为[53]。然而,仅有检查和保留行为适于分类网络搜索者的行为[54]。隐性相关反馈并不考虑用户的个体特征,然而,进一步的研究表明,用户与任务影响隐性相关反馈算法的绩效[55-56]。当前,眼动实验被用于该领域的研究,更多的隐性指标被用于用户相关反馈中。例如,Buscher 等利用凝视数据,深入文献的不同部分,支持查询语句的扩展及文献的重排[57]。总之,隐性相关反馈比显性相关反馈对复杂的搜索任务来说更为实用。同时,因其减轻了用户的负担,这种方式也更受用户的欢迎,尤其是缺乏经验的用户。隐性相关反馈受搜索时间、地点及任务复杂程度的影响[58]。

此外,伪相关反馈(Pseudo-relevance Feedback)和负相关反馈(Negative Relevance Feedback)也被用于信息检索系统中。前者假定排序靠前的文献均为相关文献;后者则从不相关的文献中选择重要的词汇并在查询语句中降低这些词汇的权重或彻底删除。研究表明,伪相关反馈比显性相关反馈更易于接受,可改善搜索绩效及用户的满意度[59],而负相关反馈则不易操作,效果并不明显[60]。

4.4 交互信息检索行为

交互信息检索行为研究旨在揭示用户与信息检索系统交互的行为特点,从行为研究的角度,交互信息检索行为与信息搜索行为研究关注的问题是一致的。信息搜索行为研究是情报学领域的重要研究课题,不少学者耕耘期间,产生了大量的科研成果。然而,考虑到本书各项研究的目的,以下部分仅综述与"交互"密切相关的理论模型与相关研究。

4.4.1 以 ASK 假设为代表的交互信息检索动机理论

用户的信息搜索动机或目标是早期信息行为研究领域的学者们所关注的焦点。作为信息搜寻和信息检索的开端,对用户信息搜索动机的分析显然有助于更好地理解用户的交互行为特征、他们对信息系统的感知以及对检索结果的评价。在一系列已有的信息行为理论框架中,信息搜寻行为的动机通常被理解为情境驱动,或是为弥补已有知识结构的不足或弥合建构世界与客观世界之间的鸿沟。在情报学领域,代表上述观点的典型性理论包括 Taylor 的潜意识需求理论(Unconscious Need)[61],Wilson 的三层情境框架(Personal, Role-Related, Environmental)[62],Wersig 的问题情境理论(Problematic Situation)[63],以及 Dervin 在意义建构(Sense-making)模型中提出的鸿沟理论(Gaps)[64]等。其中,Belkin 借鉴 Paisley 和 Parker 关于用户控制信息检索过程的研究[65],延伸和发展 Taylor 的理论[66],将用户的信息检索动机嵌入信息传播系统中进行解读,从认知层面分析用户的主观知识状态、文本中的信息以及客观问题情境之间的交互关系,并阐释信息检索的过程是如何通过这一交互关系产生的。Belkin用于分析上述变量与关系的理论框架即为对信息检索领域乃至整个情报学界均有深远影响的ASK理论假设[67]。

　　Belkin认为,在信息检索的情境中,信息生产者(Generator)、文本、信息、用户知识状态以及问题情境等因素所构成的信息传播或信息交流系统的动态过程往往是由信息接收者所主导并控制的。信息检索系统存储大量文本信息,构成待检索文档集合,实际的信息交流过程则通常起始于用户对一个或多个文本的检索,结束于用户的信息目标实现或需求满足,从而完成整个信息交流过程。上述过程被Belkin称为语言学意义上的传播或交流,这一交流的核心过程在于:信息生产者生产出文本信息,用户检索到文本信息,并通过浏览、阅读获得相关信息。就用户认知层面而言,Belkin提出,文本信息可以被理解为信息生产者对知识概念的一种表示方式,反映信息生产者所处的知识状态。这一表示方式通常受到信息生产者生产该文本信息的目的、价值观、信仰、已有知识结构以及对潜在文本使用者知识状态的理解等因素的影响。同时,信息检索系统的用户自身也具有其目的性、价值观、知识状态及对文本信息的理解。可见,信息交流过程包含多个主体与知识对象。图4-1的信息交流系统显示用户与系统间的信息交流或交互可从语言和认知两个层面展开分析。

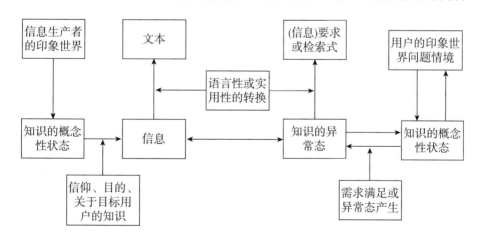

图4-1　信息检索情境中的信息交流系统[68]

　　在此基础上,Belkin认为,用户开启信息交流系统,进入信息检索过程的原因可以在认识层面得到最符合实际的解释,即:用户认识到自身与某一特定问题情境相关的知识的概念化状态与对应的信息目标或任务目标相比,处于一种异常态(Anomaly)。知识的异常态是指用户就某一问题或领域的知识状态相对于用户的能力来说不足以协助其解决现实情境中遇到的问题[69]。这种缺失状态不仅仅产生于知识储备的不足,同时也与其他状态或概念有关,如不确定性。

在上述 ASK 理论假设及其延伸含义的基础上,Belkin 提出:对实现信息检索目标而言,直接要求用户明确提出其信息需求以解决知识的异常态是不合适的。知识异常态应该在检索系统中以更为恰当的方式进行表达,这些表达方式则应能代表用户所不知道的或不能直接表述的信息需求。因此,在系统中心论之语境下发展出的信息检索理论模型——即检索式—文本标识(Text Representation)最佳匹配排列模型应该被更能表述不同知识异常态类型的新模型所替代。在实证研究和检索系统设计实践的层面,Belkin 具体表达了将 ASK 理论假设应用于信息检索系统设计的相关思想,成为后续研究的理论基础。他和同事们基于这些思想开展相应的研究并开发相关信息检索系统[70-71],探讨自动识别和表示用户的 ASK 状态及如何应用于信息检索系统的构建过程之中[72-73]。他们明确并阐释了五种类型的知识异常态,包括:①规范定义的主题和问题;②具体主题/问题规范定义/信息用于支持研究和/或假设;③主题非常具体、问题缺乏规范定义、研究处于早期;④主题具体、但问题缺乏规范定义、缺乏研究假设;⑤主题和问题均缺乏规范定义,主题不熟悉[74]。

由此可见,Belkin 关于 ASK 概念的系列研究和理论创见突破了将信息检索过程简单化地理解为检索式和文本标识之匹配过程的传统观点,将用户的信息检索过程置于认知层面的信息交流中进行考察,发掘出用户与信息检索系统进行交互的知识性或概念性动机——知识的异常态。ASK 假设表明,用户与信息的交互,即查询语句的成功构建及准确的相关性判断是其与信息系统的交互成功的基础。因而,如何帮助处于知识异常态的用户准确描述其问题或信息需求是信息搜索得以成功的前提。ASK 假设结合了信息检索和信息行为两大领域的研究成果,为信息系统设计思路的转变提供了诸多宝贵的启示,是诸多用户行为理论框架中极少数付诸信息检索实践,并一定程度上运用于系统开发的理论模型之一。Belkin 也因此被认为是开辟情报学的认知视角研究范式,推动情报学领域,尤其是信息检索领域从系统中心范式转向用户中心范式的关键人物之一[75]。

4.4.2 交互的概念化及测度

交互的概念化是研究交互信息行为的起点。为更好地支持信息检索系统的设计,Cool 和 Belkin 探讨了信息交互(Interaction with Information)的分类法[76],他们招募了 14 位工程师、经理及技术人员,通过深度访谈收集数据,并基于分面分类的思想分析数据。该研究发现了信息交互的五个主要分面,即沟通行为、信息行为、交互对象、交互的共有维度与交互标准。此外,该研究还明确了四类原型信息交互,包括发现已知或部分已知的信息、通过扫描信息资源确认有用信息、评估信息的有用性及决定一组信息的内容或结构。此外,一些学者通过研究用户信息搜寻行为明确不同的交互行为类型,如 Marchionini、Kuhlthau、Allen 等[77-79]。Marchionini 明确指出,用户的信息搜寻过程包括不同的阶段,即意识到并接受一个信息问题(Recognizing and Accept an Information Problem)、定义及理解问题(Define and Understand the Problem)、选择信息系统(Choose a Search System)、构建查询式(Formulate a Query)、执行搜索(Execute Search)、检查搜索结果(Examine Results)、提取信息(Extract Information)、思考或反复或停止(Reflect/Iterate/Stop)[80]。Kuhlthau 提出了著名的 ISP 模型,包括六个不同的阶段,即起步(Initiation)、选择(Selection)、探索(Exploration)、构建(Formulation)、收集(Collection)及展示(Presentation),用以揭示用户与信息检索系统交互过程中的行为、认知及心理状态[81]。Allen 则明确指出用户与信息检索系统的交互任务包括扫描(Scanning)、回顾与评估(Reviewing and Evaluating)、学习(Learning)、计划(Planning)[82]。这些研究在定义信息搜寻或搜索阶段的同时,也明确了用户与信息检索系统交互的行为类型。Li 和 Belkin 探究任务与用户交互搜索行为的关系,将交互信息搜索行为划分为交互努力(General Interaction Effort)、与网络信息资源的交互(Interact with Web Resources)、与图书馆信息资源的交互(Interact with Library Resources)及查询语句相关的交互行为(Query-related Interactive Behavior),并赋予这些行为操作化定义及测评指标[83]。尤其是与查询语句相关的交互行为是交互信息检索研究中通常选取的典型的行为指标,包括反复搜索的次数、单一查询式的数量、查询式长度、单一非停用词检索词。此外,用户的停留时间(Dwell Time)、浏览、选取等都可用于测量用户与系统的交互。这些指标均可直接表征用户与系统的交互行为。在考察数字图书馆或搜索引擎环境下的用户交互信息检索行

为时,浏览的页面数、导航行为、书签标记行为等均可为观察用户的交互信息搜索行为提供参考。

4.4.3 交互信息搜索行为研究

在交互信息检索研究领域,用户与信息检索系统的交互研究一直备受关注。相关的研究多以系统本身或系统中的某个功能为起点,研究用户的交互绩效、行为模式及情感认知等方面。在研究用户与系统的交互行为模式方面,学者们多关注用户行为的表面特征,如查询式长度、浏览时长和偏好等。Park 和 Lee 采用查询日志分析的方法研究了用户在科技信息检索系统中的信息需求和检索行为。研究发现,用户的检索行为和模式保持稳定,且查询式短而简单,用户决定是否停留在一个网站上花费 10 秒左右,而停留在一个网站上则平均花费 10 分钟[84]。Pu 和 Jiang 研究了在信息搜寻和信息再搜寻两个阶段中,用户与信息检索系统交互的行为差异,研究表明,用户在搜寻时偏重浏览,再搜寻时则偏重搜索且与检索工具之间有更多的交互[85]。在后续研究中,两位学者将重点放在用户的学术信息搜寻和再搜寻行为中,并发现了与之前日常信息搜寻行为研究结果相反的现象:用户在学术信息搜寻过程中,偏重关键字查询,而再搜寻时,则是浏览居多[86]。

在系统功能方面,McLaughlin 研究了用户与数据库中个性化工具(EBSCOhost 中的 My EBSCOhost)的交互,结果发现这些工具的使用率并不高、与这些工具的交互行为并不普及[87]。Niu 和 Kelly 采用实验的方法研究了用户和检索系统中查询建议功能的交互,以了解用户如何及何时在搜索过程中使用查询建议,以及使用的结果如何。研究结果表明,在用户搜索专业程度不高、搜索任务困难的情况下,用户会更多地使用查询建议,且能为他们的搜索提供支持[88]。不仅系统的功能会影响用户的交互信息行为,系统检索结果的呈现方式和呈现数量也会产生显著的影响。Arguello 等人研究了用户与集成检索系统的垂直展示之间的交互行为,结果表明展示方式会影响用户对信息质量的判断,即便这种垂直结果可能和搜索任务无关;另一方面,任务越复杂,用户与垂直结果的交互越频繁[89]。Kelly 和 Azzopardi 使用实验方法研究了检索结果页面的链接数量与用户行为和用户体验之间的关系,研究发现检索结果页的链接数量会改变用户行为,例如如果每页的数量减少,用户会更关注靠前的检索结果[90]。此外,一些学者研究了其他影响用户与系统之间交互信息行为的因素,如时间压力[91]、查询成本[92]等。Wu 和 Kelly 则关注了检索停止行为的影响因素,并将其总结归纳为信息内容、预期目标、主观理解、限制因素等[93]。

此外,数字图书馆环境下的用户交互行为研究也是学者们关注的重点。作为支持用户搜索活动的重要信息检索系统,数字图书馆是一系列交互元素的集合[94],其交互功能体现在多个方面,就其本质而言,搜索和浏览功能是最为重要的交互机制[95]。Zhang X. 等采用实验研究的方法,比较评估了 ACM 数字图书馆、IEEE Explore 以及 IEEE 计算机学会数字图书馆的搜索和浏览功能[96]。研究采用 Latin Square 实验设计方法,招募了 36 位实验参加者完成两项搜索主题相同的搜索和浏览任务。研究发现搜索和浏览功能的不同设计显著影响用户与数字图书馆的交互行为及用户满意度。如何开发更有效地支持用户交互的检索模型受到关注。Pajió 指出,由于信息检索系统采用文本排序列表的方式,导致用户更倾向于浏览较长的列表,而不是真正地搜索或探索信息空间[97]。研究表明,能有效支持用户交互的可视化信息检索系统更为有效并且符合用户的直觉。

随着信息检索转向以用户为中心,尤其是在信息科学认知观的影响下,交互信息行为的研究均认同用户在信息吸收和利用中的主体地位,关注用户在与系统交互过程中的认知行为、心理状态等方面。Sun 提出一个心理学框架——信息系统交互准备模型(Information System Interaction Readiness,ISIR)以描述个体和系统交互的意愿和准备状态,研究用户在选择信息检索系统时的心理状态,这个框架反映了用户的情感、认知和行为[98]。Zhang Y. 研究了用户在与 MedlinePlus 系统交互期间的心智模型构建过程,研究发现其过程涉及三个平行维度上的改变和发展:认知、情感和行为。这种发展得益于三种心理活动:吸收新概念、修正现有概念和逐步淘汰先前理解的概念。此外,心智模型的构建不仅是用户内部认知的结果,也受到外部认知的影响,包括系统、系统反馈和任务[99]。同样是研究信息检索用户的认知行为和需求心理,马海群等运用身心语言程式(Neuro-linguistic Programming,NLP)理论,根据其研究结果构建了"需求认知、表达、交互模式""检索语言认知、表达与交互模式"和"检索目标制定中的心理取向模型"[100]。韩正彪和许海云利用问卷调查法探讨我国综合性文献数据库大学生用户心智模型的结构,并把这种结构分为用户动机认知、用户范围认知、常识认知、内容认知、界面功能认知、用户负面情感、用户正面情感和用户检索策略部分。其次,大学生用户的认知、情感和检索策略三个维度之间是一种多重交互关系[101]。而这些用户信息交互行为的心理和认知研究对系统的交互设计和评估具有指导性的意义。

基于任务的信息搜寻和检索已成为情报学的重要研究课题之一[102]。情报学领域的学者主要关注不同类型的任务,包括工作任务、搜寻任务和搜索任务。Li 和 Belkin 采用分面分类方法确定任务类型,并采用模拟仿真工作任务情境的方式编制工作任务情境。实验过程中,用户需为六项工作任务搜索相关信息,提供信息支持。研究表明,用户的任务一定程度上塑造了用户的交互信息检索行为[103]。之后的研究中,Li 进一步探讨了工作任务和交互绩效之间的关系面[104],不同的任务分面和选择或查询相关行为之间的关系[105]。在搜索任务方面,Qu 等针对网络用户的检索行为,探讨任务驱动的作用。他们对比三种类型的搜索任务(事实查明、分层信息收集和并行信息收集),采用实验研究的方法,探究参加者的搜索行为和搜索体验。结果表明,任务类型和熟悉程度会影响用户的搜索行为(完成时间和查询的数量),但不影响他们的习惯性行为,比如搜索入口[106]。日本学者梅本、和俊等研究了在搜索任务中的用户行为和用户感知满足度之间的关系,发现任务类型和用户属性(如信息检索专业知识和对于任务的先验知识)会影响用户的检索行为和感知满意度[107]。Jiang 等将搜索任务在两个维度(事实查明还是知识获取;目标明确还是目标模糊)的基础上划分为四种,比较了不同的任务条件下,长搜索会话(10 分钟,约 5 个查询)中用户搜索行为及浏览和点击模式是如何改变的。结果表明,在四种类型的任务下,用户行为在各方面都有所不同,其中包括搜索积极性、浏览风格、点击策略和查询重构。在搜索会话过程中,用户的关注兴趣从排名靠前的结果转移到靠后的结果,而且结果对用户的吸引力越来越少[108]。Albertson 采用交互检索实验的方法研究了交互视频检索,并从特定用户和搜索任务的角度进行结果的搜集和分析。研究表明,特定界面特征和功能的使用和有效性依赖于检索任务的类型[109]。

值得一提的是,系统交互(用户与系统间的交互)和任务交互(用户与任务间的交互)之间不是完全独立的,它们之间难以划分出清晰的界限,因为用户与系统的交互过程不可避免地受到与任务之间交互的影响,如任务的类型、阶段、复杂度、熟悉度、时间限制等,都会影响用户与系统间交互的行为模式,用户与系统交互的过程中又会对任务产生新的认知并可能调整任务的目标。任务的复杂程度不同可导致年长的用户与年轻的用户搜索策略的准确性及有效性存在差异;任务越复杂,差异越突出[110]。Capra 等研究了不用任务复杂度情况下用户使用检索工具的差异,其研究结果表明两者之间的相关性:任务复杂度越高,检索工具使用越频繁[111]。国内学者袁红等通过实验研究也得出了类似的结论[112]。一些学者独辟蹊径,不以任务类型或复杂度等任务特征为出发点,转而研究任务的有趣程度如何影响用户的检索行为和体验。Edwards 和 Kelly 的研究表明,对于更感兴趣的检索任务,用户的预计任务困难度更低、参与度更高、花费时间更长,但在输入查询数、搜索结果页数量、标记文档数方面差异不大[113]。这些结论有助于完善系统的设计,帮助用户解决复杂的搜索任务。

以上这些研究均表明,任务是交互过程中的重要因素,任务在一定程度上塑造了信息检索过程、用户的交互行为特征、交互绩效及满意度,影响了他们对所获信息相关性或有用性的判断,并决定了信息利用的特点。无论工作任务还是搜索任务均在一定程度上塑造了用户与系统的交互,尤其是用户对任务的理解和感知影响了用户的交互绩效。

用户的交互行为是不同领域关注的课题。在电子商务领域,Xu 和 Sundar 的研究探讨了当特定内容以具备交互特征和不具备交互特征的形式展示的时候,交互性是否会影响这些内容的认知过程[114]。结果表明,高度的交互性确实可以增强用户认知,同时,用户对交互性内容的记忆更为深刻。此外,通过用户隐性的交互行为预测用户的某些个体特征也是 IIR 领域关注的研究,如 Zhang X. 等通过研究用户与系统的交互行为以预测用户的领域知识[115]。研究发现,文献的保存数量、查询语句的平均长度及点开的文献的评价排序位置均可预测用户的领域知识。Gwizdka 和 Spence 的研究发现,单次网页的访问量、最佳路径的偏离程度及导航路径的线性程度均可一定程度上预测用户网络信息搜索任务的困难程度[116]。

综上所述,交互信息检索行为研究已取得了一定的研究成果,这些研究成果对不断改善信息检索系统的交互功能设计,提高交互的性能与绩效具有积极的促进作用。未来的交互行为研究将不断向新型的交互信息检索系统拓展,更加注重用户不同层面的特征及改善和提升用户与新型交互设计的交互机制和交互体验,为更好地帮助用户获取信息及提供更优质的信息服务迈进。

4.5 交互信息检索评估

IIR 评估区别于传统的系统导向的信息检索系统评估,从用户视角,尤其是交互的视角评估信息检索系统,重在更多地了解用户的行为而并非仅着重于用户界面的可用性。交互评估是 IIR 研究的重要分支。Kelly 和 Sugimoto 采用系统综述的方法,从 2791 篇相关文献中选取 127 篇论文,全面分析了从 1965—2006 年这 40 年间交互评估研究的发展及成就,揭示 IIR 研究的发展历程、出现频率及引用最多的作者和来源、评估的方法、测度指标等[117]。她试图概念化交互信息检索,在她绘制的 IIR 研究知识图谱中[118],她将 IIR 置于聚焦系统的信息检索研究和聚焦用户的信息行为研究之间,而处于 IIR 研究中心位置的是文本检索会议(Text Retrieval Conference,TREC)交互研究。可见 TREC 交互研究在 IIR 研究中的重要位置。此外,Kelly 详细地阐释了 IIR 评估的方法[119];Harman 综述了 IIR 评估早期的研究及与交互相关的 TREC 评估研究[120]。这些研究为本章的撰写及本书中的各项研究提供了理论和方法基础。因此,基于这些研究的成果,本节首先综述 TREC 交互研究,并以此为基础介绍典型的 IIR 实验研究的过程和方法。

4.5.1 TREC 中的交互信息检索研究

TREC 实验是信息系统评估领域的"奥林匹克",始于 1992 年并延续至今。每年都有许多大学和机构组队参加这一盛会。TREC 每年设计不同的研究分支(Track),吸引与会者参加。参会者通常组成研究小组,参加同一研究分支的小组采用统一的搜索任务,利用自身开发的算法或研究设计,对同一数据库进行检索,并由专人对各组的检索结果进行相关性判断,从而得出最优的算法或研究设计。通过这种方式,TREC 会议每年都能发现针对信息检索某一领域的最优算法或研究设计,推动信息检索领域研究的发展。同时,TREC 延续了 Cranfield 评估的模式,经过多年的发展和积累,进一步发展并确立了信息检索评估的方法和范式。

TREC 会议中的交互分支始于 TREC – 3(1994),止于 TREC – 12(2003 年)。在将近 10 年的研究历程中,TREC 交互分支着重探究用户的交互行为及交互信息检索系统的设计。最早的 TREC－3 实验共有四个组参与,使用 50 个搜索主题(Routing Topics)创建最优查询。研究结果表明机器学习能力强大,在路径选择上人工的方法几乎无法超越机器学习的方法。对于交互信息系统的评估也不像批处理时代那么简单。除了系统评估的常见问题外,如何为子任务选择合适的结果、如何弥补用户与系统评估者的差异以及解决因为标准差异而导致的评估差异的问题均值得思考。TREC－4 的设计更多地考虑了交互实验的需要,使用 25 个主题,要求参与的 10 支队伍在 30 分钟内创建两个任务并找到尽可能多的最相关文章或创建最优查询。TREC－4 重在考察图形界面、可视化等。值得一提的是,TREC－4 非常强调数据分析与搜索过程分析,可以具体到搜寻的信息,如日志、时间、用户搜索的特点等,并且提供搜索的描述数据,为用户研究提供了范例。不过受试者和相关性评估人员之间仍然没有标准协议,因此受试者的相关性评估和评估者的相关性评估结果是不同的。针对交互研究群体而设计的 TREC－4 最终证明标准的 TREC 算法对交互搜索场景并不合适。

　　TREC－5 的一个明显的特点是注重检索主题的不同"方面",而非仅就主题进行检索,更加细化了要求检索的内容,也为系统检索提出了更高的要求。此外,TREC－5 启用了新的实验设计,允许参加小组直接跨网站进行比较。TREC－6 的目的是探讨主题、用户、多种交互方式、系统对于交互绩效的影响。实验中使用与 TREC－5 相同的任务和统一的参照系统,在 9 个不同的实验系统中进行检索。结果发现主题、用户和多种交互方式对于交互检索的影响都很显著,其中主题因素的影响最为显著[121]。然而该实验具有一定的局限性,其中最明显的就是各研究小组共同确定的参照系统是否完全一致还存在疑问。再有,研究也并没有明确表明不同系统的交互检索评估标准或方法是否一致。为此,TREC－7 允许各研究团队自己确定研究的参照系统,但保留了相同的实验设计,继续沿用 TREC－5 的任务设计,即要求搜索精确的"分面",而非仅止于"主题"。测量指标采用搜索的分面查全率、分面查准率及搜索时间。TRCE－8 依旧继续 TREC－6、TREC－7 的研究设计。这一系列实验证明了主题对于系统评估的重要性,而且从分面的角度考虑搜索主题的影响,同时将用户涵盖在交互评估的考虑范畴。

　　TREC－9 开始关注问答任务,参加者须在 5 分钟内完成 8 项任务,其中 4 项无答案的任务和 4 项比较任务。相比于之前进行系统间比较的实验,TREC－10 更加强调观察用户的行为,同时其另一个目的是为了给 TREC - 11 构建新的任务。实验进行了新的设计,首先选择 4 类搜索任务,分别是搜索医疗信息、购物信息、旅行计划信息、学术信息等,并在 4 个领域中设计 8 个搜索主题用于实验。TREC - 11 的研究使用了政府数据而不是公共网络数据,本次实验提供可供选择的搜索引擎,采用 TREC - 6 的实验设计,同时允许系统内部进行比较,实验对于答案没有限制。TREC - 12 是 TREC 最后一次正式设立交互分支(Interactive Track),此次实验继承 TREC - 11 的研究任务并将其作为核心网络信息检索任务的子集继续研究,同时遵循特定的实验设计和协议,要求实验参加者创建一个关于某一特征主题的资源页。最后把他们提供的列表与系统自动生成的列表进行对比。本次实验中的任务主题得到了精炼,之前的 8 个主题也得到修正以更加适应交互信息检索研究。

TREC 的交互检索实验研究确立了 IIR 研究的模式,为后续的研究提供了诸多的借鉴。从研究方法上,其采用的实验研究方法、实验设计方法、任务的设计、实验流程、数据收集方式、实验观察的方法、访谈方法及日志分析等,均为此后的相关研究提供了方法论基础。同时,TREC 交互检索研究致力于探究用户的搜寻行为、交互模式、用户个体特征与交互的关系、用户界面对搜索的影响等问题,深刻地影响了情报学领域的信息搜索行为研究及用户导向的信息系统评估。尽管如此,正如 Dumais 和 Belkin 所指出的,由于任务太少、参与的搜索者数量也偏少,导致实验规模偏小,研究结果的解释存在困难。如要增强研究结果的可靠性,便需减小数据的波动性,以获得更多显著的影响。为此,这类研究需增加样本量和实验中的搜索量[122]。这将意味着更高的成本和资源的投入,这也是导致交互信息检索研究在 TREC 终结的直接原因,相关资源转而支持了为期六年的 TREC 高精度文档检索分支(HARD Track,the high accuracy retrieval from documents)。

TREC HARD 分支同样关注用户与系统的交互并以提高检索效率为主要目的,多研究与用户和主题相关的元数据,并注重将情境与检索结合起来。在 TREC 的系列实验中,测试集、任务、方法是主要的研究工具,系统的交互评估与系统自身的状况、评估的主体、测试集中数据描述状况、测试的主题、任务的类型以及测试的环境都有着密切的关系。评估的主体不同,评判的标准也会有差异。使用元数据对文档加以描述,可以提高检索的效率。当检索的主题或面对的任务不同时,系统表现出的性能也会有差异,将主题分为子主题进行检索,将任务分为子任务完成都会不同程度上影响用户与系统的交互。而且当系统在越真实的环境下进行评估,评估所要考虑的因素就会越多,但却越能够反映用户与系统交互的状况。

4.5.2 交互信息检索评估方法

实验研究方法是 IIR 评估最常用的研究方法。Kelly 曾对 IIR 评估研究方法进行了全面的介绍[123]。以下仅对 IIR 评估中最常用的研究方法,即实验研究方法进行阐述,以为本书中描述的各项研究提供方法支持。

(1)实验类型的选择

实验研究方法是社会科学研究常用的研究方法,通常包括两类,即实验室环境下的实验及田野实验[124]。前者通常在实验室中开展,研究人员通过控制环境因素,要求所有的实验参加者在实验室中完成各项操作;田野实验则在真实的环境下开展,要求参加者在与平时相同或相似的真实环境下完成各项实验操作。两种类型的实验各有利弊,实验室环境下可有效控制各种干扰因素,排除竞争性的解释变量,使要检测的变量之间的关系更为可靠。然而,模拟的实验环境及设计也可能会使研究结果产生偏差。田野实验往往选择用户学习和工作的真实环境开展,以获得更为真实的研究数据和结果。然而,真实的环境不利于排除干扰因素和竞争性的解释变量,使研究结果有可能产生偏差。总之,实验方式的选择要依据评估的目的及研究资源而定,要充分了解研究的局限性,避免对研究结果的误读或夸大研究结果的适用范围。在 IIR 研究领域,这两种方式都是经常使用的实验方式,如 TREC 交互实验通常在实验室完成,而 Borlund 和 Dreier 则选择参加者的家作为实验的场所,追求收集用户真实、自然的搜索过程数据[125]。

(2)实验参加者的招募

招募实验参加者(即研究的样本)是 IIR 评估实验的重要步骤,招募之前要考虑研究的目的及研究问题,设定招募的标准,避免招募到不适合的实验参加者。在研究中,只有招募到合适的参加者才能确保研究的效度和信度。研究的样本量要基于实验设计而定,样本量不可太少。由于资源的限制,太多的样本量对 IIR 实验来说也是不可行的。IIR 实验常见的样本量在 20—100 之间。招募实验参加者通常以自愿为原则,也就是说,他们都应该是自愿参加实验的,尽管通常会给予他们一定的经济补偿,但他们参加的动机不能是因利益驱使或迫于权威等因素而参加实验。招募的方式有多种多样,如通过社交媒体、张贴广告、发放邮件等。

（3）实验设计

Kelly 详细地介绍了交互实验的各种设计方法[126]。IIR 实验设计包括实验任务的设计及任务顺序的安排。实验任务设计是实验的重要环节,也是实验得以成功的重要保证。传统的检索实验任务通常是设计检索的主题,如查找与某主题相关的文献。TREC 实验基本采取了这种方式。然而,过于简单化的设计忽略了用户任务的诸多因素,无法真实地反映用户的信息需求及搜索目的。为此,Borlund 和 Ingwersen 提出模拟仿真工作任务情境[127],通过模拟用户的真实任务情境,为实验参加者提供模拟的思考情境和想象空间。这种任务设计,可以帮助用户更好地构建查询语句及明确搜索目标,为 IIR 评估提供更为可靠的任务设计方法。该方法一经提出,便获得 IIR 领域的认可,成为广泛使用的任务设计方法[128]。

对实验过程中任务的安排来说,最重要的是要避免实验中的学习效应。IIR 实验过程通常要求参加者完成不同的搜索任务,而搜索是一个学习的过程,参加者在搜索第一项任务时,由于对实验流程、系统或环境的不熟悉,通常带有更多的探索性;随着他逐步掌握了实验的流程或熟悉了系统的特性,他的搜索能力也可能随之提高,从而产生学习效应。因而,参加者搜索最后一项任务的绩效可能会优于搜索第一项任务的绩效,如所有实验参加者都以同样的顺序完成搜索任务的话,这样的安排顺序会导致实验结果的偏差,同时屏蔽或模糊了其他因素的影响。因而,这种方式不可取。为此,在实验的过程中,各项任务的顺序安排对不同的参加者来说应不同。一些实验方法可帮助有效地避免学习效应,如拉丁方块（Latin Square）设计或随机分配任务给实验参加者,也可采用人为设计避免学习效应。Latin Square 也是 IIR 实验中颇受欢迎的实验设计方法[129]。

（4）实验数据收集

IIR 实验通常采用不同的方法收集数据,包括问卷、日志和深度访谈。这也是 TREC 实验通常使用的数据收集方法。对 IIR 实验来说,问卷通常包括基本信息问卷、搜索前问卷、搜索后问卷。还可根据实验的研究目的,设计不同的问题,穿插在实验过程中,如 Li 和 Belkin 的研究中还设计有任务评估问卷及出声思考（Think Aloud）的问题[130]。IIR 实验通常要通过一定的技术手段记录参加者与系统交互的全过程,以备日后分析之用。早期的 IIR 实验通常使用录像设备摄录实验过程。如今,录像软件可直接安装在电脑上,方便地记录参加者的行为,如 Morae、屏幕录像专家等。这些软件还提供数据处理功能,协助研究者处理相关数据。近年来,眼动仪被引入 IIR 评估研究,眼动实验也能记录大量的眼动数据用于分析用户的交互行为。IIR 实验结束之前,通常会设计访谈环节,访谈的问题要紧紧围绕研究问题或假设,以及他们与系统交互的过程,以便进一步了解用户在实验过程中的所思、所想,捕捉他们与系统交互过程中的认知发展,深入挖掘用户的思想和观点,通过了解他们的行为,探知他们对系统交互的需求与期待。

(5)实验的流程

实验的流程通常包括用户的签到及意向书的签署、完成基本信息问卷、任务 N 的搜索前问卷、参加者进行搜索、搜索后问卷。一直到 N 项任务得以完成,然后进入访谈环节,访谈结束,实验得以完成。要通过意向书表明研究者对实验参加者的尊重,包括保护其个人隐私、数据的非专指性、一定的经济或物质补偿或没有补偿等。用户在实验中的搜索时间通常为 10—30 分钟,依据实验的具体情况而定。如 Li 和 Belkin 的研究中,参加者需完成 6 项任务[131]。实验搜索时长设定为 15 分钟,然而,由于任务的难易程度对不同参加者来说不同,对一些容易的任务,用户在 10 分钟内便完成了;但一些相对较困难的任务,15 分钟也无法完成。然而,如果实验的总时长太长(如超过 2 小时),参加者会产生疲劳感,从而影响交互的效果,使研究结果产生偏差。因此,将实验时间控制在一定的范围内是必要的。在 IIR 实验正式开展前的预实验(Pilot Study)中,通常可知实验中每项任务的可能时长,可为实验正式开展时的时间控制提供参考。

(6)实验数据的分析和结果的解释

实验数据的分析方法多样。由于实验过程收集的数据既有定量数据也有定性数据,因而定量和定性数据分析是常用的数据分析方法,前者主要是各种不同的统计分析方法,包括卡方检验、关联分析、回归分析等;后者则通过编码分析数据。两种途径得出的研究结果可互相印证、支持,使研究结果更为可信也更为可靠。

考虑到实验研究本身的局限性,比如样本量通常偏小、过多的人为设计而非考察用户的真实情境等,实验结果的解释要慎重、合理,不可过分夸大研究结果的解释能力。同时,要明确其解释范围、适应程度等。

IIR 实验研究大多涵盖以上过程,是 IIR 研究通用的研究设计。因此,本书的实验研究都以此为基础开展研究设计。尤其是针对基于模拟仿真工作任务情境的实验设计方法,本书第 5 章继续进行研究和阐述。

4.6　结语

　　本章论述了交互信息检索的缘起及其宗旨,从 IIR 的主要研究分支,即交互技术、交互行为及交互评估,对已有研究进行综述。这些研究结合了图书情报学与计算机科学研究中信息检索与信息行为领域的研究成果,在为相关领域的科学研究提供新的理论增长点的同时,也为信息搜寻、搜索与检索研究最终走向更广阔的应用领域提供了必经途径,这也是未来该领域研究发展的重要趋势。随着互联网的迅猛发展及信息检索系统的不断延伸和拓展,加之大数据技术的发展,IIR 研究迎来了新的契机。可以预见,IIR 研究领域必将不断拓展、研究的新问题也必将不断涌现,从而为研究者打开更为广阔的天地。除此之外,在移动互联与移动设备搜索不断发展的背景下,基于移动互联系统的交互信息检索设计与构建将为该领域的研究提供更多突破口。同时,这一领域也必将迎来更多将理论成果转化为实际应用的研究,即将理论研究成果应用于大数据时代信息系统开发、设计和绩效的改善,更好地服务于用户的信息需求,有效地支持他们完成各项工作任务。

参考文献:

[1 - 2] BAEZA-YATES R, RIBEIRO-NETO B. Modern Information Retrieval: The Concepts and Technology Behind Search (2nd Ed.) [M]. Harlow, England: Pearson Education Limited, 2011.

[3] BELKIN N J. Interaction with texts: information retrieval as information-seeking behavior [C]. Universitätsverlag Konstanz, 1993: 55 - 66.

[4][11][16] SAVAGE-KNEPSHIELD P A, BELKIN N J. Interaction in information retrieval: trends over time [J]. Journal of the American society for information science, 1999, 50(12): 1067 - 1082.

[5] BEAULIEU M. Interaction in information searching and retrieval [J]. Journal of documentation, 2000, 56(4): 431 - 439.

[6] SHNEIDERMAN B, BYRD D, CROFT W B. Sorting out searching: a user-interface framework for text searches [J]. Communications of the ACM, 1998, 41(4): 95 - 98.

［7］FIDEL R,PEJTERSEN A M. From information behaviour research to the design of information systems:The cognitive work analysis framework ［J］. Information research,2004,10(1):10 – 14.

［8］BATES M J. The cascade of interactions in the digital library interface ［J］. Information processing & management,2002,38(3):381 – 400.

［9］李月琳,梁娜,齐雪,从交互维度到交互功能:构建数字图书馆交互评估理论模型[J]. 中国图书馆学报,2016,42(1):66 – 82.

［10］［23］COOL C,BELKIN N J. Interactive Information Retrieval:History and Background[M]//Interactive Information Seeking Behavior and Retrieval. England:MPG Books Group,2011:1 – 14.

［12］［117］KELLY D. A systematic review of interactive information retrieval evaluation studies:1967—2006[J]. Journal of the American society for information science and technology,2013,64(4):745 – 770.

［13］［61］［66］TAYLOR R S. Question-negotiation and information seeking in libraries[J]. College & research libraries,1968,29:178 – 194.

［14］［27］［67］［68］［72］BELKIN N J. Anomalous states of knowledge as a basis for information retrieval[J]. Canadian journal of information science,1980,(5):133 – 143.

［15］WALKER D E. Interactive Bibliographic Search:The User/Computer Interface ［M］. AFIPS Press,1971.

［17］［120］［121］HARMAN D. Information Retrieval Evaluation[M]. Middletown,DE,USA:Morgan & Claypool Publishers,2011.

［18 – 19］［22］LARGE A,BEHESHTI J. OPACs:a research review ［J］. Library & Information Science Research,1997,19(2):111 – 133.

［20］COUSINS S A. Enhancing subject access to OPACs:controlled vocabulary vs natural language ［J］. Journal of documentation,1992,48(3):291 – 309.

［21］ORTIZ-REPISO V,MOSCOSO P. Web-based OPACs:between tradition and innovation ［J］. Information technology and libraries,1999,18(2):68.

［24 – 25］［33］［40 – 41］RUTHVEN I. Interactive information retrieval ［J］. Annual review of information science and technology,2008,42(1):43 – 91.

［26］［42］［47］［50］［54］［58］WHITE R W. Interactive Techniques[M]//RUTHVEN I,KELLY D. Interactive Information Seeking Behavior and Retrieval. England:MPG Books Group,2011:171 – 188.

［28 – 29］BELKIN N J,KELLY D,KIM G,et al. Query length in interactive information retrieval ［C］// Proceedings of the 26th annual international ACM conference on research and development in information retrieval. 2003:205 – 212.

[30][69] BELKIN N J,SEEGER T,WERSIG G. Distributed expert problem treatment as a model for information system analysis and design[J]. Journal of information science,1982,5(5):153 – 167.

[31][73] BELKIN N J. The cognitive viewpoint in information science [J]. Journal of information science,1990,16(1):11 – 15.

[32] KOENEMANN J,BELKIN N J. A case for interaction:a study of interactive information retrieval behavior and effectiveness[C]//Proceedings of the SIGCHI conference on human factors in computing systems. ACM,1996:205 – 212.

[34] BEEFERMAN D,BERGER A L. Agglomerative clustering of a search engine query log[C]//Proceedings of the Sixth ACM SIGKDD international conference on knowledge discovery and data mining. 2000:407 – 416.

[35] DAUME H,BRILL E. Web search intent induction via automatic query reformulation[C]//Proceedings of the North American chapter of the association for computational linguistics-human language technologies,2012:49 – 52.

[36] CUI H,WEN J R,NIE J Y,et al. Probabilistic query expansion using query logs[C]//Proceedings of the 11th international conference on world wide web,2000:325 – 332.

[37] WHITE R W,MARCHIONINI G. Examining the effectiveness of real-time query expansion[J]. Information processing and management,2007,43(3):685 – 704.

[38] KELLY D,CUSHING A,DOSTERT M,et al. Effects of popularity and quality on the usage of query suggestions during information search[C]//Proceedings of the 28th international conference on human factors in computing systems,2010:45 – 54.

[39] RUTHVEN I. On the use of explanations as a mediating device for relevance feedback[C]//Proceedings of the 6th European conference on digital libraries,2002:338 – 345.

[43] SALTON G,BUCKELY C. Improving retrieval performance by relevance feedback[J]. Journal of the American society for information science,1990,41(4):288 – 297.

[44] BEAULIEU M. Experiments on interface to support query expansion[J]. Journal of documentation,1997,53(1):8 – 19.

[45][59] BELKIN N J,COOL C,KELLY D,et al. Iterative exploration,design and evaluation of support for query reformulation in interactive information retrieval[J]. Information processing and management,2001,37(3):403 – 434.

[46] SPINK A,LOSEE R M. Feedback in information retrieval[J]. Annual review of information science

and technology,1996(31):33 – 78.

[48] WHITE R W,RUTHVEN I,JOSE J M. The use of implicit evidence for relevance feedback in web retrieval[C]//Proceedings of European conference on advances in information retrieval,2002:93 – 109.

[49] WHITE R W,RUTHVEN I,JOSE J M. A study of factors affecting the utility of implicit relevance feedback[C]//Proceedings of the 28th annual international ACM SIGIR conference on research and development in information retrieval,2005:35 – 42.

[51] KELLY D,COOL C. The effects of topic familiarity on information search behavior[C]//Proceedings of the second ACM/IEEE joint conference on digital libraries. Portland,OR,2002:74 – 75.

[52] OARD D,KIM J. Modeling information content using observable behaviors[C]//Proceedings of the American society for information science and technology,2001,38:38 – 45.

[53] KELLY D,TEEVAN J. Implicit feedback for inferring user preference:a bibliography[C]//SIGIR Forum,2010,37(2):18 – 28.

[55] KELLY D,BELKIN N J. Display time as implicit feedback:understanding task effects[C]//Proceedings of the 27th annual international ACM SIGIR conference on research and development in information retrieval,2004:377 – 384.

[56] WHITE R W,KELLY D. A study on the effects of personalization and task information on implicit feedback performance[C]//Proceedings of the 15th ACM international conference on information and Knowledge Management. ACM,2006:297 – 306.

[57] BUSCHER G,DENGEL A,VAN ELST L. Query expansion using gaze-based feedback on the sub-document level[C]// Proceedings of the 31st annual international ACM SIGIR conference on research and development in information retrieval,2008:387 – 394.

[60] BELKIN N J,PEREZ-CARBALLO J,COOL C,et al. Rutgers TREC-6 interactive track experience [C]//Proceedings of TREC,1998:597 – 610.

[62] WILSON T D. Models in information behaviour research [J]. Journal of documentation,1999,55 (3):249 – 270.

[63] WERSIG G. Information-Komunikation-Dokumentation [M]. Pullach bei Munchen:Verlag Dokumentation,1971.

[64] DERVIN B. Sense-making theory and practice:an overview of user interests in knowledge seeking and use [J]. Journal of knowledge management,1998,2(2):36 – 46.

[65] PAISLEY W J,PARKER E B. Information retrieval as a receiver-controlled communication system [C]//Proceedings of the symposium on education for information science,1965:23 – 31.

［70］ BELKIN N J,ODDY R N,BROOKS H M. ASK for information retrieval:part I. background and the-ory［J］. Journal of documentation,1982,38(2):61 – 71.

［71］［74］ BELKIN N J,ODDY R N,BROOKS H M. ASK for information retrieval:part II. results of a design study［J］. Journal of documentation,1982,38(3):145 – 164.

［75］ DERVIN B,NILAN M. Information needs and uses［J］. Annual review of information science and technology,1986,21:4 – 33.

［76］ COOL C,BELKIN N J. A classification of interaction with information［C］//BRUCE H,FIDEL R, INGWERSEN P,et al. Emering frameworks and methods. Proceedings of the fourth international conference on conceptions of library and information science,greenwood Village,CO:libraries un-limited,2002:1 – 15.

［77］［80］ MARCHIONINI G. Information Seeking in Electronic Environment［M］. Cambridge,United Kingdom:Cambridge University Press,1995.

［78］［81］ KUHLTHAU C. Inside the search process:information seeking from the user's perspective ［J］. Journal of the American society for information science,1991,42(5):361 – 371.

［79］［82］ ALLEN B. Information Tasks:Toward a User-centered Approach to Information Systems［M］. San Diego,CA:Academic Press,1996.

［83］［103］［130 – 131］ LI Y,BELKIN N J. An exploration of the relationships between work task and interactive information search behavior［J］. Journal of the American society for information science & technology,2010,61(9):1771 – 1789.

［84］ PARK M,LEE T S. A Longitudinal study of information needs and search behaviors in science and technology［J］. Electronic Library,2016,34(1):83 – 98.

［85］ PU H T,JIANG X Y. A comparison of how users search on web finding and re-finding tasks［C］// Iconference. ACM,2011:446 – 451.

［86］ PU H T,JIANG X Y. An investigation of the academic information finding and re-finding behavior on the web［J］. Journal of library & information studies,2014,12(2):117.

［87］ MCLAUGHLIN J E. Personalization in library databases:not persuasive enough? ［J］. Library hi tech,2011,29(4):605 – 622.

［88］ NIU X,KELLY D. The use of query suggestions during Information search［J］. Information process-ing & management,2014,50(1):218 – 234.

［89］ ARGUELLO J,WU W C,KELLY D,et al. Task complexity,vertical display and user interaction in aggregated search［C］// International ACM SIGIR conference on research and development in information retrieval. ACM,2012:435 - 444.

[90] KELLY D,AZZOPARDI L. How many results per page?:A study of SERP size,search behavior and user experience[C]// The international ACM SIGIR conference,2015:183 - 192.

[91] CRESCENZI A,KELLY D,AZZOPARDI L. Time pressure and system delays in information search [C]// The international ACM SIGIR conference,2015:767 - 770.

[92] AZZOPARDI L,KELLY D,BRENNAN K. How query cost affects search behavior[C]// International ACM SIGIR conference on research and development in information retrieval. ACM,2013:23 - 32.

[93] WU W C,KELLY D. Online search stopping behaviors:an investigation of query abandonment and task stopping[J]. Proceedings of the American society for information science & technology,2014, 51(1):1 - 10.

[94] SARACEVIC T. Digital library evaluation:toward an evolution of concepts[J]. Library trends,2000, 49(2):350 - 369.

[95 - 96][129] ZHANG X,LI Y,LIU J,et al. Effects of interaction design in digital libraries on user interactions[J]. Journal of documentation,2008,64(64):438 - 463.

[97] PAJIÓ D. Browse to search,visualize to explore:who needs an alternative information retrieving model? [J]. Computers in human behavior,2014,39:145 - 153.

[98] SUN J,POOLE M S. Capturing user readiness to interact with information systems:an activity perspective[J]. Data base for advances in information systems,2010,41(2):89 - 109.

[99] ZHANG Y. The development of users' mental models of MedlinePlus in information searching[J]. Library & information science research,2013,35(2):159 - 170.

[100] 马海群,杨志和.身心语言程式视阈下的信息检索用户认知模型研究[J].中国图书馆学报, 2011,37(3):38 - 47.

[101] 韩正彪,许海云.我国综合性文献数据库大学生用户心智模型结构测量实证研究[J].情报学报,2014,33(7):740 - 751.

[102] VAKKARI P. Task-based information searching [J]. Annual review of information science and technology,2003,37(1):413 - 464.

[104] LI Y L. An exploration of the relationships between work tasks and users' interaction performance [J]. Proceedings of the American society for information science & technology,2011,47(1):1 - 9.

[105] LI Y L. Investigating the relationships between facets of work task and selection and query-related behavior[J]. Chinese journal of library & information science,2012,5(1):51 - 69.

[106] QU P,LIU C,LAI M. The effect of task type and topic familiarity on information search behaviors

[C]// Symposium on information interaction in context. ACM,2010:371 – 376.

[107] 梅本和俊,山本岳洋,田中克己,et al. Analysis of relationship between search behavior and task satisfaction focused on search expertise and prior knowledge[J]. 情報処理学会論文誌データベース(tod),2014,7:13 – 28.

[108] JIANG J,HE D,ALLAN J. Searching,browsing and clicking in a search session:changes in user behavior by task and over time[C]// Proceedings of the 37th international ACM SIGIR conference on Research & development in information retrieval. ACM,2014:607 – 616.

[109] ALBERTSON D. Analyzing user interaction with the viewFinder video retrieval system[J]. Journal of the American society for information science and technology,2010,61(2):238 – 252.

[110] CHEVALIER A,DOMMES A,MARQUIE J-C. Strategy and accuracy during information search on the web:effects of age and complexity of the search questions [J]. Computers in human behavior, 2015,53:305 – 315.

[111] CAPRA R,ARGUELLO J,CRESCENZI A,et al. Differences in the use of search assistance for tasks of varying complexity[C]// International ACM SIGIR conference on research and development in information retrieval. ACM,2015:23 – 32.

[112] 袁红,李秋. 搜索任务和搜索能力对用户探索式搜索行为的影响研究[J]. 图书情报工作, 2015(15):94 – 105.

[113] EDWARDS A,KELLY D. How does interest in a work task impact search behavior and engagement? [C]// Proceedings of the 2016 ACM on conference on human information interaction and retrieval. ACM,2016.

[114] XU Q,SUNDAR S S. Interactivity and memory:information processing of interactive versus non-interactive content[J]. Computers in human behavior,2016,63:620 – 629.

[115] ZHANG X,LIU J,COLE M,BELKIN N J. Predicting users' domain knowledge in information retrieval using multiple regression analysis of search behaviors[J]. Journal of the association for information science and technology,2015,66(5):980 – 1000.

[116] GWIZDKA J,SPENCE I. What can searching behavior tell us about the difficulty of information tasks? A study of web navigation[C/OL]// GROVE A. Proceedings of the 69th annual meeting of the American society for information science and technology. 2006,43[2010 – 04 – 26]. http:// comminfo. rutgers. edu/ ~ jacekg/publications/ fulltext/ASIST2006_paper_final. pdf.

[118 – 119][123][126] KELLY D. Methods for evaluating interactive information retrieval systems with Users[J]. Foundations and trends in information retrieval,2009,3(1 – 2):1 – 224.

［122］ DUMAIS S T，BELKIN N J. The TREC interactive tracks：putting the user into search［C］// TREC：experiment and evaluation in information retrieval. The MIT Press，2005.

［124］ BABBIE E. The Practice of Social Research［M］//Belmont CA. USA：Thomson Higher Education， 2007.

［125］ BORLUND P，DREIER S. An investigation of the search behavior associated with ingwersen's three types of information needs［J］. Information processing and management，2014，50（4）：493 – 507.

［127］ BORLUND P，INGWERSEN P. The development of a method for the evaluation of interactive information retrieval systems［J］. Journal of documentation，1997，53（3）：225 – 250

［128］ BORLUND P，SCHNEIDER J W. Reconsideration of the simulated work task situation：a context instrument for evaluation of information retrieval interaction［C］//Proceedings of IIiX 2010. New Brunswick，New Jersey，USA，2010.

5 交互维度与交互绩效

传统的信息检索模型将信息检索的过程简化为用户输入系统的查询语句与系统中文献的标引相匹配,并判断其相关程度的过程。这种理解忽视了用户与信息检索系统的交互性及用户在检索过程中的主体性,包括其信息需求、情境影响、认知发展等。由于忽略用户的信息行为和习惯,传统的信息检索系统遭遇瓶颈而无法有效地支持用户与系统之间的交互。为此,受人机交互研究领域的影响,以 Belkin、Ingwersen、Bates 等为代表的一些学者意识到交互性是信息检索的本质[1],开始关注用户与信息及信息系统之间的交互,由此催生了 IIR 研究领域的诞生和发展,相关研究已在第 4 章中加以阐述。当前 IIR 研究已从针对传统的信息检索系统延伸到网络搜索引擎、数字图书馆等新兴的信息检索系统,但其强调交互过程中以用户为中心的理念始终不变[2]。数字图书馆作为交互信息检索系统之一的特性获得认同,已有研究分析用户与数字图书馆的交互行为、功能或设计[3],然而,针对数字图书馆环境中用户的交互行为研究仍未获得足够重视。

因此,本研究着眼于数字图书馆环境中用户的交互信息搜索行为与交互绩效的关系,试图在构建用户与数字图书馆交互模型的基础上,通过实验研究探讨用户与数字图书馆的交互维度及用户与不同维度之间的交互绩效。研究结果可启示我们哪些交互维度会影响用户与数字图书馆的交互绩效,从而为数字图书馆的开发和设计人员提供改善数字图书馆人机交互功能设计的途径。此外,这些维度可帮助我们更有效地评估数字图书馆的交互功能。要说明的是,尽管用户与数字图书馆提供的服务功能之间的交互也是重要环节,但因本研究着重于用户检索过程中与数字图书馆系统的交互,其服务功能并非我们关注的内容,本章将不予论述。

5.1 理论模型的构建

5.1.1 交互信息检索模型研究

为弥补传统信息检索模型对用户需求和情境关注的不足,一些学者从信息检索的交互性出发,提出不同的信息检索模型以体现信息检索的交互特征及检索中用户的核心地位,如 Ingwersen 的信息交互认知模型、Belkin 的片段模型(Episode Model)及 Saracevic 的分层交互模型(Stratified Interaction Model)三个经典模型。Ingwersen 的模型融入信息检索涉及的不同要素,包括社会环境、检索系统、搜索中介、IR 系统、文本、用户等,强调交互存在于检索所涉及的所有要素之间:用户的认知空间和信息对象、信息对象和信息检索系统、用户的认知空间和信息检索系统之间都存在不同程度的交互[4]。Belkin 的片段模型强调信息检索是由一系列片段组成的过程,核心是用户与信息之间的交互。用户的目标、任务、与之交互的信息对象的类型、检索过程等因素决定了交互过程的特征和结果。该模型中时间是影响用户与 IR 系统交互的重要因素,交互是一个不断反复、更新且螺旋上升的过程。因此,寻求合适的方法和途径使信息检索系统界面能够更好地支持不同的交互行为及信息检索策略是信息检索系统界面设计的关键[5]。Saracevic 的分层交互模型由三个层次组成,即表层、认知层和情境层。交互发生在不同层次,而且每个层次的交互内容有所不同:表层交互体现在用户的查询与浏览、相关性判断等方面;认知层面的交互体现在用户与文本及其他信息对象之间的交互,用户学习并吸收所获信息,从而改变其知识状态;在情境层,用户与任务产生交互[6]。Saracevic 的模型概括了用户在信息搜索、学习与吸收及利用过程中不同层面的交互,其中,IR 系统的界面是用户与系统交互的重要平台,同时也是信息检索系统技术层面的集中体现。

经典的交互信息检索模型启示我们,用户与 IR 系统的交互是多维的,不仅涉及不同的层次,而且与信息搜索涉及的任务、信息对象、系统技术等相关要素之间也存在交互。因而,有必要从交互的多维性考虑用户与系统的交互绩效。

5.1.2 任务与交互行为研究

第 3 章已从整体上综述了任务与信息搜寻和信息检索的相关研究,以下仅回顾与本章内容密切相关的研究。

House 指出数字图书馆的有效性必须从它对用户任务影响的角度来评价。数字图书馆要确实有用,设计者首先需要理解用户产生需求和利用数字图书馆的更广阔的情境,即用户的具体工作任务和信息行为[7]。Sumner 也强调指出理解用户需求、工作、用户界面和交互机制会有助于帮助他们更好地利用数字图书馆资源和服务[8]。因而在探讨用户与数字图书馆的交互时,任务是需要重点考虑的因素。

基于任务的信息搜寻和信息检索已成为情报学的主要研究课题之一[9]。情报学领域的学者主要关注两类不同的任务,即工作任务和搜索任务。工作任务是用户搜索信息检索系统的动机;搜索任务则是用户为从系统中获取有用信息以支持工作任务完成而展开的搜索活动。不同的研究表明,任务是交互过程中的重要因素,任务在一定程度上塑造了信息检索过程、用户的交互行为特征和交互绩效,影响了用户对所获信息相关或有用性的判断,并决定了信息利用的特点。Byström 和 Järvelin 发现任务越复杂,人们越需要更多类型的信息来满足信息需求;所需信息的类型越难以准确预测,人们越倾向于咨询专家以获得有用信息[10]。Pharo 定义了工作任务的维度,包括目标、复杂度、资源、规模和平台。其研究结果表明工作任务和搜索任务在塑造用户信息搜索行为方面扮演了不同角色,但是不同维度的工作任务是如何影响用户的信息搜索行为,仍需深入研究[11]。Landry 则调查了工作角色和相关任务对牙医信息源选择的影响,结果显示,与工作角色相关的任务类型显著影响了牙医对信息源的选择[12]。Li 和 Belkin 发现工作任务影响用户交互的多个方面,如系统的选择、网页的浏览量、查询语句的提交量等[13]。此外,就搜索任务而言,任务类型不同,用户花费的时间、采取的搜寻方式、行为特点等均存在差异[14-15]。可见,搜索任务类型不同,用户与网络的交互特点也不同。这些研究表明,无论工作任务还是搜索任务均在一定程度上塑造了用户与系统的交互,尤其是用户对任务的理解和感知影响了用户的交互绩效[16]。

5.1.3　数字图书馆评估与可用性研究

第 2 章已整体上综述数字图书馆评估研究,本章仅回顾密切相关的文献。

数字图书馆是一种特殊的信息系统,资源、计算机系统、用户和使用(使用可与用户结合)是其典型的构成要素。对三者的侧重形成了不同的评估思路,分别是以内容为中心、以系统为中心、以用户为中心。其中,以内容为中心的评估关注的是内容质量、内容范围、信息组织、有效性、效率;以技术为中心的评估集中关注界面设计、导航、系统表现、系统配置、安全性等;以用户为中心的评估关注的是用户类型、用户情境、用户搜寻行为、可用性、需求、期望、对用户的影响等[17]。无论从系统角度还是从用户角度出发均影响着数字图书馆的设计和评估,早期的研究多集中于技术、系统性能而非互动性[18],但 Marchionini 等强调指出数字图书馆设计、建设和评价的所有努力都是植根于用户的信息需求、特征和情境。数字图书馆研究已经从建设的技术层面转移到满足用户需求层面,而评价用户需求的一种方式就是从用户角度确立数字图书馆的评价标准[19]。Xie 通过招募 48 个用户参与的研究建立了数字图书馆的评价标准,结果显示,界面可用性和资源质量被认为是重要的评价标准,界面可用性包括总体的可用性、界面可用性(搜索和浏览、导航、帮助的可获取性)及其他;馆藏质量包括总体内容、质量(范围、权威性、准确性、完整性、及时性)和其他[20]。Saracevic 也提出了一个重要观点即认为数字图书馆评估的最终目的是研究数字图书馆如何改变研究、教育、学习和生活。这一目的带来了一系列相关问题,包括评估什么、用什么标准、在什么范围内、评估情境、从哪些角度等[21]。他在文献回顾的过程中发现很多的研究报告了同样的结果:用户使用数字图书馆时会遇到很多困难[22]。Theng 等从用户调查的结果中发现强大的搜索性能、清晰的结果展示会使数字图书馆更加有效;很多用户在使用过程中经历过迷航和信息不充分,从而难以理解数字图书馆的结构[23]。Thong 的研究也显示用户感知的有用性和易用性是用户接受数字图书馆的决定性因素[24]。因而 Bertot 从功能性、可用性和可获得性三方面来评估数字图书馆,更强调满足用户需求的能力而不是严格强调技术[25]。

在以用户导向的数字图书馆评估中,可用性评估被广泛应用,成为设计和评估数字图书馆的核心[26],Xie 甚至指出大多数的数字图书馆评估研究都是可用性研究[27]。可用性的经典定义是 ISO 所给出的"产品在特定情境中被特定用户使用以达成特定目标时的有效性、效率和满意度"[28],这一定义被移植到数字图书馆评估中,可用性评估被认为是衡量系统对特定用户在特定情境中完成特定任务时的可用性属性[29]。从这一角度来看,可用性评估可以被认为是描述和评价用户与系统之间交互的所有操作的活动。但作为一个总体性的标准,目前对其涵盖的内容尚无统一的意见。Saracevic 将其概括为信息内容、搜寻任务过程、形式、总体评价[30];Zhang Y. 的研究较好地总结了近年来数字图书馆的评估研究,并对可用性评价指标进行了梳理,这些指标包括内容评价、界面评价指标等[31];Xie 将用户对数字图书馆的评价标准归纳为可用性、内容品质、服务品质、系统效率及用户意见[32];Buchanan 研究指出有效性、效率、艺术化界面、术语修辞、导航、可学性是数字图书馆可用性的关键属性[33];Abran 提出的可用性指标包括有效性、效率、满意度、安全性和可学性[34];Tsakonas 与 Papatheodorou 指出的属性则包括可学性、易用性、美观的界面、导航性和术语[35];Jeng 构建了一个可用性评估模型,主要包括有效性、效率、满意度、可学性四个方面,其中满意度又包括易用性、信息组织、标签、视觉界面、内容、纠错[36];Joo 通过调查方式确定了学术数字图书馆的可用性评估方式,包括四个维度,即效率、有效性、满意度和可学性[37]。尽管这些指标命名有所差异,但从含义解释可以看出它们具有明显的关联,如易用性就与效率相关联[38];美观的界面与吸引力相关,进一步与满意度相联系[39];但对用户来说,相较于系统美观及其他支持性特征,数字图书馆系统的可学性和可靠性更为重要[40]。当前,各类评估模型和可用性指标已被广泛用于数字图书馆评估实践,但学术界仍未形成一致认同的评价体系。

5.1.4 用户与信息交互行为研究

Cool 和 Belkin 通过分面分类的方法[41],将用户与信息的交互分为不同的类型,包括沟通行为、信息行为、交互客体、交互共有维度和交互准则。情报科学领域长期研究的相关性问题,通过探讨相关性的本质及相关性判断标准,体现了用户与信息内容交互的重要方面。"相关性"(Relevance)一直是信息检索系统构建和评价的基本出发点和准则。在该领域,Saracevic 做出了开创性的研究[42],并总结了 40 余年来相关性研究的成果,剖析了研究存在的弊端及研究发展的方向[43-44]。近年来,随着用户导向的交互信息系统评估的发展,Belkin 提出用"有用性"(Usefulness)作为交互信息检索系统评估的基石更为有效[45]。这些研究体现了用户在搜索过程中与信息内容交互的重要性。

5.1.5 模拟仿真工作任务情境

信息检索系统评估能有效地促进信息检索系统理论及实践的发展,改善信息检索系统的开发和设计,是情报学研究的重要领域。当前,信息检索系统评估研究已从对传统信息检索系统的评估,发展到对数字图书馆、搜索引擎、移动搜索引擎、手机图书馆等各类型信息检索系统的评估,也由此建立了多种信息检索系统评估的理论模型或框架,包括以系统为主导的 Cranfield 评估模型、以用户为中心的信息检索系统评估模型,以及结合这两者特点的模型,如由 Borlund 和 Ingwersen 首次提出[46],并由 Borlund 验证和完善的交互信息检索评估模型[47]。无论从何种途径评估信息检索系统,实验方法都是信息检索系统评估的主要研究方法,而任务则在实验的过程中扮演了重要角色,即引导用户在信息检索系统中搜寻信息、与信息检索系统交互,从而产生检索的结果。基于检索的结果,如查全率、查准率、平均查准率等测算系统的绩效,或引导用户基于任务完成的过程和结果给出对系统的评价。因而,在采用实验方法评估信息检索系统的过程中,任务的设计至关重要,并极大地影响交互信息检索研究的结果。

在任务的设计上完全采用用户的真实工作任务并不可取,因为任务类型、性质差异过大,容易导致评估结果的偏差;同时,也不利于不同信息检索系统或算法绩效的比较。因而,在传统的信息检索评估实验中,设计简单的检索请求是最普遍采用的方法,至今在文本检索会议(Text Retrieval Conference,TREC)研究中仍然广泛使用。然而,随着信息行为研究的发展,环境或情境对用户信息搜寻行为的影响逐渐成为一种共识。传统的方法忽视了环境或情境对用户搜寻行为的影响,因此,从用户导向的信息系统评估的角度来看,简单的检索请求是无法准确评价信息检索系统的绩效的。考虑到这些因素,Borlund 和 Ingwersen 提出了"模拟仿真工作任务情境"(Simulated Work Task Situations)这一概念[48],即在实验的过程中,为用户提供一个模拟仿真的工作任务情境,引导用户在一定的任务情境中思考如何通过与系统的交互,获取有用信息,以支持完成这一模拟的工作任务;并基于这一过程,评估信息检索系统的绩效。通过这种方法,研究者既可收集到客观数据,如查准率、查全率等,也可收集到用户提供的与系统交互过程中的感知、体验等主观数据,从而更全面、科学地评估信息检索系统。因此,自它提出以来,便被广泛应用于信息检索系统评估并延伸至信息搜寻行为的研究中[49]。

尽管仿真工作任务设计方法已被广泛应用,然而,Blomgren 等人在评估研究中对比分析了真实和仿真工作任务的效果,发现用户在真实工作任务情境中能更好地完成搜索任务[50]。Borlund 和 Schneider 也认为目前缺乏对仿真工作任务有效性的研究[51]。因此,为进一步检验仿真工作任务取代真实工作任务开展信息系统评估研究的有效性,本研究试图在同一个数字图书馆评估研究中利用两种任务,比较分析它们的属性,并考察用户在真实和仿真工作任务的驱动下,交互行为和交互绩效是否存在显著差异。

如上所述,随着以用户为中心的情报学的发展,用户在信息检索系统评估中占据了越来越重要的作用。考虑到环境或情境对用户信息行为的影响,为有效地评价信息检索系统和研究用户信息搜寻行为,模拟仿真工作任务情境得以提出并获得广泛应用[52]。Blomgren 等人通过分别设计真实和仿真工作任务来评价信息检索系统[53]。Kim 探讨了网络环境中如何通过任务预测用户的信息搜索行为。她区分了三种任务类型,即事实型任务、解释型任务以及探索型任务,并设计了相应的模拟仿真工作任务,发现用户执行不同类型的任务时,在检索频率和检索策略上存在显著差异[54]。通过使用仿真工作任务,Yuan 和 Belkin 分别评价了 4 个支持具体信息搜寻策略的交互信息检索系统[55];同样基于模拟仿真工作任务情境,他们又评价了一个支持多种检索搜寻策略的整合信息系统[56]。

为了使模拟仿真工作任务方法更加有效,合理的任务设计必不可少。Borlund 等曾构建了交互信息检索评估模型,为了确保这一模型的有效性,她专门研究了仿真工作任务情境,并指出一个有效的模拟仿真工作任务必须反映以下三个主要特点:仿真工作任务提供的情境必须与实验的参加者相关,他们能准确地理解该任务;仿真工作任务的主题必须是参加者感兴趣的;虚构的情境要提供足够的环境信息以便参加者在该情境中发挥自己的想象[57]。因而,设计仿真工作任务必须充分考虑参加者的背景。Li 和 Belkin 曾尝试采用任务的分面分类法设计仿真工作任务[58]:首先通过半结构化的深度访谈识别目标用户群的真实工作任务,并考虑任务的不同分面对用户与交互信息检索系统之间交互的影响,然后控制工作任务中对用户检索任务影响不显著的某些分面[59],并通过任务的客观复杂度和任务产品两个维度来构建仿真工作任务。这一方式能确保仿真工作任务最大限度地接近真实工作任务,并且符合Borlund 提出的仿真工作任务的设计要求。尽管从研究目标来看这一方式很有效,但设计成本较高,非常耗时,因此不可能每一项研究都按照这一方式来设计模拟仿真工作任务。

相比于其他方法,模拟仿真工作任务法将整个检索过程纳入考虑之中,使研究者能够观察用户与信息检索系统的交互,因而具有明显优势。但其适用性依然需要更多检验,而且多数研究中的模拟仿真工作任务情境并没有按照要求来设计,这可能使研究结果出现偏差[60]。因而,模拟仿真工作任务是否能够替代真实工作任务? 如何设计仿真工作任务才能使它和目标用户群的真实工作任务相接近? 除了 Borlund 提出了三项要求之外,还有其他需要注意的问题吗? 这些问题都值得进一步探讨。

5.1.6 理论模型

基于以上的文献回顾,本研究初步构建用户与数字图书馆交互的理论模型(见图 5 - 1)。该模型表明,数字图书馆是信息与信息技术的结合,数字图书馆通过信息技术的支撑,将信息提供给用户;用户与数字图书馆在信息、技术和任务三个维度上进行交互,而用户是该过程的核心。基于该模型,本研究探讨用户与数字图书馆的多维交互与用户交互绩效之间的关系。

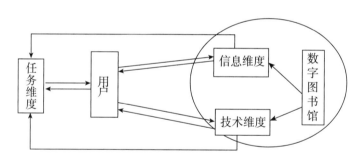

图 5 - 1 用户与数字图书馆交互的理论模型

5.2 研究方法

本研究采用实验研究方法探讨用户与数字图书馆的交互维度及交互绩效。实验方法是研究交互信息检索相关问题常用的方法。该方法通过观察、问卷和访谈等方式实现数据的有效收集。同时,实验方法可以更真实、细致地了解用户与数字图书馆交互的过程。用户在搜索前、后完成相应问卷,相对而言能更真实地反映其搜索过程的真实状态,从而提高研究数据的真实性与可靠性。

5.2.1 变量与测度

根据研究模型及以往的研究,如 Zhang X. 等[61],Li 和 Belkin[62] 及 Zhang Y.[63] 等,本研究确定了交互维度与交互绩效等变量的定义及测量指标,对各指标进行解释(见表 5 – 1),并采用 Likert 7 点量表来衡量。交互绩效虽用了三个指标,但数据处理时,采用三者的平均值作为用户交互绩效的测量值。由于"感知挫败程度"和另两个指标的逻辑相反,数据收集时,针对用户搜索过程中是否有挫败感,7 点 Likert 量表设定 1 为"完全不同意",而 7 为"完全同意"。数据处理时,我们对数据进行重新编码,即将原数据中的"1"改为"7",依此类推,使三个问项的逻辑一致。

表 5 – 1　交互维度与交互绩效的定义与测量指标

变量	定义	测量指标	指标解释
交互信息维度	用户与数字图书馆提供的信息之间的交互,本研究中指用户对数字图书馆所提供信息的有用性和充分性的理解和判断	信息有用性判断难度	用户判断一条信息是否包含与任务相关的有用信息的困难程度
		对所获信息的认知强度	用户是否需要很强的思考与解决问题的能力
		确定有用信息的努力程度	用户是否需要浏览大量信息才能寻找到有用的信息
		所获信息的充分性	用户是否获得足够有用信息来支持任务的完成
交互技术维度	用户与数字图书馆提供的技术支持之间的交互,本研究中指用户在交互过程中对界面的认知和理解	界面的易学性	界面是否易于学习
		栏目组织的合理性	界面的栏目组织是否合理,用户易于找到所需信息
		导航清晰性	导航标识是否方便于访问任何页面
		系统的反应速度	系统反应快慢
		错误恢复及时性	用户在使用过程中犯错误后,是否容易恢复,并能快速获得系统的帮助或提示
		结果显示有效性	搜索结果的显示方式和每条记录的具体内容是否能够有效帮助用户找到信息
		界面易用性	界面是否易于使用
		功能设计满意度	用户对界面各功能设计的满意程度

变量	定义	测量指标	指标解释
交互任务维度	用户与任务之间的交互,本研究中指用户对任务的理解、认知及熟悉程度	任务复杂性	用户感知的任务复杂程度
		主题内容熟悉程度	用户对任务所涉及的主题的熟悉程度
		搜索经历丰富程度	用户是否拥有搜索相同或相似任务的经历
		获得任务所需信息的信心	用户对获取任务信息的信心程度
		任务困难程度	用户感知的任务的困难程度
		任务迫切性	用户感知的任务迫切性,即任务是否在短时间内急需完成
		对完成任务的方法和过程的熟悉程度	用户对如何完成任务的程序和具体的方法的熟悉程度
交互绩效	用户对交互过程所取得的绩效的感知	感知成功度	用户感知的与系统交互的成功程度
		感知挫败程度	用户感知的与系统交互过程中遭受挫折的程度
		感知满意度	用户感知的与系统交互过程的满意程度

本研究将指标解释转化为陈述语句设计量表。如针对导航清晰性,问卷中要求实验参加者就"这个页面的导航很清晰,您能很容易地访问任何页面"从"完全不同意(1)"到"完全同意(7)"中选择其一,以表达其态度。

5.2.2 实验设计

(1)实验系统

CNKI 是中国知名的数字图书馆,具有良好的用户基础,是学生平时最常用的数字图书馆之一。此外,CNKI 系统所收录的文献涵盖不同学科,能够满足大多数专业学生的检索需求。因此,本研究选择 CNKI 作为实验系统。

(2)实验场地和设备

为了消除实验对象的紧张情绪,尽可能反映用户与数字图书馆交互的真实场景,本实验场地的选择与被实验者平时使用数字图书馆的场地一致,即选择网络环境较好的学生宿舍和教学楼进行人机交互实验。研究小组在笔记本电脑上安装屏幕录像专家 V7.5,以记录参加者与 CNKI 的交互过程。

(3)任务设计

任务的目的是使实验参加者与数字图书馆产生交互。任务设计是信息检索实验中的关键环节之一。本研究采用模拟仿真工作任务情境的理念和方法,设计模拟仿真工作任务情境及搜索任务。考虑到一些学者质疑模拟仿真任务的效果,并通过研究发现模拟仿真与真实任务导致的用户搜索绩效的差异[64],本研究采用两项任务使实验参加者能够从 CNKI 系统中找到所需信息,一项是研究者设计的模拟仿真工作任务,另一项是用户提供的真实任务,试图在一定程度上避免模拟仿真工作任务可能带来的偏差。以下为本研究设计的任务:

● 真实工作任务

工作任务情境:请您选取最近需完成的论文、作业、研究项目等,为完成该论文、作业或研究项目,您需要搜索相关信息。

搜索任务:请尽您所能,利用 CNKI 系统进行搜索,将对您有用的搜索结果保存在自建的文件夹中。您有15分钟的检索时间。

● 模拟仿真工作任务

工作任务情境:假设您是一名人大代表,人大会议召开在即,您比较关注增值税改革的问题,您需完成一个提案,主要内容是提出增值税改革建议及新税制改革的方法和具体运行模式。为此,您需要了解学术领域对该问题的研究及不同观点,并试图将这些观点整合到您的提案中。

搜索任务:请尽您所能,利用 CNKI 系统进行搜索,将对您有用的搜索结果保存在自建的文件夹中。您有15分钟的检索时间。

模拟仿真任务选择了一个社会热点问题,且不受太多学科知识的限制,不同专业的学生比较容易理解。为避免实验中的学习效应(learning effects),真实和仿真任务的执行顺序在实验对象中交替轮换。

Li 和 Hu 的研究表明,本研究中的真实和模拟仿真任务虽在任务的属性和特征方面存在某些显著差异,但并未显著影响用户的交互绩效[65],因而本研究将它们视为同质的任务对待。

（4）搜索前问卷与搜索后问卷

问卷的内容主要针对仿真和真实工作任务的属性和用户对搜索过程的评估而设计。为了对两项任务进行全面比较,本研究检验的任务属性在 Li 和 Belkin 的任务分面分类框架[66]基础上进行了扩充。在检索之前,参加者被要求完成搜索前问卷。问卷内容是在 7 点 Likert 量表的基础上,要求参加者对工作任务复杂度（主观的任务复杂度）、主题熟悉程度、类似任务的搜索经验、找到任务所需有用信息的自信程度、任务难度、任务目标的明确程度、任务紧迫性、对完成任务所需方法知识的掌握程度等进行预判,这些方面则被称为"搜索前任务属性"。在检索之后,参加者需要完成搜索后问卷,要求参加者通过 7 点 Likert 量表对相关性判断的难度、确定有用信息所需的努力程度、思考和解决问题所需技能水平、完成任务所获信息的充分性等方面进行判断,这些方面被称为"搜索后任务属性",它们与衡量任务复杂度相关[67]。

用户对任务困难程度的认知在搜索中会发生变化[68],因此为了更准确地了解用户对任务复杂度和难度的认知,本研究在搜索前问卷和搜索后问卷中分别设置了不同的测量指标。相对于搜索前问卷中直接使用"任务复杂度"来测量这一属性,在搜索后问卷中本研究通过上述"搜索后任务属性"的一系列指标来进行详细评测。而对于任务难度,参加者在搜索前被要求预判任务难度;在搜索后,则被要求用"与预测相符""比预测判断困难""比预测判断容易"来评价实际的任务难度。用户基于他们的实际理解完成问卷。

本研究将问卷所收集的数据及从实验录像中抽取的用户交互信息搜索行为数据输入 SPSS 19.0,并通过单因素方差分析和 T 检验来验证仿真和真实工作任务属性的区别,及这种区别是否会导致两种任务中用户交互信息搜索行为及交互绩效产生显著差异。

（5）实验程序

实验参加者首先需要阅读和签署实验参与同意书,随后填写基本信息问卷并确定其自选任务主题,阅读任务 1 的要求并填写预搜寻问卷,然后阅读出声思考指南,在 CNKI 系统中根据任务完成搜索,搜索时间为 15 分钟。在搜索信息的过程中,需要参加者保存有用信息,同时说明保存某种信息的理由。在完成任务 1 的搜索后,填写搜索后问卷。之后重复之前的步骤完成任务 2 的搜索。完成所有任务的搜索和相关问卷后,研究人员对实验对象进行短时间的访谈并结束实验(见图 5 - 2)。每次实验平均耗时 1 个小时。

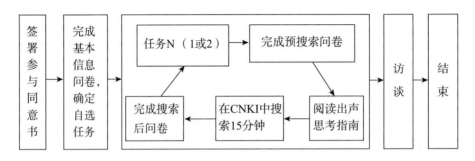

图 5 - 2　实验程序

(6)参加者利用 CNKI 的基本情况

本研究采用 CNKI 为实验系统,因而,实验前通过问卷了解参加者使用 CNKI 的基本情况(见表 5 - 2)。根据参加者使用 CNKI 的年限,将其使用 CNKI 的经验划分为三类,即一般、有经验和经验丰富。根据每周使用 CNKI 的次数,将参加者的使用频率分为较低(小于每周 1 次)、一般(每周 1—2 次)和较高(每周 3 次及以上)。根据参加者的自我评价,基于 7 点 Likert 量表,将其对 CNKI 的熟悉程度划分为比较陌生、一般和比较熟悉三类,其中 1—3 分为比较陌生,4 分为一般,5—7 分为比较熟悉;将其检索水平分为较低、一般和较高,1—3 分为新手(水平较低),4 分为一般,5—7 分为专家(水平较高);将其检索效果划分为比较失败、一般和比较成功,1—3 分为比较失败,4 分为一般,5—7 分为比较成功。结果显示,参加者在 CNKI 的使用时间、熟悉程度、使用频率方面集中在"一般"水平;大多数参加者自评检索水平"一般"或"较低",但自评检索效果却是"比较成功"的。

表 5 - 2　实验参加者使用 CNKI 的基本情况(人数、所占比例)

使用经验	一般,时间(y<1 年)	有经验(1 年≤y<3 年)	经验丰富(y≥3 年)
	6(14.3%)	29(69%)	7(16.7%)
熟悉程度	比较陌生(1,2,3)	一般(4)	比较熟悉(5,6,7)
	10(23.8%)	23(54.8%)	9(21.4%)
使用频率	较低(每周小于 1 次)	一般(每周 1—2 次)	较高(每周 3 次及以上)
	5(11.9%)	27(64.3%)	10(23.8%)

检索水平	较低(1,2,3)	一般(4)	较高(5,6,7)
	18(42.9%)	16(38.1%)	8(19%)
检索效果	比较失败(1,2,3)	一般(4)	比较成功(5,6,7)
	3(7.1%)	8(19%)	31(73.9%)

5.2.3 数据处理

使用 Pearson 相关性分析及 Stepwise 多元回归,分析用户与信息、任务和技术这三个维度的交互对用户交互绩效的影响。

5.3 交互维度与绩效的关系

5.3.1 仿真和真实工作任务属性的差异分析

单因素方差分析表明仿真工作任务与真实工作任务在以下任务属性中存在显著差异(见表 5-3):对任务主题的熟悉程度、类似任务的搜索经验、找到任务所需有用信息的自信程度、任务的难度及任务目标的明确程度。结果表明参加者显然对真实工作任务更加熟悉,更加有经验;也更有信心找到满足真实工作任务所需的有用信息;同时,他们认为真实工作任务的目标更加明确。本研究中的真实工作任务与参加者的专业和课程密切相关。因此,这一结果说明参加者感到关联密切或手头正在进行的任务对他们而言更熟悉、经验更丰富,也更有自信完成它。同时,也会认为这一类任务难度较低且目标明确。表 5-3 显示各项任务属性的均值与标准差。

表 5-3 存在显著差异的任务属性

任务类型 检索前任务属性	真实工作任务 (N=42)	仿真工作任务 (N=42)	F 值
对任务主题的熟悉程度	4.21(1.69)	2.38(1.378)	F(1,82)=29.69*
类似任务的搜索经验	3.98(1.423)	2.45(1.329)	F(1,82)=25.73*
找到任务所需有用信息的自信度	4.76(1.265)	3.88(1.31)	F(1,82)=9.83*

续表

任务类型 检索前任务属性	真实工作任务 （N＝42）	仿真工作任务 （N＝42）	F 值
任务的难度	3.69(1.199)	4.62(1.248)	F(1,82)＝－12.08＊
任务目标的明确程度#	2.81(1.383)	3.6(1.712)	F(1,82)＝－5.35＊

注:#:"1"表示清晰,"7"表示极度模糊;＊:p<0.05。

表5-4 则显示了仿真和真实工作任务不存在显著差异的属性。尽管如此,从均值比较来看,真实工作任务对于参加者而言更加容易,也更为迫切。在仿真工作任务中,进行相关性判断的难度更大,需要更高水平的思考和解决问题的技能,也需要付出更多努力以确定有用信息。表5-4 显示各项任务属性的均值与标准差。

表5-4 不存在显著差异的任务属性

检索阶段	任务类型 任务属性	真实工作任务 （N＝42）	仿真工作任务 （N＝42）
检索前	任务复杂度	3.95(1.378)	4.50(1.366)
	对完成任务所需的方法知识的丰富程度	4.52(1.215)	3.95(1.513)
	任务紧迫性	4.48(1.756)	3.88(1.517)
检索后	相关性判断的难度	3.02(1.388)	3.52(1.55)
	思考和解决问题所需的技能水平	4.88(1.485)	5.17(1.513)
	确定有用信息所需的努力程度	4.45(1.485)	4.69(1.585)
	完成任务所获信息的充分性	4.14(1.539)	4.14(1.475)

对比表5-3和表5-4可发现,仿真和真实工作任务之间具有显著差异的所有属性都存在于搜索前的预判中,而搜索后的反馈都没有发现两者的显著差异。这或许表明两类任务之间仅在搜索前存在差异,毕竟此时仿真工作任务对参加者来说是第一次接触,而真实工作任务并非如此。此外,结果还表明,对于真实工作任务,35.7%的参加者能够在搜索前准确预测任务难度,但59.3%的人认为实际情况要比他们预想的难,仅有4.8%的人认为实际情况比预想的容易;而对于仿真工作任务,上述情况的比例依次是31%、40.5%、28.6%。更多的参加者认为完成真实工作任务的实际情况比预想的难,而仿真工作任务的比例则恰恰相反,更多的人认为实际情况比预想的容易。

5.3.2 模拟仿真、真实工作任务与交互信息检索行为

通过测量参加者所提交的查询语句数、检索字段数、查询语句长度、单一查询语句数、浏览的结果页面数、下载文档数等指标来研究他们的交互信息检索行为,指标数据从视频记录中抽取。因为1份视频记录已损坏,所以选择其他41份记录和参加者数据进行分析。T检验表明仿真和真实工作任务在上述指标上均不存在显著差异(见表5−5),这说明两类任务并没有导致参加者在交互信息检索行为上的明显变化。

表5−5 仿真和真实工作任务与交互信息检索行为

任务类型 交互行为指标	仿真工作任务(N=41)	真实工作任务(N=41)
提交的查询语句数	4.66(4.39)	5.44(4.68)
检索字段数	2.07(1.08)	1.98(0.91)
查询语句长度	6.61(3.30)	6.57(2.97)
单一查询语句数	3.85(3.00)	3.68(2.82)
浏览的结果页面数	10.22(8.90)	9.49(7.93)
下载文档数	8.85(5.81)	8.24(6.85)

5.3.3 模拟仿真、真实工作任务与交互检索绩效

评估交互绩效的主要依据是参加者做出的对搜索成功程度、挫败感水平及对检索满意度的判断。结果显示尽管参加者认为真实工作任务的检索更成功、挫败感更弱,但仿真工作任务与真实工作任务并没有表现出显著差异,而且参加者对两类任务的搜索满意度几乎相同(见表5−6)。因此,可以认为无论是仿真工作任务还是真实工作任务都不影响参加者对交互检索绩效的评估。

表5−6 仿真和真实工作任务与交互检索绩效

任务类型 搜索绩效	真实工作任务(N=42)	仿真工作任务(N=42)
搜索成功程度	4.67(1.588)	4.26(1.326)
挫败感水平	4.31(1.732)	3.86(1.441)
搜索满意度	4.64(1.445)	4.60(1.083)

为进一步了解两类任务在交互绩效上的表现,我们采用皮尔逊相关系数来检验仿真和真实工作任务的各个属性与用户交互绩效之间的相关性。表 5 - 7 和表 5 - 8 分别列出了搜索前和搜索后两类任务的属性与交互绩效之间存在显著相关关系。表 5 - 7 显示,对于真实工作任务而言,搜索成功程度与参加者在检索前对找到任务所需有用信息的自信度、任务难度、任务复杂度的判断显著相关;挫败感水平则与对任务主题的熟悉程度、类似任务的检索经验、对完成任务所需方法知识的掌握程度显著相关;而搜索满意度仅与对找到任务所需有用信息的自信程度和对完成任务所需方法知识的掌握程度显著相关。对于仿真工作任务而言,仅在搜索满意度上显示出了与任务难度、对完成任务所需方法知识的掌握程度之间的相关关系。可见,对搜索到任务所需有用信息的自信度和对完成任务所需方法知识的掌握程度与真实工作任务情境中的交互绩效的多个方面都紧密相关,对参加者更具影响力。任务的方法知识和任务难度同时影响仿真和真实工作任务的交互绩效,尤其是用户的搜索满意度。

表 5 - 7　搜索前预判的任务属性与交互绩效的显著相关关系

任务类型	任务属性	搜索成功程度	挫败感水平	搜索满意度
真实工作任务(N = 42)	任务主题的熟悉程度		0.318 *	
	类似任务的搜索经验		0.389 *	
	找到任务所需有用信息的自信度	0.385 *		0.313 *
	任务难度	- 0.376 *		
	任务复杂度	- 0.531 **		
	对完成任务所需方法知识的掌握程度		0.396 **	0.387 *
仿真工作任务(N = 42)	任务难度			- 0.315 *
	对完成任务所需方法知识的掌握程度			0.330 *

注: * 为 $p < 0.05$; ** 为 $p < 0.01$。

表 5 - 8 显示在搜索后的反馈中,仿真工作任务与真实工作任务的搜索成功程度都与对相关性判断的难度、完成任务所获信息的充分性显著相关;仿真工作任务的搜索满意度也与这两个属性相关;而挫败感则与任何仿真工作任务属性都无相关关系。

表5-8 搜索后反馈的任务属性与交互绩效的显著相关关系

任务类型	任务属性	搜索成功程度	挫败感水平	搜索满意度
真实工作任务(N=42)	相关性判断的难度	-0.450**	0.318*	
	完成任务所获信息的充分性	0.539**		
仿真工作任务(N=42)	相关性判断的难度	-0.472**		-0.321*
	完成任务所获信息的充分性	0.542**		0.373*

注:* 为 $p < 0.05$;** 为 $p < 0.01$。

基于以上数据分析,相对而言,我们发现在真实工作任务情境中,更多的任务属性与用户的交互绩效存在显著相关关系,这表明真实工作任务情境中的任务属性与交互绩效之间的关联性更加密切;而仿真工作任务的各属性与用户交互绩效之间的关联性相比之下较弱,交互绩效似乎更多地与检索后对任务属性的判断相关。

5.3.4 技术维度与交互绩效的关系

Pearson 相关性检测表明,栏目信息组织的合理性[$r(42) = 0.315, p < 0.05$]、导航清晰性[$r(42) = 0.317, p < 0.05$]、系统反应速度[$r(42) = 0.320, p < 0.05$]、结果显示有效性[$r(42) = 0.311, p < 0.05$]、界面易用性[$r(42) = 0.358, p < 0.05$]与交互绩效显著正相关。

Stepwise 多元回归分析结果见表5-9和表5-10。

表5-9 技术维回归模型

模型	R	R^2	调整 R^2	df	残差	F	Sig.	Durbin-Watson
1	0.358	0.128	0.106	40	27.55	5.868	0.020	2.168
2	0.469	0.220	0.180	39	24.64	5.500	0.008	

模型2的 R^2 为22%,其解释程度较为理想。通过对正态分布假设的检验、Tolerance指标对共线性假设的检验及 Durbin-Watson 的值对相邻观察值的独立性假设的检验,该回归模型并未违反回归分析应满足的相关假设。因此,该模型是成立的,也即是,技术维度的界面易用性与栏目信息组织的合理性显著影响并可以预测用户与数字图书馆的交互绩效。

表 5 - 10　技术维回归系数

模型		非标准参数			t	Sig.	Tolerance
		B	Std. Error	Beta			
1	（常数）	2.463	0.805		3.059	0.004	
	界面易用性	0.353	0.146	0.358	2.422	0.020	1.000
2	（常数）	1.528	0.886		1.725	0.092	0.970
	界面易用性	0.343	0.140	0.348	2.458	0.019	0.999
	栏目信息组织合理性	0.208	0.097	0.304	2.146	0.038	0.999

5.3.5　任务维度与交互绩效的关系

Pearson 相关性分析表明,任务复杂程度[$r(42) = -0.355, p < 0.05$]和任务困难程度[$r(42) = 0.401, p < 0.05$]均与交互绩效显著负相关;完成任务的方法和过程的熟悉程度[$r(42) = 0.390, p < 0.05$]和获得任务所需信息的信心程度[$r(42) = 0.425, p < 0.01$]与交互绩效显著正相关。

Stepwise 多元回归分析表明,用户找到满足该任务需求信息的信心程度显著影响并可以预测用户的交互绩效,结果见表 5 - 11 和表 5 - 12。

表 5 - 11　任务层回归模型

模型	R	R^2	调整 R^2	df	残差	F	Sig.	Durbin-Watson
1	0.425	0.180	0.160	40	25.892	8.806	0.005	2.400

模型 1 的 R^2 为 18%。通过对正态分布假设及 Durbin-Watson 的值可以看出,该回归模型符合回归分析应满足的相关假设。因此,从任务维度来看,用户获得任务所需信息的信心程度可以预测数字图书馆的交互绩效。

表 5 - 12　任务层回归系数

模型		非标准参数			t	Sig.
		B	Std. Error	Beta		
1	（常数）	2.756	0.564		4.884	0.000
	信心程度	0.378	0.127	0.425	2.968	0.005

5.3.6 信息维度与交互绩效的关系

Pearson 相关分析表明,所获信息的充分性与用户的交互绩效显著正相关[$r(42) = 0.334, p < 0.05$]。Stepwise 多元回归分析结果如表 5 – 13 和表 5 – 14 所示。

表 5 – 13 信息层回归模型

模型	R	R²	调整 R²	df	残差	F	Sig.	Durbin-Watson
1	0.334	0.112	0.090	40	28.060	5.036	0.030	2.384

表 5 – 14 信息层回归系数

模型		非标准系数			t	Sig.
		B	Std. Error	Beta		
1	(常数)	3.350	0.481		6.967	0.000
	信息充分性	0.251	0.112	0.334	2.244	0.030

模型 1 的 R² 为 11.2%。正态分布假设检验及 Durbin-Watson 的值显示,该回归模型并未违反回归分析的假设。因此,在信息维度,用户所获信息的充分性显著影响并可以预测数字图书馆的交互绩效。

5.3.7 各维度与交互绩效关系的综合分析

考虑到用户与数字图书馆交互过程中各层面的相互作用,本研究以不同层面的指标为解释变量,交互绩效为因变量,通过 Stepwise 多元回归,进一步分析各变量与用户交互绩效之间的关系。结果如表 5 – 15 和表 5 – 16 所示。

表 5 – 15 综合回归模型

模型	R	R²	调整 R²	df	残差	F	Sig.	Durbin-Watson
1	0.425	0.180	0.160	40	25.892	8.806	0.005	
2	0.551	0.304	0.268	39	21.989	8.516	0.001	2.305
3	0.624	0.389	0.341	38	19.296	8.072	0.000	

表 5 – 16 综合回归系数

模型		非标准参数			t	Sig.	Tolerance
		B	Std. Error	Beta			
1	（常数）	2.756	0.564		4.884	0.000	
	获得任务所需信息的信心程度	0.378	0.127	0.425	2.968	0.005	1.000
2	（常数）	1.343	0.752		1.786	0.082	
	获得任务所需信息的信心程度	0.402	0.119	0.452	3.374	0.002	0.994
	导航清晰性	0.257	0.098	0.353	3.689	0.001	0.994
3	（常数）	0.493	0.804		0.613	0.543	
	获得任务所需信息的信心程度	0.418	0.113	0.470	3.689	0.001	0.990
	导航清晰性	0.220	0.094	0.303	2.347	0.024	0.966
	栏目组织合理性	0.203	0.088	0.297	2.303	0.027	0.967

模型 3 的 R^2 达到 38.9%，说明该模型的解释能力较强。和此前的回归模型相比较，该模型的解释能力更强，这也在一定程度上说明用户与数字图书馆在不同维度的交互产生的共同作用影响了用户的交互绩效。正态分布假设的检验及 Tolerance 和 Durbin-Watson 的值表明该回归模型满足回归分析的相关假设。因此，用户获得任务所需信息的信心程度、导航清晰性及界面栏目信息组织的合理性显著影响并可预测用户与数字图书馆的交互绩效。由此可见，用户与任务及技术两个维度的交互更显著地影响了数字图书馆的交互绩效，也因此与数字图书馆的绩效更为相关。

5.4 结语

5.4.1 用户与数字图书馆的绩效

用户与数字图书馆的交互维度包括任务、信息和技术三个维度。此前的研究仅从理论上阐述或零散地探讨这些维度与用户交互行为之间的关系。本研究则将三种维度置于同一理论框架下,分别并综合地探讨它们与用户交互行为之间的关系。在此模型基础上,本研究采用实验研究方法分别探讨用户与数字图书馆在任务、信息和技术三个维度上的交互行为,并综合分析用户与这三者的交互对用户交互绩效的影响。研究发现,用户与三个维度的交互不同程度上影响用户与数字图书馆的交互绩效。尤其是与界面相关的技术设计,如界面栏目信息组织的合理性、导航设计的清晰性及界面的易用性显著影响了用户与数字图书馆的交互绩效,这些指标也同样是衡量数字图书馆可用性的重要指标[69]。因此,结合大量的数字图书馆可用性研究的结果,我们在设计数字图书馆的界面时,应重视这些方面的设计。

同时,本研究的结果在一定程度上支持了本研究的理论模型,从而为科学地评估用户与数字图书馆的交互绩效提供了理论框架。我们应更多地考虑显著影响交互绩效的不同方面,也即是给予更多的权重。此研究启示我们,用户与系统的交互虽是多维的,但不同维度及因素对交互绩效的影响程度却是不同的。基于此研究结果,我们至少可以将它们区分为三类:预测性因素、显著影响因素及非显著影响因素(见表5-17)。未来的研究应通过不同的研究方法验证该分类的可靠性,以制定科学的数字图书馆交互评估体系。

研究结果表明用户获得所需任务信息的信心程度是影响用户交互绩效的重要因素,这弥补了以往研究的不足。相关研究多关注任务的不同方面和维度,尤其是任务的特征[70],用户获得任务所需信息的信心程度并未被关注,而该因素表明的是用户对任务的认知程度及对任务的总体规划能力及把握程度和心理优势。研究结果是对任务分面分类法的补充,用户对任务完成的信心也应纳入用户感知的维度中。

表5-17　不同维度的预测性、显著影响和非显著影响因素

因素	维度	指标
预测性因素	信息	所获信息充分性
	技术	界面易用性
		导航清晰性
		栏目组织合理性
	任务	获得任务所需信息的信心

续表

因素	维度	指标
显著影响因素	信息	—
	技术	系统的反应速度
		结果显示有效性
	任务	任务复杂性
		任务困难程度
		对完成任务的方法和过程的熟悉程度
非显著影响因素	信息	信息有用性判断难度
		对所获信息的认知强度
		确定有用信息的努力程度
	技术	界面易学性
		错误恢复及时性
		功能设计满意度
	任务	主题内容熟悉程度
		搜索经历丰富程度
		任务迫切性

本研究同时启示我们，用户在搜索前对任务的理解和感知易产生偏差，尤其是对任务复杂和困难程度的判断。因此，实验过程中应采取多方面、多角度的方式评估用户对任务的感知和理解，以降低数据的偏差。此外，本研究发现，虽然多数参加者自评在 CNKI 中的检索水平一般或较低，但自评检索的效果却是比较成功的。这一方面说明 CNKI 确实提供较好的检索功能；另一方面说明功能较好的数字图书馆可以帮助用户克服和弥补检索能力上的欠缺。可见，高质量的数字图书馆应能支持和满足不同层次检索水平用户的信息需求。

5.4.2 任务属性与实验中的任务设计

已有研究表明任务属性会影响用户的信息搜寻行为[71-72]，而本研究进一步指出并不是所有的任务属性都会带来具有显著差异的影响。本研究发现，模拟仿真和真实工作任务在任务主题的熟悉程度、搜索经验、用户自信程度、任务难度和任务目标的明确程度上的差异，并没有导致用户交互信息检索行为和交互绩效产生显著差异。尽管这一发现与已有研究结果相矛盾,尤其是在任务难度上[73],但该结果支持了 Li 在 2010 年的观点,即不同的任务属性会在不同程度上影响用户的交互绩效[74]。该结论仍需进一步验证。

任务复杂度在现有研究中被认为是影响用户交互信息检索行为的关键因素[75-77],然而,在本研究中,仿真和真实工作任务在任务复杂度这一属性上并不存在显著差异。如果同时考虑到用户在两类任务中的交互信息检索行为和交互绩效也没有显著差异,那么可以认为之所以出现这一状况,原因可能是两类任务的复杂度并无显著差异。因此在设计仿真工作任务时,有必要控制任务的某些属性,以减小仿真和真实工作任务之间的差异,如控制任务复杂度使其与真实工作任务的复杂度相似,复杂度低、中、高的仿真工作任务就应当与复杂度低、中、高的真实工作任务相对应。事实上,Bell 和 Ruthvern 曾在研究中设计过复杂度不同的多项任务,但他们并没有考察这些仿真工作任务的复杂度是否与参加者的真实工作任务复杂度相对应[78]。如果能够控制仿真工作任务的某些关键属性,同时考虑 Borlund 提出的仿真工作任务设计的三项要求,那么就能设计更加有效的仿真工作任务用于信息检索评估和信息搜索行为研究。

在信息检索研究中,任务难度同样是一个被广泛考察的指标。有些研究将其与任务复杂度等同,而有些研究则认为这两者是两个不同的构念,即用户对其的理解不同,因而,两者对用户信息搜寻行为产生的影响也存在显著差异,研究中应区别对待。本研究支持了后者的观点,在两类任务的属性比较中,任务难度表现出了显著差异,而任务复杂度却没有;在仿真工作任务的交互绩效中,任务难度与搜索满意度之间存在显著相关关系,而任务复杂度却没有;同样,大多数参加者在搜索前和搜索后对任务难度的判断也显著不同,而对任务复杂度的判断却没有表现出显著差别。这些很可能意味着任务复杂度是一个比任务难度更加稳定的指标。但这需要更多研究来探讨这两个重要概念,包括如何定义和测度它们。

此外,本研究也表明在交互信息检索研究中,搜索前和搜索后的数据特别是测量实验参加者感知的数据需要认真分析。本研究中参加者在搜索前、后对任务难度的判断就截然不同,他们在检索前倾向于认为关联更紧密或手头上正在进行的任务更容易,其他任务更难,但搜索后的感知则相反,也就是说他们的感知会发生变化,这一发现支持了 Liu 等人的研究结论[79]。一方面,这可能由于参加者在检索前对任务难度的感知比较模糊,如果对任务熟悉,感知判断就会偏向容易,反之就会偏向困难。然而,一旦开始检索并从中了解更多任务信息,他们对任务难度的感知就会更清晰,做出的判断就更准确。在这种情况下,检索后获得的数据就更接近参加者真实的认知状态。另一方面,可能是参加者在检索前做出的判断符合当时的认知状态,但检索实质上也是一个学习的过程,因此参加者在检索后获得了新的知识,这些知识帮助他们降低了对任务难度的感知。从这一角度来说,交互信息检索研究中需要借助辅助设备来监控实验中参加者认知状态的变化,获得更精确的数据以描述参加者的认知状态,从而便于研究者更好地达成不同的研究目标。

5.4.3 模拟仿真任务与真实工作任务

任务是实验研究的重要组成部分。不同的任务设计将带来不同的研究结果。因而,信息检索研究中,任务设计的科学性是研究成果可靠、科学的重要保证之一。本研究同时采用真实和模拟仿真工作任务的实验任务设计思路和方法,一方面确保实验任务具有一定的真实性;另一方面,通过模拟仿真工作任务又可加强对实验的控制。这种方法,力求在真实性和可控性方面达到一定程度的平衡,同时也可检验模拟仿真工作任务的可靠性[80],从而提高实验结果的可靠性。这种任务设计方法,可以为信息检索实验研究提供借鉴。

本研究在运用实验方法评价 CNKI 这一数字图书馆的过程中,分别设计了一项仿真工作任务和真实工作任务,通过对参加者在搜索前、后的数据收集,探讨了两类任务在属性、交互信息行为和交互绩效三方面是否存在差异。结果显示,两类任务的某些属性在用户预判上存在显著差异,但在用户反馈、交互信息搜索行为和交互绩效上均不存在显著差异。也就是说,仿真和真实工作任务的差异并不会显著影响用户与数字图书馆之间的交互,仿真工作任务可以有效替代真实工作任务用于信息检索系统评估及用户信息搜寻行为研究。而要合理设计模拟仿真工作任务情境,应该遵循:

①Borlund 所提出的指导性意见;

②必须清楚了解目标用户群的真实工作任务;

③控制任务的关键属性,如任务复杂度等。

研究表明,仿真工作任务和真实工作任务在某些任务属性上确实存在显著差异,但并没有对用户的交互行为和交互绩效产生显著影响。这意味着仿真工作任务在交互信息检索评估中可以达到与真实工作任务同样的效果而不会出现显著偏差。这一发现支持了 Borlund 之前研究的结论[81-82],再次验证了设计合理的仿真工作任务能够有效替代真实工作任务从事信息检索系统的评估研究。就对 CNKI 的评估而言,本研究的实验任务设计也是有效的,两类任务并未导致用户的交互信息搜索行为和绩效产生显著差异。

5.4.4 研究启示与局限性

本研究结果表明用户与数字图书馆的交互在三个维度上影响和塑造用户与数字图书馆交互的绩效,验证了用户与数字图书馆交互模型的合理性。此外,本研究进一步验证了"模拟仿真工作任务情境"这一任务设计概念在信息检索研究中的有效性,并提出如何完善这种设计的建议。实验研究方法是信息检索,尤其是评估研究常用的研究方法。近年来,国内的学者也越来越多地使用该方法从事科学研究。然而,任务设计环节往往不受重视,简单的搜索请求依然是主流;实验过程中,针对不同用户,任务的执行顺序也往往相同,致使学习效应无法避免,结果的偏差也在所难免。本研究可帮助国内的学者认识到任务设计在实验研究中的重要性及避免学习效应的理念和方法,以开展规范的实验研究,提高研究的质量。

本研究同时启示我们,除精心设计用于数据收集的问卷、访谈提纲之外,考虑到用户在搜索前、后认知状态的变化,还必须针对研究目标合理使用研究数据。

当然,本研究还存在一些不足:第一,只设计了一项模拟仿真工作任务和真实工作任务,可能导致研究结果存在偏差;第二,参加者均为本科生,他们利用 CNKI 的频率很可能少于研究生。因而研究结果的解释能力有一定局限性,无法推广到对其他数字图书馆用户群体,如解释研究生或教师与数字图书馆交互绩效。此外,虽然不同层次的测度指标来自以往的研究,但是进一步完善不同层次的测度指标仍需做大量的工作。本研究并没有考虑参加者利用 CNKI 的经验,而这可能会影响到他们的交互行为和绩效。为改进研究,未来我们将招募教育程度不同的参加者,包括本科生、硕士生、博士生等不同层级、经常使用数字图书馆的人群进行实验;也将根据不同水平学生的真实工作任务来设计更多的仿真工作任务,同时也将考虑到针对真实工作任务的不同复杂度来设计对应的仿真工作任务情境。第三,由于各个用户真实任务的选取各不相同,共有42个真实任务,从而导致真实任务的可控性降低,可能导致结果产生偏差。如何对真实任务进行合理的控制还需进一步探讨。本研究并未考察真实任务与仿真任务是否会对用户检索结果产生显著影响,如通过查全率和查准率来检测。今后的研究除通过用户自评以确定交互绩效外,还需要考察用户检索的实际绩效,以更全面反映交互的结果。

未来的研究将继续探讨数字图书馆环境中的交互信息搜索行为与评估,着重完善实验过程和任务设计,同时扩大样本量,广泛收集和分析数据以更有效地帮助数字图书馆改善其交互功能,满足用户信息需求。

参考文献:

[1] SAVAGE-KNEPSHIELD P,BELKIN N J. Interaction in information retrieval:trends over time[J]. Journal of the American society for information science,1999,50(12):1067 – 1082.

[2] RUTHVEN I. Interactive information retrieval[J]. Annual review of information science and technology,2009,44:43 – 91.

[3][61] ZHANG X,LI Y,LIU J,ZHANG Y. Effects of interaction design in digital libraries on user interactions[J]. Journal of documentation,2008,64(3):438 – 463.

[4] INGWERSEN P. Cognitive perspectives of information retrieval interaction:elements of a cognitive IR theory[J]. Journal of documentation,1996,52(1):3 – 50.

[5] BELKIN N J,COOL C,STEIN A,THEIL U. Cases,scripts and information seeking strategies:on the design of interactive information retrieval systems[J]. Expert systems with applications,1995,9(3):379 – 395.

[6] SARACEVIC T. Modeling interaction in information retrieval (IR):a review and proposal[C]. Proceedings of the American society for information science,1996,33:3 – 9.

[7] HOUSE N A V,Butler M H,OGLE V,et al. User-centered iterative design for digital libraries:the cypress experience[EB/OL]. [2014 – 01 – 08]. http://www. dlib. org/dlib/february96/02vanhouse. html.

[8][75] SUMNER T. Report on the fifth ACM/IEEE joint conference on digital libraries—cyberinfrastructure for research and education[EB/OL]. [2014 – 01 – 08]. http://www. dlib. org/dlib/july05/sumner/07sumner. html.

[9] VAKKARI P. Task-based information searching[J]. Annual review of information science and technology,2003,37(1):413 – 464.

［10］ BYSTRÖM K,JÄRVELIN K. Task complexity affects information seeking and use［J］. Information processing & management,1995,31(2):191 – 213.

［11］ PHARO N. A new model of informationbehavior based on the search situation transition Schema［J/OL］. Information research,2004,10(1). ［2012 – 01 – 14］. http://informationR. net/ir/10-1/paper203. html.

［12］［58］［59］ LANDRY C F. Work roles,tasks,and the information behavior of dentists［J］. Journal of the American society for information science and technology,2006,57(14):1896 – 1908.

［13］［62］［76］ LI Y,BELKIN N J. An exploration of the relationships between work task and interactive information search behavior［J］. Journal of the American society for information science and technology,2010,61(9):1771 – 1789.

［14］ KIM K-S,ALLEN B. Cognitive and task influences on web searching behavior［J］. Journal of the American society for information science and technology,2002,53(2):109 – 119.

［15］ KIM J. Describing and predicting information-seeking behavior on the web［J］. Journal of the American society for information science and technology,2009,60(4):679 – 693.

［16］ LI Y. An exploration of the relationships between work tasks and users' interaction performance［C/OL］. Proceedings of annual meeting of the American society for information science and technology. ［2012 – 01 – 17］. http://onlinelibrary. wiley. com/doi/10. 1002/meet. 14504701127/pdf.

［17］ TAMMARO A M,MARLINO M. Digital library evaluation［EB/OL］. ［2014 – 01 – 08］. http://www. delos. info/files/pdf/DELOS_NSDL_sschool_07/Presentations/Marlino_Tammaro. pdf.

［18］ PARK S. Usability,user preferences,effectiveness,and user behaviors when searching individual and integrated full-text databases:implications for digital libraries［J］. Journal of the American society for information science,2000,51(5):456 – 468.

［19］ MARCHIONINI G,PLAISANT C,KOMLODI A. Interfaces and tools for the library of congress national digital library program［J］. Information processing and management,1998,34(5):535 – 555.

［20］［27］［79］ XIE H. Evaluation of digital libraries:criteria and problems from users' perspectives［J］. Library & information science research,2006(28):433 – 452.

［21］ SARACEVIC T. Digital library evaluation:toward evolution of concepts［J］. Library trends,2000,49(2):350 – 369.

［22］［30］ SARACEVIC T. Evaluation of digital libraries:an overview［EB/OL］. ［2014 – 01 – 08］. http://comminfo. rutgers. edu/ ~ tefko/DL_evaluation_Delos. pdf.

［23］ THENG Y L,MOHD-NASIR N,THIMBLEBY H. Purpose and usability of digital libraries［EB/

OL]. [2014 - 01 - 08]. http://www. cs. swan. ac. uk/ ~ csharold/cv/files/dl00-purpose. pdf.

[24] THONG J Y L,HONG W Y,TAM K Y. Understanding user acceptance of digital libraries:what are the roles of interface characteristics,organizational context,and individual differences? [J]. International journal of human-computer Studies,2002,57(3):215 - 242.

[25] BERTOT J C,SNEAD J T,JAEGER P T,et al. Functionality,usability,and accessibility:iterative user-centered evaluation strategies for digital libraries[J]. Performance measurement and metrics, 2006,7(1):17 - 28

[26] SARACEVIC T. Evaluation of digital libraries:an overview[EB/OL]. [2014 - 01 - 08]. http:// comminfo. rutgers. edu/ ~ tefko/DL_evaluation_Delos. pdf.

[28] International Standards Organization. ISO 9241 - 11:1998 Ergonomic Requirements for Office Work with Visual Display Terminals (VDTs) - Part 11:Guidance on usability[EB/OL]. [2014 - 01 - 08]. http://www. userfocus. co. uk/resources/iso9241/part11. html.

[29] HILLBERT D M,REDMILES D F. Extracting usability information from user interface events[EB/ OL]. [2014 - 01 - 08]. ftp://ftp. ics. uci. edu/pub/eden/papers/journals/1999/acmcs/ acmcs99. pdf.

[31][63][69] ZHANG Y. Developing a holistic model for digital library evaluation[J]. Journal of the American society for information science and technology,2010,61(1):88 - 110.

[32] ABRAN A,KHELIFI A,SURYN W. Usability meanings and interpretations in ISO standards[J]. Software quality journal,2003,11(4):325 - 338.

[33] BUCHANAN S,SALAKO A. Evaluating the usability and usefulness of a digital library[J]. Library review,2009,58(9):638 - 651.

[34] ABRAN A,KHELIFI A,SURYN W. Usability meanings and interpretations in ISO standards[J]. Software quality journal,2003,11(4):325 - 338.

[35] TSAKONAS G,PAPATHEODOROU C. Analyzing and evaluating usefulness and usability in electronic information services[J]. Journal of Information science,2006,32(5):400 - 419.

[36] JENG J. What is usability in the context of the digital library and how can it be measured[J]. Information technology and libraries,2005,24(2):47 - 56.

[37] JOO S,LEE J Y. Measuring the usability of academic digital libraries:instrument development and validation[J]. Electronic library,2011,29(4):523 - 537.

[38] DICKS R S. Mis-usability:on the uses and misuses of usability testing[EB/OL]. [2014 - 01 - 08]. http://pdf. aminer. org/000/591/972/mis_usability_on_the_uses_and_misuses_of_usability_

testing. pdf.

［39］ FOLMER E,BOSCH J. Architecting for usability:a survey［J］. The journal of systems and software, 2004,70(1 − 2):61 − 78.

［40］ KANI-ZABIHI E,GHINEA G,CHEN S Y. Digital libraries:what do users want? ［J］. Online information review,2006,30(4):395 − 412.

［41］ COOL C,BELKIN N J. A Classification of interactions with information［EB/OL］.［2014 − 01 − 08］. http://citeseerx. ist. psu. edu/viewdoc/download? doi = 10. 1. 1. 86. 8077&rep = rep1&type = pdf.

［42］ SARACEVIC T. Relevance:a review of and a framework for the thinking on the notion in information science［J］. Journal of the American society for information science,1975,26(6):321 − 343.

［43］ SARACEVIC T. Relevance:a review of the literature and a framework for thinking on the notion in information science. Part II:nature and manifestations of relevance［J］. Journal of the American society for information science and technology,2007,58(13):1915 − 1933.

［44］ SARACEVIC T. Relevance:a review of the literature and a framework for thinking on the notion in information science. Part III:behavior and effects of relevance［J］. Journal of the American society for information science and technology,2007,58(13):2126 − 2144

［45］ BELKIN N J. On the evaluation of interactive information retrieval systems［EB/OL］.［2014 − 01 − 08］. http://mss3. libraries. rutgers. edu/dlr/outputds. php? pid = rutgers-lib:29084&mime = application/pdf&ds = PDF-1.

［46］［48］［81］ BORLUND P,INGWERSEN P. The development of a method for the evaluation of interactive information retrieval systems［J］. Journal of documentation,1997,53(3):225 − 250.

［47］［57］［64］［82］ BORLUND P. Experimental components for the evaluation of interactive information retrieval systems［J］. Journal of documentation,2000,56(1):71 − 90.

［49］［51 − 52］［60］ BORLUND P,SCHNEIDER J W. Reconsideration of the simulated work task situation:a context instrument for evaluation of information retrieval interaction［EB/OL］.［2013 − 09 − 16］. http://pure. iva. dk/files/31012378/Borlund% 2520Schneider% 2520IIiX% 25202010. pdf.

［50］［53］ BLOMGREN L,VALLO H,BYSTRÖM K. Evaluation of an Information System in an Information Seeking Process［M］//HEERY R,LYON L. Research and Advanced Technology for Digital Libraries. Berlin:Springer,2004,3232:57 − 68.

［54］ KIM J. Describing and predicting information seeking behavior on the web［J］. Journal of the American society for information science and technology,2009,60(4):679 − 693.

［55］［71］ YUAN X, BELKIN N J. Investigating information retrieval support techniques for different information-seeking strategies［J］. Journal of the American society for information science and technology, 2010, 61(8) : 1543 – 1563.

［56］［72］ YUAN X, BELKIN N J. Evaluating an integrated system supporting multiple information-seeking strategies［J］. Journal of the American society for information science and technology, 2010, 61 (10) : 1987 – 2010.

［65］［80］ LI Y, HU D. Interactive retrieval using simulated versus real work task situations: differences in sub-facets of tasks and interaction performance［C/OL］. Proceedings of the 76th ASIS&T annual meeting, 2013, 50. ［2013 – 12 – 06］. http://www. asis. org/asist2013/proceedings/openpage. html.

［66］ LI Y, BELKIN N J. A faceted approach to conceptualizing task in information seeking［J］. Information processing & management, 2008, 44(6) : 1822 – 1837.

［67］ MAYNARD D C, HAKEL M D. Effects of objective and subjective task complexity on performance ［J］. human performance, 1997, 10(4) : 303 – 330.

［68］［73］ LIU J, LIU C, YUAN X, BELKIN N J. Understanding searchers' perception of task difficulty: relationships with task type［C］. Proceedings of the American society for information science and technology, 2011, 48(1) : 1 – 10.

［70］ LI Y. Investigating the relationships between facets of work task and selection and query-related behavior［J］. Chinese journal of library and information science, 2012, 5(1) : 51 – 69.

［74］ LI Y. An exploration of the relationships between work tasks and users' interaction performance［C］. Proceedings of the American society for information science and technology, 2010, 47(1) : 1 – 9.

［77 – 78］ BELL D J, RUTHVEN I. Searcher's assessments of task complexity for web searching［C］// MCDONALD S, TAIT J. Advances in information retrieval: 26th European conference on IR research. Berlin: Springer, 2004, 2997: 57 – 71.

6　数字图书馆评估模型的构建

用户与数字图书馆的交互绩效是衡量数字图书馆是否成功的关键所在。然而，已有研究显示，数字图书馆评估尚缺乏全面、系统和深入的研究，被广泛认可的评估理论体系和方法体系尚未建立。正如 Borgman 等所指出的[1]，技术的复杂性、概念的不确定性、内容的丰富性、用途和用户的多样化，以及评价方法的缺乏都是数字图书馆评估所面临的问题。当前的数字图书馆评估多从综合评估、评估现状、国外借鉴等方面切入，数字图书馆评估指标、评估体系方面的研究也大多是从信息构建、链接分析等方面入手，从用户交互角度对数字图书馆评估问题进行的研究尚未引起应有的重视。即便是为数不多的基于交互的数字图书馆评估模型，也大多从宏观的角度提出了一些较为宽泛的影响维度（也称影响因素或影响因子）。这些宏观的影响维度对数字图书馆的评估与建设仍然缺乏足够的支持。

基于上述背景，本研究第5章通过分析经典的交互信息检索模型，构建了用户与数字图书馆交互的理论模型，并利用实验研究方法验证了该理论模型的合理性，即用户与数字图书馆的交互可从信息、技术及任务三个维度考察。该模型的构建与验证为本章的研究提供了理论基础。因此，本章将以此模型为出发点，探讨用户与数字图书馆交互的评估问题，即如何评估用户与数字图书馆交互的绩效。基本思路为：基于这一理论构建，回顾已有文献，进一步细化和丰富该模型，力图基于实证研究与已有数字图书馆的评估研究，验证并优化数字图书馆评估的理论模型，构建数字图书馆交互功能评估模型、基于任务的评估模型及整体评估模型。通过这些模型，可以衡量影响用户的交互绩效的维度及其对数字图书馆评估的影响程度，实现对数字图书馆的有效评估，对数字图书馆的交互功能设计和绩效的提升具有理论和实践意义。鉴于当前数字图书馆评估研究的现状，构建基于用户的、体现多维交互特点的、有助于评估数字图书馆交互功能和整体功能的评估模型在理论和实践两个方面的必要性日益凸显。

6.1 交互理论模型的细化与构建

6.1.1 信息维度

在信息维度上,Saracevic[2]建议从内容、技术、界面、服务、用户和环境等 6 个方面对数字图书馆进行评估和测量。他进一步提出,内容方面应该从可获得性、明晰性、复杂性、信息量、透明度、可理解性、充分性、准确性、可靠性和权威性来测量[3]。本研究基于已有研究成果,以 Zhang 的数字图书馆整体评估模型中的内容维度[4]作为评估框架,如表 6-1 所示。Zhang 对评估框架进行了验证,但每一维度下的各个评价指标尚未达成共识。

表 6-1 信息维度的评价指标[5]

评价指标	解释
可获得性	用户通过一定的检索途径查询后能够找到所需信息,并且采用一定的方法可以将所需内容下载或复制下来
准确性	检索出的内容接近于用户的实际内容需求,能够明确表达用户对于内容的真正要求
有用性	信息不仅要可获得,而且所获得的信息还要有用,若获得的信息对用户无用,那么获得的信息就是无效的
适用性	信息内容还要适用,即能够与用户实际的信息需求相匹配,获得的信息与实际需求具有一致性
易理解性	信息内容要简单、易于理解,有时用户并不是检索领域内的专家,信息的分布、排序以及信息内容本身都不要烦琐、复杂,这样才更有益于用户对于信息内容的掌握和使用
保真度	注重信息内容的最真实状态,不会随着时间的推移而失真,用户不管在何时使用都能保证信息内容清晰、不模糊、保持原本的状态
馆藏的全面性	对于数字图书馆来说要满足不同用户对于信息内容的不同需求,因此馆藏的内容要丰富、全面,尽可能多地覆盖不同类型的全部信息内容,以保证不同用户在搜索不同类型的信息内容时都能有所收获
完整性	用户获得的信息内容是完整的,而不是片段式的或者是截取当中的一部分,因此信息内容的完整性对于用户与数字图书馆的交互来说也是重要的方面

6.1.2 技术维度

界面是数字图书馆与用户交互的直接媒介,也是集中反映系统技术维度的重要方面。本研究将数字图书馆评估的技术维度界定为对数字图书馆界面技术支持的评估。一些研究强调数字图书馆的可用性,并从这一维度提出数字图书馆界面的5个衡量指标[6]:可学习性、效率、可记忆性、出错和满意度,其中满意度可以进一步分解为易用性、信息组织、清晰标识、外观、内容和纠错6个子维度。在此基础上,Xie从用户的视角出发,发现用户评价数字图书馆通常从搜索和浏览、导航、帮助(help features)、视图和输出(view and output)、可获得性;以及一些HCI(人机交互)原则、数字图书馆网站的可靠性、一致性和可学习性这几个子维度[7]对数字图书馆进行评估。Zhang通过探索、证实和验证3个阶段,将数字图书馆在界面评估这一维度分为易用性、效率、一致性、适用性、用户的努力程度和交互支持6个方面[8]。

相对而言,国内对界面的评估多从网站结构、页面表现、人机交互和网络性能4个维度来描述。但与国外相比,在某些方面国内数字图书馆的界面还是有差别的,如国内的检索界面在组织上要相对复杂,由于语言的差异,查询语句的构造上也与国外存在差异。通过整合国内外的相关研究,可以梳理出数字图书馆界面评估的5项主要指标:网站结构、页面表现、视觉美感、可用性和用户体验满意度。

(1)网站结构

网站的结构是衡量交互绩效的重要方面,以往的研究已对其进行了验证[9-10]。网站结构的评价可分为网站组织有序化、合理的菜单树、导航功能完备、符合浏览规律和灵活的联系信息方式这5项子指标(见表6-2)。虽然网站结构的评估可从这5个方面考察,一些研究也据此对不同类型的数字图书馆进行了评估,但很少从用户的角度考查这几方面是否影响用户与系统的交互绩效,只是单纯地从设计的合理性出发予以考察。因此本研究将其纳入数字图书馆界面评价的一个维度,以便在后续研究中验证这一维度的各个方面对用户交互绩效的影响程度。

表 6 - 2　网站结构的评价指标[11]

评价指标	解释
网站组织有序化	整个网站的组织构建有序,繁杂的网页清晰有条理。将原始资料有序组织起来,按照一定的规则组织排列,形成良好的框架体系,帮助用户找到自己所需的信息
合理的菜单树	专题的链接不易过深,尽可能实现用户在链接 5 层页面左右的时候就能找到需要的信息内容
导航功能完备	通过网站地图、导航工具条、导览线路、导航图等各种技术对数字图书馆内外的各种资源进行整合显示,引导用户沿着正确路线查找信息,防止迷航
符合浏览规律	页面的深浅次序安排,要符合用户平常的浏览习惯,符合常规的逻辑次序,增强网站的易用性,避免用户使用错误的发生
联系信息方式灵活多样	用户可通过多种途径达到统一页面,或通过多种方式达到统一目的

(2)页面表现

黄晓斌等[12]通过页面排版布局合理、内容简洁易懂、视觉清晰度强、多媒体使用合理来评价这一维度。此外,结合数字图书馆的特点,页面表现还应包括链接丰富有效、清晰标识,以及主题突出 3 个方面,如表 6 - 3 所示。

表 6 - 3　页面表现的评价指标[13]

评价指标	解释
页面排版布局合理	页面布局的密度设置合理,排列整齐。屏幕布局还要考虑界面的表现形式,并且界面的设计要具有一致性
内容简洁、易懂	页面里的内容要尽量简洁、统一,使用户在最短的时间内了解该页面提供什么样的信息。页面内的文字表达通俗易懂,不使用生涩的词语
图像色彩搭配协调	界面中的屏幕上色彩应该搭配协调,增加整个界面的美观度,并且在整个网站设计中,要保持色彩搭配风格的一致
视觉清晰度强	在同一页面内不要运用过多的颜色,会降低人的分辨力,对要着重强调的对象,应该选取醒目的颜色,并且在一般的正文显示中尽量设计成单色,降低用户的视觉疲劳感
多媒体使用合理	合理的运用多媒体插件,如声音、图片、动画等,使页面看上去生动,具有美感,增强用户的浏览兴趣。但是过多地使用多媒体文件会降低网页的浏览速度,得不偿失

评价指标	解释
链接丰富有效	不管用户在检索页面还是结果页面,要求页面上每一个链接的链入和链出都有效,并不是无效链接,而且链接内容要丰富,不单一
清晰标识	页面各个标识都清晰明确,无含糊意义存在,使用户能够准确找到自己所需
主题突出	页面表现出的各条目,应该突出主题,准确表达文章或词条的重点

（3）视觉美感

邱明辉与黄晓斌指出[14-15],数字图书馆的可用性评价中的审美模式主要关注数字图书馆的功能美和形式美两个方面。数字图书馆的有用性构成功能美的主要内容,而界面的色彩、图片、字形和布局等细节则是形式美使用户产生共鸣的几个主要方面。他们以 Docsouth 图书馆为例,指出了 Docsouth 图书馆在用户界面、查询功能和浏览功能等方面存在的不足,故选取以下几方面为视觉美感的子维度:①导航条是否美观;②浏览工具是否容易找到;③馆藏列表区分是否明显;④已访问的链接与底色反差是否明显;⑤收集用户反馈的链接是否容易被发现;⑥网站界面的色彩整体是否阴晦;⑦网站是否能够吸引用户;⑧网站总体给人的感觉是否"过时"或者"不专业"。本研究将这 8 项指标作为用户衡量数字图书馆视觉美感的标准,但其是否适用于我国数字图书馆的界面评价还有待于进一步验证,而且是否还有可整合和可拓展的必要,也将在下一步的研究中进行探讨。

（4）可用性

可用性指的是系统的功能是否能够被用户很好地使用,是否符合用户的需求和愿望。就可用性这一评价维度而言,评价指标主要有 3 种:"以系统为中心""以技术为中心"和"以用户为中心"[16]。而其中最具影响力的是 Nielsen 提出的指标:可学习性、效率、可记忆性、出错和满意度,并且他总结出了提高可用性的 10 条基本经验准则[17]。

基于上述回顾,整合不同的可用性评价指标以及 Xie[18] 和 Zhang[19] 等的研究,本研究采纳的可用性评价指标包括易学性、易用性、可记忆性、一致性、高效性、直观性、容错和处理能力。

（5）用户体验满意度

作为用户直接与数字图书馆交互的接口,用户对界面的总体评价至关重要,用户不管对检索界面还是结果界面的满意度均能反映该数字图书馆的界面设计是否符合用户的需求。因此,从整体性角度考虑,评价用户体验满意度的指标包括:①简单性,即界面对于用户来说是否易学、易用,以及下次再操作可以免学习等;②舒适性,即整个界面的设计是不是符合用户的搜索和浏览习惯,包括页面的布局设置以及色彩搭配等;③可控性,即界面是否在用户的可控范围之内,包括学科导航的类目级别以及网站索引等;④可视化界面,界面可视化可以使用户更加直观地、全面地与数字图书馆进行交互;⑤友好程度,凡是在用户界面中体现出来的有利于用户利用的门户网站都可被视为友好性的体现。

通过整合国内外的相关研究,本研究总结了用户在与数字图书馆交互上的技术评价指标体系(见表6-4)。

表6-4 技术维度的评价指标

评价指标	细化的指标
网站结构	网站结构有序化、网站组织有序化、合理的菜单树、导航功能完备、符合浏览规律、联系方式灵活多样
页面表现	页面排版布局合理、内容简洁易懂、图像色彩搭配协调、视觉清晰度强、多媒体使用合理、链接丰富有效、清晰标识、主题突出
视觉美感	导航条是否美观、浏览工具是否容易找到、馆藏列表区分是否明显、已访问的链接与底色反差是否明显、收集用户反馈的链接是否容易被发现、网站界面的色彩是否阴晦、网站是否能吸引用户
可用性	易学性、易用性、可记忆性、一致性、高效性、直观性、容错和处理能力
用户体验满意度	简单性、舒适性、可控性、可视化界面、友好程度

6.1.3 任务维度

本书第3章综述了任务与信息搜寻和检索的相关研究,这些研究表明任务在塑造用户的信息搜寻和搜索行为的过程中扮演了重要角色。任务是交互过程中十分重要的因素,任务在一定程度上影响着信息检索过程、用户的交互信息行为和交互绩效。同时,影响了用户对所获信息相关性或有用性的判断,并且决定信息利用的特点[20]。数字图书馆作为交互信息检索系统的类型之一,应该将任务纳入数字图书馆评估研究。在情报学领域,任务主要分为工作任务和搜索任务两大类。工作任务是用户搜索数字图书馆的主要动机,而搜索任务则是用户需要与数字图书馆进行交互而进行的一系列信息搜索活动。学者们探讨了工作任务与用户信息搜索行为之间的关系以及工作任务与搜索任务之间的联系。包括 Byström 和 Järvelin[21]、Pharo[22]、Landry[23] 等。Li 和 Belkin[24] 发现工作任务影响用户交互的多个方面,如系统的选择、网页的浏览量、查询语句的提交量等。此外,就搜索任务而言,任务类型的不同,用户所需要花费的时间、采取的搜索方式和交互行为特点等也会因此不同。可见,搜索任务类型的不同,用户与网络的交互特点也不尽相同。这些研究表明,无论工作任务或搜索任务均在一定程度上影响着用户与系统间的交互,尤其是用户对任务的理解和感知,在一定程度上塑造了用户的交互行为[25]。

基于 Li 和 Belkin[26] 的任务分面分类法,Li 在其研究中探讨了工作任务与搜索任务的本质,揭示了工作任务与搜索任务之间的关系[27-28],将任务分为工作任务、信息搜寻任务、信息搜索任务和信息检索任务,因为这几种类型的任务都会在不同程度上影响用户的信息搜索行为,她将这几种任务分为两大类型进行测度,并识别了每类任务下的评价指标体系。用户是带着任务去检索数字图书馆的,任务即是用户与数字图书馆交互的动机和起点。因此,用户与任务的交互可以体现在用户对任务的认知理解、任务的复杂度和对任务的熟悉程度等方面。基于已有的研究,针对任务维度,本研究拟采用客观任务复杂度、相互独立性、主观感知的任务复杂度和困难、搜索时感知的任务困难度和复杂度、主题熟悉程度、搜索经历的丰富程度、对任务主题知识的了解程度、获取任务所需信息的信心程度,以及对完成任务的过程和方法的熟悉程度来测量(见表 6-5)。

表 6-5　任务维度的评价指标[29-30]

评价指标	解释
客观任务复杂度	用户完成工作任务路径的多寡,越多则越复杂
相互独立性	用户执行任务是否需要与小组成员进行合作
主观任务复杂度	完全由用户自己决定所执行的工作任务对本人来说是否复杂
主观任务困难度	完全由用户自己决定所执行的工作任务对本人来说是否困难
搜索任务困难度	搜索相关信息时感知的困难程度
搜索任务复杂度	搜索相关信息时感知的复杂程度

续表

评价指标	解释
主题熟悉程度	由用户对任务所具有的原有知识所决定,即用户是否熟悉该任务的主题
搜索经历的丰富程度	是否具有相同的搜索经历,并且可以解决搜索中遇到的问题
主题知识的了解程度	用户对与任务主题相关的知识是否了解,能否满足搜索任务相关信息的需要
获取任务所需信息的信心程度	用户对于获得完成任务所需信息是否具有足够的信心
完成任务的过程和方法的熟悉程度	用户对搜索方法和搜索过程知识的熟悉程度

6.2 模型验证的设计与实施

本研究将继续检验第 5 章中的研究结果,试图考察在实验设计变得更完善和充分时[即更多的任务类型、更多的任务数量及更具代表性的、来自于不同层次的用户(本科、硕士和博士学生)的参与],模拟仿真任务和真实工作任务的任务属性是否依旧存在显著差异?模拟仿真工作任务和真实工作任务是否依然在影响和塑造用户的交互信息行为和交互绩效时不存在显著差异?更重要的是,模拟仿真工作任务和真实工作任务是否会显著影响用户对数字图书馆的评估?本研究细化的不同维度的指标如何影响用户对其与数字图书馆交互的评估?如何影响用户基于任务的评估及数字图书馆整体功能的评估?基于此,本研究将构建用户与数字图书馆交互评估、基于任务的评估及整体评估的理论模型。

6.2.1 实验设计

(1)实验场地和设备

为了还原被试者的真实检索环境,缓解被试者的紧张情绪,本实验选择被试者平时使用的数字图书馆的场地——网络环境较好的学生宿舍,来完成本次用户与数字图书馆交互的实验。研究者在实验笔记本电脑上安装屏幕录像专家 v2013,用来记录本次实验被试者进行人机交互的全过程。

（2）实验系统的选择

本次实验所选取的数字图书馆为中国知网（CNKI）。CNKI 是中国最大的全文数据库,面向海内外读者提供中国学术文献、学位论文、会议、专利、报纸、外文文献、年鉴、词典、工具书等各类资源的统一导航、统一检索、在线阅读和下载服务。内容涵盖文理工农医全部学科的内容,收录了 6000 多种期刊,其中有 5400 多种是全文期刊,约 664 万篇。除此之外,CNKI 还有书刊超市,包括文学、工程科技、医学、财经、农业等科学领域;专题数字图书馆,涵盖法律、农业、党建发展、公共文化、医学、企业经营等方面。CNKI 具备数字图书馆的主要要素,即数字化的资源,网络化的存取,分布式的管理和充分的利用。此外,CNKI 具有良好的用户基础,是学生平时最常用的数字图书馆之一,且能够满足大多数专业学生的检索需求。因此,本研究选取 CNKI 作为本次实验的实验系统。

（3）任务设计

任务的目的是为了让被试者与数字图书馆产生交互。任务设计是信息检索实验研究的关键环节之一。本次实验为了让不同种类和难度的任务区分开,根据 Li 和 Belkin[31] 的任务分类法将本次任务分为解决问题和智识类任务（Intellectual Task,即要求有一定的知识创新的任务）两类,每一类设计两种难度的任务。因此,本次实验共设计 4 项模拟仿真工作任务,分别是中等难度的解决问题类任务、高等难度的解决问题类任务;中等难度的智识类任务、高等难度的智识类任务。为了扩大本次任务主题的范围,但同时又要考虑被试者的学科背景,在充分搜索 CNKI 的基础上,设计了 12 个任务主题,分别是:①小说《了不起的盖茨比》中的色彩象征意义;②微博与微信的营销模式分析;③学风道德建设;④网络知识产权;⑤网络侵权的危害;⑥雾霾与大气污染;⑦房地产行业今后的走向;⑧房价居高不下的成因与对策;⑨大数据时代情报学的机遇与挑战;⑩黄金价格波动的影响因素;⑪大学生就业为何难;⑫如何预防公权腐败问题。

采用卡片排序法,随机选取 10 名学生,将其按照检索意愿降序排列,每一主题位列于前 4 名范围内的频数见表 6-6。基于此,确定本次实验的 4 个模拟任务主题为:②微博与微信的营销模式分析;⑥雾霾与大气污染;⑧房价居高不下的成因与对策;以及⑪大学生就业为何难。根据主题的不同和在 CNKI 中的文献涵盖程度,将⑧房价居高不下的成因与对策作为中等难度的解决问题类任务;⑥雾霾与大气污染作为高等难度的解决问题类任务;⑪大学生就业为何难作为中等难度的智识类任务;②微博与微信的营销模式分析作为高等难度的智识类任务。

表 6 – 6　每一主题位列前 4 的频数

频数\主题	主题①	主题②	主题③	主题④	主题⑤	主题⑥	主题⑦	主题⑧	主题⑨	主题⑩	主题⑪	主题⑫
频数	1	5	2	3	1	5	2	6	2	2	5	2

考虑到本研究的目的,除了设计 4 个模拟任务外,还要求实验参加人携带一项真实工作任务参与实验,一方面继续探讨模拟仿真工作任务和真实工作任务对交互实验的影响(参见第 5 章);另一方面,试图在一定程度上避免模拟仿真工作任务可能带来的偏差。此外,任务的设计应使实验者能够从 CNKI 系统中找到有用信息。本次实验的任务描述见附录 1。

模拟仿真工作任务选取的均是社会热点现象,与生活息息相关,不同专业的学生都比较容易理解。为避免实验中的学习效应(Learning Effects),真实任务和模拟仿真任务的顺序在实验中前后顺序交替轮换。对于 4 项模拟仿真任务,采用 Latin Square 的实验设计,确定任务执行的顺序。

(4)问卷和访谈设计

实验过程中,需要基本信息、预搜索、搜索后和整体评估等一系列的问卷来收集相关信息和数据。问卷内容分别涉及实验对象的基本情况、用户与信息、任务、技术 3 个层次的交互情况、用户对搜索过程的评价等。问卷的设计基于 6.1.2 节维度细化所确定的指标,其中搜索问卷涉及任务维度,搜索后问卷涉及任务和信息维度,整体评估问卷涉及技术维度。

在实验完成后,要立即对被试者进行 5 分钟左右的访谈,访谈内容主要包括模拟任务的难易程度、模拟任务与真实任务搜索的差异、CNKI 的整体设计以及 CNKI 的改进建议。

（5）实验程序

本次实验的每个被试者的平均耗时大约在 2 小时。实验过程如下：

步骤 1：阅读和签署承诺书。

步骤 2：填写基本信息问卷。

步骤 3：阅读任务 1 的描述，并填写预搜索问卷。

步骤 4：仔细阅读"出声思考"指南。

步骤5：搜索过程如下：

- 选择 CNKI 作为搜索的数字图书馆，并执行任务 1 的搜索；
- 每次搜索最多 15 分钟；
- 选择您认为有用的信息或文档保存下来以便之后使用，可以选择保存、发邮件等形式，但需要告知您所选择的方式。

步骤 6：在搜索期间，按照"出声思考"指南，进行"出声思考"。

步骤 7：完成任务 1 的搜索后，填写搜索后问卷。

步骤 8：重复 3—7 步骤，完成任务 2 至任务 5 的搜索。

步骤 9：完成所有的搜索任务后，填写整体评估问卷。

实验过程中要求填写两次整体评估问卷，即完成所有模拟任务后填写一次，完成真实任务后填写一次，目的是为了验证模拟任务和仿真任务的差异。完成所有任务的搜索和相关问卷后，研究者对被试者进行简短的访谈并结束实验。

6.2.2　实验对象的基本情况

除了验证各个维度对用户交互绩效的影响外，本次实验还希望探讨不同学历层次的学生在与数字图书馆交互方面是否存在显著差异。为此，本次实验选取了某大学的本科生、硕士研究生和博士研究生这 3 个学历层次的人群作为实验对象。为了避免学习效应影响本次实验的结果，根据 Latin Square 4×4 的排序结果，确定每次实验 4 项模拟仿真工作任务的执行顺序。同时，考虑两类任务，即真实和模拟工作任务，亦需轮流执行。因而，根据排序的结果，至少需要招募 48 名实验参加人。考虑到不同学历层次可能带来的影响，本研究分别从本科、硕士和博士生中群体中招募 16 名学生参与实验。这 48 名实验参加者中，男、女比例分别是 39.6% 和 60.4%。实验参加者来自 33 个不同的专业，其中，档案学、电子科学与技术、翻译、中国史等 24 个专业均有 1 人;化学、经济学、旅游管理、情报学、数学、通信与信息系统均有 2 人;企业管理、生物化学与分子生物学、图书馆学均有 4 人参加实验。其中本科生来自 12个专业,硕士研究生来自 11 个专业,博士研究生来自 12 个专业,48 名实验参加者中有 7 人来自图情档专业,占总学生比例的 14.6%,学科分布较广泛。31.2% 的被试者表示曾经接受过信息检索方面的训练。

表 6 - 7 实验参加者的基本情况(人数、所占比例、分数平均值)

使用数字图书馆程度(N = 48)	很少用(1,2,3)	一般(4)	经常使用(5,6,7)	平均值
	5(10.4%)	6(12.5%)	37(77.1%)	5.5
检索水平(N = 48)	比较低(1,2,3)	一般(4)	比较高(5,6,7)	平均值
	8(8.3%)	32(66.7%)	12(25%)	4.3
熟练使用 CNKI(N = 47)	比较不熟练(1,2,3)	一般(4)	比较熟练(5,6,7)	平均值
	1(2.12%)	27(57.44%)	19(40.42%)	4.5
CNKI 的使用频率(N = 47)	比较低(1,2,3)	一般(4)	比较高(5,6,7)	平均值
	8(17%)	11(23.4%)	28(59.6%)	4.6
CNKI 的检索效果(N = 47)	比较失败(1,2,3)	一般(4)	比较成功(5,6,7)	平均值
	0(0%)	12(25.5%)	35(74.5%)	4.9

本次实验参加者的基本情况如表 6 - 7 所示,主要涉及被试者使用数字图书馆的程度、检索水平、能否熟练使用 CNKI,使用 CNKI 的频率,以及使用 CNKI 的检索效果。基于 7 点 Likert 量表,使用数字图书馆的程度,"1"为没有用过,"7"为一直都在用;对检索水平的自我评价是"1"为非常低,"7"为非常高。在 48 名实验参加者中,仅有 1 名学生没有用过 CNKI,有 47 名都表示曾经使用过 CNKI,因此针对能否熟练使用 CNKI、使用 CNKI 的频率和使用 CNKI 的检索效果有 47 个有效结果,对于能否熟练使用 CNKI 的评价,"1"为非常不熟练,"7"为非常熟练,表明参加者使用 CNKI 的经验丰富程度;使用频率"1"为非常低,"7"为非常高;检索效果"1"为非常失败,"7"为非常成功。

表 6 - 7 显示,大多被试者经常使用数字图书馆,虽然 CNKI 的使用频率也是偏高的,在检索水平、熟练使用方面却集中在一般水平,但最终被试者自我评价的检索效果却是比较成功的。

6.2.3 数据分析思路与工具

（1）数据分析思路

本研究的数据分析主要分 3 个方面来进行：第一方面是不同学历层次的学生在交互绩效方面是否有显著差异；第二方面是模拟任务与真实任务之间的差异，包括 4 个模拟任务之间的差异，以及模拟任务整体与真实任务之间的差异；第三方面是验证模型的有效性，分别分析不同维度对数字图书馆的交互功能评估、基于任务的评估及整体性评估的影响程度。

本研究用 CNKI 在帮助用户获得有用信息完成工作任务方面的表现、用户 CNKI 整体设计的满意程度、CNKI 搜索和浏览功能对搜索过程的支持程度和对 CNKI 的总体评价作为数字图书馆评估的不同方面，即基于任务的数字图书馆评估、数字图书馆的交互功能评估、数字图书馆的整体性评估。本研究同时探讨不同学历层次的学生在交互绩效方面是否存在显著差异，以验证用户的不同知识层次是否会对交互绩效产生影响。

关于 4 个模拟任务之间的差异分析，本研究主要考察不同类型、不同难易程度的工作任务是否会影响用户的交互。本次实验共设计 4 种任务类型，根据每次搜索过程的满意程度来考察不同类型的工作任务是否会影响用户与系统的交互。

关于模拟任务与真实任务之间的差异，本研究希望通过对模拟任务和真实任务之间各个指标的对比分析，以及模拟任务和真实任务对交互绩效的差异分析，明确模拟任务与真实任务之间是否存在显著差异，进一步验证在今后的实验中是否可以用模拟任务来替代真实任务。

关于不同维度对数字图书馆评估结果是否有显著影响，本研究主要从 4 个方面进行分析：①分析内容维度的各个指标是否对基于任务的数字图书馆评估、数字图书馆的交互功能评估、数字图书馆的整体性评估有显著影响，并构建信息层在各方面的回归模型；②分析任务维度的各个指标是否对基于任务的数字图书馆评估、数字图书馆的交互功能评估、数字图书馆的整体性评估有显著影响，并构建任务层在各方面的回归模型；③分析技术维度的各个指标是否对基于任务的数字图书馆评估、数字图书馆的交互功能评估、数字图书馆的整体性评估有显著影响，并构建技术层在各方面的回归模型；④构建不同维度与基于任务的数字图书馆评估、数字图书馆的交互功能评估、数字图书馆的整体性评估之间的回归模型,并构建相应的评估模型。

(2)数据分析工具

本研究在数据处理上需要用到独立样本 T 检验和单因素 ANOVA 分析不同学历层次的交互绩效是否有显著差异、不同模拟任务间有何差异、模拟任务和真实任务是否存在显著差异等,采用 Pearson 相关性分析及 Stepwise 多元回归分析用户与信息、任务和技术这 3 个维度的交互是如何影响数字图书馆交互结果等。数据分析的工具为 SPSS19.0。

6.3 不同学历层次在交互绩效上的差异

通过单因素 ANOVA 分析和独立样本 T 检验来测度用户与数字图书馆在各个维度的交互是否与学历层次相关,并且对交互绩效是否有显著影响,如表 6 – 8 所示。

表 6 – 8 说明不同学历层次在各维度下有显著差异的均值(N 为各组人数),结果表明:内容维度有显著差异的指标是有用性,$F(1,237) = 3.286, p = 0.039 < 0.05$;技术维度有显著差异的指标是导航功能完备,$F(1,96) = 4.125, p = 0.019 < 0.05$;馆藏列表区分度,$F(1,96) = 3.216, p = 0.045 < 0.05$;符合浏览规律,$F(1,96) = 4.092$,$p = 0.02 < 0.05$;页面排版布局合理,$F(1,96) = 4.789, p = 0.01 < 0.05$。

表 6 – 8 不同学历层次的用户的评价结果(有显著差异的指标)

	本科生 (N = 48)	硕士研究生 (N = 48)	博士研究生 (N = 48)	F	显著性
有用性	5.76	5.65	5.39	3.286	0.039*
导航功能完备	5.41	5.13	4.78	4.125	0.019*
馆藏列表区分是否明显	5.00	4.31	4.50	3.216	0.045*
符合浏览规律	5.34	4.97	4.78	4.092	0.02*
页面排版布局合理	5.34	5.00	4.75	4.789	0.01*
多媒体使用合理	4.06	3.41	3.34	3.663	0.029
易学性	5.63	5.06	5.03	4.136	0.019*

	本科生 （N＝48）	硕士研究生 （N＝48）	博士研究生 （N＝48）	F	显著性
高效性	5.06	4.31	4.59	3.085	0.05*
网站组织有序化	5.34	4.91	4.66	4.042	0.021*

注：* 为 p＜0.05。

数据显示除馆藏列表区分是否明显和高效性两个指标外，其余指标均是本科生均值最高，博士研究生均值最低，而馆藏列表区分是否明显和高效性这两个指标是本科生均值最高，硕士研究生均值最低，但硕士研究生和博士研究生的均值差异不大，说明高学历的学生对数字图书馆中这些指标的要求更高。

方差分析整体检验的 F 值达到显著（p＜0.05），表示至少有两个学历层次平均数间的差异达到显著水平，进一步使用 Scheffe 法进行多重比较（如表6－9所示），就有用性而言，本科生的平均数显著高于博士学历；导航功能完备、符合浏览规律、页面排版布局合理、易学性、网站组织有序化，均是本科生的平均数显著高于博士生。

而馆藏列表区分是否明显、多媒体使用合理和高效性没有达到平均数显著差异，是因为 Scheffe 法是多重比较方法中最为严格的方法，有时会发生整体检验的 F 值达到显著，但多重比较不显著的情形，改用 Tukey 法的多重比较（如表6－10所示），以便和整体检验 F 值的显著性相呼应。结果显示，本科生的平均值显著高于硕士生；就多媒体使用合理而言，本科生的平均值显著高于博士生。

表6－9 不同学历层次在各维度的 Scheffe 多重比较

因变量	(I)本科、 硕士、博士	(J)本科、 硕士、博士	均值差(I-J)	标准误差	显著性
有用性	本科	硕士	0.113	0.150	0.755
		博士	0.375	0.150	0.046*
导航功能完备	本科	硕士	0.283	0.218	0.438
		博士	0.625	0.218	0.019*
符合浏览规律	本科	硕士	0.375	0.200	0.179
		博士	0.563	0.200	0.023*

续表

因变量	(I)本科、硕士、博士	(J)本科、硕士、博士	均值差(I-J)	标准误差	显著性
页面排版布局合理	本科	硕士	0.344	0.193	0.209
		博士	0.594	0.193	0.011*
易学性	本科	硕士	0.563	0.232	0.058
		博士	0.594	0.232	0.043*
网站组织有序化	本科	硕士	0.438	0.245	0.208
		博士	0.688	0.245	0.023*

注:* 为 $p < 0.05$。

表6-10　Tukey HSD 事后多重比较

因变量	(I)本科、硕士、博士	(J)本科、硕士、博士	均值差(I-J)	标准误差	显著性
馆藏列表区分是否明显	本科	硕士	0.688	0.280	0.042*
		博士	0.500	0.280	0.181
多媒体使用合理	本科	硕士	0.657	0.294	0.071
		博士	0.719	0.294	0.043*
高效性	本科	硕士	0.750	0.305	0.041*
		博士	0.469	0.305	0.279

注:* 为 $p < 0.05$。

不同学历层次在表6-11中显示的各指标上没有显著差异,但任务维度的主题熟悉程度、完成任务的过程和方法的熟悉程度,内容维度的适用性,技术维度的主题突出这些指标上存在显著差异的趋势。

表6-11　不同学历层次的用户评价结果(无显著差异的指标)

	本科生(N=48)	硕士研究生(N=48)	博士研究生(N=48)	F	显著性
相互独立性	5.43	5.20	5.44	2.228	0.110
主题熟悉程度	4.73	4.33	4.24	2.872	0.059
满足任务需求的信心程度	5.04	5.19	5.24	1.029	0.359

	本科生 （N = 48）	硕士研究生 （N = 48）	博士研究生 （N = 48）	F	显著性
对相关主题的知识了解程度	4.60	4.33	4.21	2.445	0.089
完成任务的过程和方法熟悉程度	4.91	4.54	4.68	2.869	0.059
搜索经历的丰富程度	3.74	3.71	4.04	1.394	0.25
客观任务复杂度	3.64	3.53	3.66	0.829	0.438
主观感知任务困难度	4.04	3.95	3.93	0.578	0.562
可获得性	5.14	5.03	4.96	0.497	0.609
准确性	5.03	5.09	5.21	0.752	0.472
易理解性	5.33	5.20	5.31	0.385	0.681
保真度	5.39	5.06	5.30	2.572	0.079
馆藏全面性	5.25	5.16	5.19	0.131	0.877
完整性	5.13	5.06	4.88	0.853	0.427
适用性	5.76	5.65	5.45	2.997	0.052
导航条是否容易找到	5.50	5.16	5.13	1.503	0.228
搜索工具是否容易找到	5.78	5.56	5.28	2.082	0.130
页面的内容简洁	5.00	4.94	4.97	0.049	0.952
主题突出	5.22	4.97	4.69	2.948	0.057
一致性	4.84	4.63	4.72	0.47	0.626
链接丰富有效	4.75	4.64	4.42	1.475	0.234
可控性	5.00	5.00	5.00	0	1

表 6 - 12 显示，3 个学历层次的用户在各个任务的交互绩效上不存在统计意义上的显著差异，但比较平均值（括号内为标准差）的不同可以发现在 5 个任务的交互绩效上，博士研究生的平均值最低，表明他们的感知绩效最差。在实验的过程中发现，博士研究生对界面的交互、文章的内容和质量要求相对较高，思考问题的角度更加全面，这些导致了交互绩效的差异。

然而，在对数字图书馆的各方面评估上均存在显著差异，表现在：获得信息以完成任务的表现显著不同，$F(1, 96) = 4.524$，$p < 0.05$；整体设计的满意程度显著不同，$F(1, 96) =$

5.801,p<0.05；搜索和浏览功能对搜索过程的支持程度显著不同，$F_{(1,96)} = 3.557$，p<0.032；对CNKI的总体评价也存在显著差异，$F_{(1,96)} = 4.345$，p<0.05。

表6－12　不同学历层次与用户交互绩效

	本科生 （N=48）	硕士研究生 （N=48）	博士研究生 （N=48）	F	显著性
在搜索信息方面很成功	4.81(0.96)	4.85(0.89)	4.75(1.09)	0.213	0.808
搜索过程中没有感到沮丧	5.23(1.03)	5.28(0.98)	5.24(1.12)	0.05	0.952
对搜索过程的满意程度	4.94(1.01)	4.84(0.93)	4.66(1.03)	1.573	0.209
获得信息以完成任务的表现	5.44(0.76)	5.19(0.54)	4.88(0.91)	4.524	0.013*
整体设计的满意程度	5.31(0.69)	5.06(0.44)	4.75(0.80)	5.801	0.004**
搜索和浏览功能的支持程度	5.28(1.02)	4.91(0.64)	4.63(1.21)	3.557	0.032*
CNKI的总体评价	5.44(0.62)	5.28(0.58)	4.91(0.96)	4.345	0.016*

注：* 为 P<0.05；** 为 P<0.01。

如表6－13所示，对数字图书馆的各方面评估上均是本科生的平均值显著高于博士生，达到平均值差异的显著性检验结果。表明较低层次学历的学生对于有用信息的标准、数字图书馆的整体设计、搜索和浏览功能的支持程度的要求要低于高层次学历的学生，因为高学历的学生对于使用的简便性、有效性、文章的权威和质量上要求较高，因此也导致了博士生对于CNKI的总体评价要明显低于本科生的总体评价的结果。

表6－13　不同学历层次对数字图书馆评估的事后多重比较

因变量	(I)本科、硕士、博士	(J)本科、硕士、博士		均值差 （I-J）	标准误差	显著性
获得有用信息以完成任务的表现	Scheffe	本科	硕士	0.250	0.187	0.414
			博士	0.563	0.187	0.014*
整体设计满意度	Dunnett T3	本科	硕士	0.250	0.145	0.243
			博士	0.563	0.188	0.012

续表

因变量		(I)本科、硕士、博士	(J)本科、硕士、博士	均值差(I-J)	标准误差	显著性
搜索和浏览功能的支持程度	Dunnett T3	本科	硕士	0.375	0.247	0.32
			博士	0.656	0.247	0.033*
CNKI 的总体评价	Scheffe	本科	硕士	0.156	0.185	0.702
			博士	0.531	0.185	0.019*

注：* 为 P < 0.05。

6.4 真实工作任务与模拟仿真工作任务的绩效差异分析

以下通过 ANOVA 和独立样本 T 检验对比分析真实任务与模拟任务在信息维度、任务维度和技术维度上是否存在差异，以及真实任务与模拟任务在交互绩效上是否有显著影响。

6.4.1 4 个模拟任务间的差异分析

表 6-14 显示出 4 个模拟任务在任务和内容维度下的 ANOVA 分析的结果，以及 4 个模拟任务在各维度下的均值和标准差（N 为各组人数，括号中为标准差），结果表明方差分析中的 F 值均未达显著差异水平（p > 0.05），即表明不同类型的任务在任务维度和信息维度上没有显著差异存在。

表 6-14 模拟任务在信息维和任务维的表现分析

	任务 1 (N = 48)	任务 2 (N = 48)	任务 3 (N = 48)	任务 4 (N = 48)	F	显著性
相互独立性	5.19(0.76)	5.40(0.87)	5.33(0.72)	5.20(0.77)	0.781	0.506
主题熟悉程度	4.13(1.38)	4.21(1.32)	4.33(1.39)	4.38(1.20)	0.361	0.781
满足任务需求的信心程度	5.02(0.91)	5.02(0.98)	5.29(0.68)	4.98(0.96)	1.252	0.292
对相关主题的知识了解程度	4.04(1.27)	3.94(1.10)	4.35(1.08)	4.31(0.99)	1.600	0.191

续表

	任务 1（N = 48）	任务 2（N = 48）	任务 3（N = 48）	任务 4（N = 48）	F	显著性
完成任务的过程和方法熟悉程度	4.60(0.94)	4.81(0.98)	4.83(1.00)	4.65(1.04)	0.657	0.580
搜索经历的丰富程度	3.50(1.30)	3.46(1.40)	3.65(1.38)	3.77(1.20)	0.562	0.641
主观感知任务困难度	3.94(0.64)	4.13(0.60)	4.02(0.64)	3.91(0.69)	1.169	0.323
可获得性	4.77(1.10)	5.23(1.06)	5.27(0.94)	5.04(1.03)	2.338	0.075
准确性	4.96(0.87)	5.25(1.08)	5.29(0.80)	5.15(0.82)	1.305	0.274
易理解性	5.27(1.00)	5.25(1.08)	5.35(0.86)	5.35(0.93)	0.152	0.928
保真度	5.17(0.95)	5.33(1.07)	5.40(0.89)	5.27(0.96)	0.531	0.662
馆藏全面性	5.02(1.19)	5.35(1.08)	5.33(0.93)	5.21(0.96)	1.024	0.383
完整性	5.04(1.25)	5.08(1.23)	5.13(1.14)	5.06(1.10)	0.043	0.988
有用性	5.46(1.00)	5.73(0.79)	5.73(0.71)	5.67(0.81)	1.131	0.338
适用性	5.52(0.77)	5.77(0.75)	5.75(0.56)	5.69(0.66)	1.291	0.279

其中,任务 1 是高等难度的智识型任务,任务 4 是中等难度的智识型任务,任务 2 是高等难度的解决问题型任务,任务 3 是中等难度的解决问题型任务。从各项指标的均值能够看出任务 1 各项指标的平均值除个别项外都要小于任务 4 的平均值,其中主观感知任务困难度的值要大于任务 4 的平均值,说明任务 1 的困难程度略高于任务 4,而用户在满足任务需求的信心程度上也表示对任务 1 更有信心。任务 2 与任务 3 相比,实验参加者认为任务 2 的任务复杂度偏高,这是由于就解决问题类型的任务而言,对主题的知识了解程度影响了用户所感知的主观任务复杂度。就馆藏全面性和适用性而言,任务 2 的平均值略高于任务 3,说明 CNKI 在任务 2 方面的馆藏质量及适用程度上更高一些。并且智识型任务在各指标上的平均值低于解决问题型的任务,说明智识型任务要相对复杂些,因而用户在搜索过程中需考虑的因素更多一些。

表 6-15 模拟任务的交互绩效

	任务 1 （N = 48）	任务 2 （N = 48）	任务 3 （N = 48）	任务 4 （N = 48）	F	显著性
在搜索信息方面很成功	4.54(0.90)	4.88(1.10)	5.04(0.77)	4.83(0.83)	2.506	0.060
搜索过程中,没有感到沮丧	5.10(1.04)	5.27(1.07)	5.3(0.89)	5.17(1.00)	0.681	0.565
对搜索过程的满意程度	4.58(0.96)	4.90(1.12)	5.06(0.84)	4.88(0.89)	2.077	0.105

表 6-15 说明,就任务的交互绩效而言,四个任务之间的差异并不显著,在搜索信息方面很成功上有显著差异的趋势。总体而言,任务 4 的交互绩效要好于任务 1,搜索更加成功、沮丧感更小、满意度更高;同样,任务 2 的交互绩效要低于任务 3,任务 3 的搜索更加成功、沮丧感更小、满意度更高,说明难度相对较高的任务在一定程度上会对用户的交互绩效产生影响。然而,结果没有统计意义上的显著差异,可能是由于任务在复杂性设计上区分程度不够显著,用户在搜索时能发现很多与解决任务相关的信息,从而影响了结果的显著性。

6.4.2 真实任务与模拟任务在信息维和任务维的差异分析

本研究收集 4 个模拟任务和 1 个真实任务在任务维度和信息维度的测度,用单因素 ANOVA 分析 4 个模拟任务与真实任务在任务维度和信息维度的表现差异,以及 4 个模拟任务与真实任务在交互绩效上的差异。再进一步分析模拟任务整体与真实任务之间存在的差异,并将每个用户的 4 个模拟任务取平均值后,使用独立样本 T 检验进行分析。在完成所有模拟任务和完成真实任务后均有整体评估问卷,故使用独立样本 T 检验方法分析模拟任务和真实任务在技术维度的差异,以及二者在对数字图书馆的各方面评估上是否存在显著差异。

结果显示,实验参加者在相互独立性[$F(1,240) = 2.591, p < 0.05$],主题熟悉程度[$F(1,240) = 4.017, p < 0.05$],满足任务信息需求的个人信心程度[$F(1,240) = 2.598, p = <0.05$],对相关主题的知识了解程度[$F(1,240) = 11.498, p = <0.05$],

搜索经历的丰富程度[$F(1,240)=8.374, p=<0.05$]上存在显著差异,如表 6-16 所示。

表 6-16   模拟任务与真实任务在信息维和任务维的差异分析

	任务 1 (N=48)	任务 2 (N=48)	任务 3 (N=48)	任务 4 (N=48)	真实任务 (N=48)	F	显著性
相互独立性	5.19(0.76)	5.40(0.87)	5.33(0.72)	5.21(0.77)	5.65(0.84)	2.591	0.037*
主题熟悉程度	4.13(1.38)	4.21(1.32)	4.33(1.39)	4.38(1.20)	5.10(1.45)	4.017	0.004**
完成任务信心程度	5.02(0.91)	5.02(0.98)	5.29(0.68)	4.98(0.91)	5.46(0.97)	2.598	0.037*
主题的知识了解程度	4.04(1.27)	3.94(1.10)	4.35(1.08)	4.31(0.99)	5.25(0.79)	11.498	0.000**
搜索经历的丰富程度	3.50(1.30)	3.46(1.40)	3.65(1.38)	3.77(1.19)	4.77(1.19)	8.374	0.000**

注:* 为 P<0.05;** 为 P<0.01。

进一步使用 Tukey HSD 和 Dunnett T3 法进行事后多重比较,表 6-17 可以看出在 95% 的置信区间内,相互独立性方面,真实任务(任务 5)的平均值显著高于任务 1。在主题熟悉程度上真实任务的平均值要显著高于任务 1、任务 2 和任务 3;而任务 4 的主题是关于大学生就业问题,实验参加者多数都面临就业的问题,因此实验参加者对主题的熟悉程度相对较高,但真实任务是实验参与者的学期作业、科研课题或者是毕业论文,因此相对任务 1、任务 2、任务 3 而言熟悉程度更高。在完成任务的个人信心程度上并不存在任务间的显著差异,虽然整体检验 F 值达到显著水平,但事后多重比较的结果并没有出现成对组的平均数差异达到显著的情形。就主题的知识了解程度而言,真实任务的平均值要显著高于所有模拟任务,因为实验参加者的真实任务是学期作业、科研课题或者是毕业论文,因此对相关知识较为了解。同样,真实任务的搜索经历平均值要显著高于所有模拟任务。

表 6 - 17　模拟任务和真实任务的事后多重比较

因变量	(I)任务编号		(J)任务编号	均值差(I-J)	标准误差	显著性
相互独立性	任务 5	Tukey HSD	任务 1	0.458	0.162	0.041*
			任务 2	0.250	0.162	0.537
			任务 3	0.313	0.162	0.306
			任务 4	0.438	0.162	0.057
主题熟悉程度	任务 5	Tukey HSD	任务 1	0.979	0.275	0.004*
			任务 2	0.896	0.275	0.011*
			任务 3	0.771	0.275	0.044*
			任务 4	0.729	0.275	0.065
有信心完成搜索任务	任务 5	Tukey HSD	任务 1	0.438	0.185	0.128
			任务 2	0.438	0.185	0.128
			任务 3	0.1667	0.18488	0.896
			任务 4	0.479	0.18488	0.075
之前相同或相似的搜索经历	任务 5	Tukey HSD	任务 1	1.271	0.26426	0.000**
			任务 2	1.313	0.26426	0.000**
			任务 3	1.125	0.26426	0.000**
			任务 4	1.000	0.26426	0.002**
对相关主题的知识了解程度	任务 5	Dunnett T3	任务 1	1.208	0.21565	0.000**
			任务 2	1.313	0.19503	0.000**
			任务 3	0.896	0.19294	0.000**
			任务 4	0.938	0.18271	0.000**

注：* 为 P < 0.05；** 为 P < 0.01。

这些显著差异的结果均是由实验参加者对任务的主观认知导致的,因为实验参加者更加熟悉和了解自己的任务主题、有相应的知识水平、并且有一定的搜索经历。

每个任务的交互绩效间并不存在统计意义上的显著差异,说明虽然在某些具体指标上存在显著差异,但这些差异是由于用户的主观认知导致的,并不影响用户对于模拟任务与真实任务的交互绩效。

使用独立样本 T 检验分析用户整体的模拟任务与真实任务在任务维度、信息维度和技术维度上有何差异,以及模拟任务与真实任务的交互绩效是否存在显著差异。从表6-18所示的结果可以看出,在任务维度、信息维度和技术维度实验参加者的模拟任务与真实任务在某些方面存在显著差异,包括相互独立性、主题熟悉程度、个人信心程度、主题知识了解程度及搜索经验丰富程度。

表6-18 模拟任务和真实任务的差异

		方差方程的 Levene 检验		均值方程的 t 检验						
		F	Sig.	t	df	Sig.（双侧）	均值差值	标准误差值	差分的95%置信区间 下限	上限
相互独立性	假设方差相等	6.037	0.016	-2.438	94	0.017	-0.365	0.150	-0.661	-0.068
	假设方差不相等			-2.438*	85.862	0.017	-0.365	0.150	-0.662	-0.067
主题熟悉程度	假设方差相等	1.204	0.275	-3.242**	94	0.002	-0.844	0.260	-1.361	-0.327
	假设方差不相等			-3.242	86.774	0.002	-0.844	0.260	-1.361	-0.326
个人信心程度	假设方差相等	5.671	0.019	-2.199	94	0.03	-0.380	0.173	-0.723	-0.037
	假设方差不相等			-2.199*	86.121	0.031	-0.380	0.173	-0.724	-0.037
主题知识了解程度	假设方差相等	0.198	0.657	-6.867**	94	0.000	-1.089	0.159	-1.403	-0.774
	假设方差不相等			-6.867	93.95	0.000	-1.089	0.159	-1.403	-0.774
搜索经历丰富程度	假设方差相等	0.185	0.668	-5.089**	94	0.000	-1.177	0.231	-1.636	-0.718
	假设方差不相等			-5.089	93.037	0.000	-1.177	0.231	-1.636	-0.718

注: * 为 p < 0.05；** 为 p < 0.01。

关于模拟任务与真实任务在交互绩效上和对数字图书馆评估的差异分析表明,独立样本 T 检验的结果并不存在统计意义上的显著差异。但受用户认知状态的影响,除了搜索过程没有感到沮丧外,其余各项模拟任务的平均值略高于真实任务的平均值。

6.5 不同维度对数字图书馆交互功能评估的影响

用户是通过信息维度、任务维度和技术维度与数字图书馆之间发生交互,以下针对每一维度,利用 Pearson 相关性分析检测该维度的各指标与各方面的相关程度,其次通过 Stepwise 多元回归分析,分析该维度与用户交互功能评估的关系,明确可预测用户评估结果的交互维度及指标。

6.5.1 信息维度

根据 Pearson 相关分析的结果(见表6-19),信息维度的可获得性、准确性、易理解性、保真度、馆藏全面性、完整性、有用性及适用性与用户对 CNKI 交互功能的评估结果显著相关。

表6-19 Pearson 相关分析结果(信息维)

维度	子维度	R
信息维度	可获得性	r(96) = 0.404 **
	准确性	r(96) = 0.307 **
	易理解性	r(96) = 0.371 **
	保真度	r(96) = 0.404 **
	馆藏全面性	r(96) = 0.453 **
	完整性	r(96) = 0.399 **
	有用性	r(96) = 0.564 **
	适用性	r(96) = 0.582 **

注: ** 为 p < 0.01。

Stepwise 多元回归表明适用性、易理解性、准确性及信息的可获得性可以预测用户对系统交互功能的评估。表6-20 和表6-21 分别显示回归模型和回归系数。

模型4 的 R^2 为44.7%,调整 R^2 为42.3%,其解释程度较为理想。分析表明,残差成正态分布、满足方差齐性假设;Tolerance 指标及 VIF 值显示满足非共线性假设;

Durbin-Watson 值(1.621)显示满足相邻观察值的独立性假设。可以得知该回归模型并未违反回归分析应满足的相关假设。因此,该模型是成立的,即信息维度的适用性、易理解性、准确性及可获得性显著影响并可预测用户对系统交互功能的评估结果。T检验表明(见表6-21),各预测变量的 p 值均为显著($p < 0.05$)。适用性、易理解性及可获得性均可正向预测用户对 CNKI 交互功能的评估,而准确性则是负向预测了用户对交互功能评估的结果。其中,适用性是最为重要的预测指标。

表6-20 信息维度与交互功能评估的回归模型

模型	R	R 方	调整 R 方	df	残差	F	Sig	Durbin-Watson
1	0.582[a]	0.339	0.332	94	64.502	48.270	0.000	
2	0.614[b]	0.377	0.364	93	60.792	28.173	0.000	1.621
3	0.645[c]	0.416	0.397	92	57.001	21.856	0.000	
4	0.669[d]	0.447	0.423	91	53.971	18.401	0.000	

a. 预测变量:(常量),适用性。

b. 预测变量:(常量),适用性,易理解性。

c. 预测变量:(常量),适用性,易理解性,准确性。

d. 预测变量:(常量),适用性,易理解性,准确性,可获得性。

表6-21 信息维度与交互功能评估的回归系数

模型		非标准化系数		标准系数	T	Sig.	共线性统计量	
		B	标准误差	试用版			容差	VIF
1	(常量)	1.394	0.517			0.008		
	适用性	0.641	0.092	2.695	6.948	0.000	1.000	1.000
2	(常量)	0.599	0.605		0.991	0.324		
	适用性	0.569	0.095	0.517	5.982	0.000	0.898	1.114
	易理解性	0.228	0.096	0.206	2.382	0.019	0.898	1.114
3	(常量)	0.533	0.589		0.904	0.368		
	适用性	0.732	0.114	0.665	6.440	0.000	0.596	1.679
	易理解性	0.352	0.106	0.318	3.328	0.001	0.695	1.438
	准确性	-0.296	0.119	-0.290	-2.474	0.015	0.462	2.163

续表

模型		非标准化系数		标准系数	T	Sig.	共线性统计量	
		B	标准误差	试用版			容差	VIF
4	（常量）	0.516	0.577		0.894	0.374		
	适用性	0.708	0.112	0.644	6.345	0.000	0.590	1.694
	易理解性	0.309	0.105	0.279	2.934	0.004	0.672	1.487
	准确性	−0.463	0.138	−0.454	−3.345	0.001	0.330	3.029
	可获得性	0.243	0.108	0.268	2.260	0.026	0.432	2.317

6.5.2 任务维度

Pearson 相关性分析表明，搜索任务困难程度 $[r(96) = −0.258, p < 0.05]$ 与 CNKI 的搜索和浏览功能的交互支持程度呈显著负相关。

Stepwise 多元回归分析表明，在任务维度的各子维度中，仅有用户感知的搜索任务困难程度显著影响并可预测交互功能评估结果（见表 6−22 和表 6−23）。

表 6−22　任务维度与交互功能评估的回归模型

模型	R	R^2	调整 R^2	df	残差	F	Sig	Durbin-Watson
1	0.258[a]	0.067	0.057	94	91.103	6.729	0.011	1.516
a. 预测变量：（常量），搜索任务困难程度。								

表 6−22 显示，模型 1 的 R^2 值为 6.7%，调整 R^2 仅为 5.7%，该模型解释能力偏弱。通过残差的正态分布及方差齐性检验，以及 Durbin-Watson 值（1.516）可以看出，该模型符合回归分析应满足的假设，因此搜索任务困难程度可以预测用户对数字图书馆交互功能的评估，且标准化的 B 值为 −0.340（表 6−23），表明搜索任务的困难程度负向影响用户对交互功能的评估，即用户搜索信息困难程度越大，对 CNKI 的交互功能评价越低；越小，则越好。

表 6−23　任务维度与交互功能评估的回归系数

模型		非标准化系数		标准化系数	T	Sig.
		B	标准误差	试用版		
1	（常量）	6.288	0.530	−0.258	11.856	0.000
	搜索信息的困难程度	−0.340	0.153		−2.594	0.011

6.5.3 技术维度

Pearson 相关性分析结果显示(见表 6-24),导航功能完备、导航条是否容易找到、浏览工具是否容易找到、馆藏列表区分度、符合浏览规律、页面排版布局合理、主题突出、链接丰富有效、易学性、高效性、网站组织有序化及可控性与用户对数字图书馆交互功能的评估结果显著相关,且均为正向相关。

表 6-24　Pearson 相关分析结果(技术维)

维度	子维度	R
技术维度	导航功能完备	$r(96) = 0.492 **$
	导航条是否容易找到	$r(96) = 0.318 **$
	浏览工具是否容易找到	$r(96) = 0.421 **$
	馆藏列表区分度	$r(96) = 0.227 **$
	符合浏览规律	$r(96) = 0.417 **$
	页面排版布局合理	$r(96) = 0.443 **$
	主题突出	$r(96) = 0.450 **$
	链接丰富有效	$r(96) = 0.541 **$
	易学性	$r(96) = 0.394 **$
	高效性	$r(96) = 0.224 *$
	网站组织有序化	$r(96) = 0.533 **$
	可控性	$r(96) = 0.324 **$

注: ** 为 $p < 0.01$; * 为 $p < 0.05$。

从表 6-25 可以看出,链接丰富有效、网站组织有序化、页面排版布局合理均进入回归模型,模型 1—3 的 F 值分别为 38.821、31.007、24.330,均达到 0.01 的显著水平。三个模型中,预测变量对交互功能评估结果的预测力分别是 28.5%、38.7%、42.4%。其中,模型 3 的解释力最强,链接丰富有效、网站组织有序化及页面排版布局合理解释了变异量的 44.2%(R^2 值),调整 R 方值为 42.4%,模型的拟合度较好。

表 6-25　技术维度与交互功能评估的回归模型

模型	R	R^2	调整 R^2	df	残差	F	Sig	Durbin-Watson
1	0.541^a	0.292	0.285	94	69.091	38.821	0.000	
2	0.632^b	0.400	0.387	93	58.570	31.007	0.000	1.669
3	0.665^c	0.442	0.424	92	54.437	24.330	0.000	

| a. 预测变量:(常量),链接丰富有效。 |
| b. 预测变量:(常量),链接丰富有效,网站组织有序化。 |
| c. 预测变量:(常量),链接丰富有效,网站组织有序化,页面排版布局合理。 |

表 6 – 26 显示,模型 3 中不同指标的容差值介于 0.677 至 0.804,VIF 值未大于评鉴指标值 10,表明进入回归方程的自变量间没有线性重合的问题,残差符合正态分布及方差齐性假设,Durbin-Watson 值为 1.669,该模型满足回归分析的相关假设。模型 3 中的预测变量链接丰富有效、网站组织有序化及页面排版布局合理的标准化的 B 值分别为 0.367、0.266、0.232,说明在这几个预测变量中,链接丰富有效最为重要。同时,各预测变量 T 检验结果均显著($p < 0.05$),这些指标正向影响并可预测用户对 CNKI 交互功能的评估结果。

表 6 – 26　技术维度与交互功能评估的回归系数

模型		非标准化系数		标准化系数	T	Sig.	共线性统计量	
		B	标准误差	试用版			容差	VIF
1	(常量)	1.757	0.518		3.392	0.001		
	链接丰富有效	0.691	0.111	0.541	6.231	0.000	1.000	1.000
2	(常量)	0.880	0.525		1.675	0.097		
	链接丰富有效	0.486	0.114	0.380	4.246	0.000	0.806	1.240
	网站组织有序化	0.367	0.090	0.366	4.087	0.000	0.806	1.240
3	(常量)	– 0.020	0.612		– 0.032	0.974		
	链接丰富有效	0.469	0.111	0.367	4.223	00.000	0.804	1.244
	网站组织有序化	0.266	0.095	0.266	2.806	0.006	0.677	1.477
	页面排版布局合理	0.293	0.111	0.232	2.643	0.010	0.789	1.268

6.5.4　各维度的综合影响

以上部分独立分析了不同维度与用户对数字图书馆交互功能评估之间的关系,本部分综合考量不同维度的子维度与用户对交互功能评估之间的关系。Stepwise 多元回归分析的结果如表 6 – 27 和表 6 – 28 所示。

结果显示,按照指标对于变异量解释能力的大小,依次进入回归模型的指标分别是适用性、链接丰富有效、页面排版布局合理、主题突出、搜索任务的困难程度、馆藏列表区分度。表6－27显示,模型1—6均显著,模型2—6的调整 R^2 均超过了40%。其中模型6的解释能力最强,共解释了62.5%的变异量,该模型的调整 R^2 为59.9%,说明模型的拟合度较优。

表6－28显示,容差值及VIF值表明进入回归方程的自变量间没有共线性问题,残差符合正态分布及方差齐性假设,Durbin-Watson值(1.839)表明不存在自相关。由此可以看出该模型并没有违反回归分析应满足的相关假设。从回归系数来看,各变量的T检验均显著($p < 0.05$),除搜索任务困难程度及馆藏列表区分度外,其余各预测变量的回归系数(B值)均为正值,显示这些变量均能正向预测用户对CNKI交互功能的评估,而搜索任务困难程度及馆藏列表区分度则负向预测用户对CNKI交互功能的评估。在这些预测变量中,"适用性"是最为重要的预测变量。

表6－27　综合维度与交互功能评估的回归模型

模型	R	R^2	调整 R^2	df	残差	F	Sig	Durbin-Watson
1	0.582[a]	0.339	0.332	94	64.502	48.270	0.000	
2	0.706[b]	0.499	0.488	93	48.955	46.230	0.000	
3	0.748[c]	0.560	0.545	92	43.004	38.952	0.000	1.839
4	0.766[d]	0.587	0.569	91	40.273	32.298	0.000	
5	0.778[e]	0.605	0.583	90	38.554	27.579	0.000	
6	0.790[f]	0.625	0.599	89	36.639	24.690	0.000	

a. 预测变量:(常量),适用性。

b. 预测变量:(常量),适用性,链接丰富有效。

c. 预测变量:(常量),适用性,链接丰富有效,页面排版布局合理。

d. 预测变量:(常量),适用性,链接丰富有效,页面排版布局合理,主题突出。

e. 预测变量:(常量),适用性,链接丰富有效,页面排版布局合理,主题突出,搜索任务困难程度。

f. 预测变量:(常量),适用性,链接丰富有效,页面排版布局合理,主题突出,搜索任务困难程度,馆藏列表区分度。

表 6 - 28　综合维度与对交互功能评估的回归系数

模型		非标准化系数		标准化系数	T	Sig.	共线性统计量	
		B	标准差	试用版			容差	VIF
1	（常量）	1.394	0.517		2.695	0.008		
	适用性	0.641	0.092	0.582	6.948	0.000	1.000	1.000
2	（常量）	− 0.368	0.557		− 0.661	0.510		
	适用性	0.519	0.084	0.471	6.185	0.000	0.928	1.077
	链接丰富有效	0.530	0.097	0.414	5.435	0.000	0.928	1.077
3	（常量）	− 1.442	0.605		− 2.383	0.019		
	适用性	0.471	0.080	0.428	5.868	0.000	0.902	1.109
	链接丰富有效	0.463	0.094	0.362	4.943	0.000	0.891	1.122
	页面排版布局合理	0.327	0.092	0.258	3.568	0.001	0.913	1.096
4	（常量）	− 1.831	0.609		− 3.006	0.003		
	适用性	0.456	0.078	0.414	5.829	0.000	0.897	1.115
	链接丰富有效	0.385	0.096	0.301	3.992	0.000	0.797	1.255
	页面排版布局合理	0.284	0.091	0.224	3.119	0.002	0.879	1.138
	主题突出	0.211	0.085	0.186	2.484	0.015	0.805	1.242
5	（常量）	− 0.932	0.749		− 1.245	0.216		
	适用性	0.402	0.082	0.365	4.920	0.000	0.797	1.254
	链接丰富有效	0.374	0.095	0.292	3.930	0.000	0.794	1.260
	页面排版布局合理	0.308	0.090	0.244	3.414	0.001	0.862	1.160
	主题突出	0.226	0.084	0.199	2.692	0.008	0.799	1.252
	搜索任务困难程度	− 0.187	0.093	− 0.142	− 2.004	0.048	0.872	1.147
6	（常量）	0.859	0.735		− 1.169	0.246		
	适用性	0.378	0.081	0.343	4.672	0.000	0.782	1.279
	链接丰富有效	0.464	0.102	0.363	4.541	0.000	0.660	1.516
	页面排版布局合理	0.346	0.090	0.273	3.835	0.000	0.829	1.206
	主题突出	0.289	0.087	0.255	3.308	0.001	0.710	1.408
	搜索任务困难程度	− 0.218	0.093	− 0.166	− 2.352	0.021	0.851	1.175
	馆藏列表区分度	− 0.160	0.074	− 0.181	− 2.156	0.034	0.597	1.676

综观上述数据分析结果,可将本研究明确的显著影响用户对数字图书馆交互功能评估的子维度区分为两类:一类是关联性子维度,即通过 Pearson 关联分析发现的与用户评估结果相关的子维度;另一类是预测性子维度,即通过 Stepwise 回归分析明确的可预测用户评估数字图书馆交互功能结果的子维度。据此,本研究构建了基于多维度用户交互的数字图书馆交互功能评估理论模型,如图 6 - 1 所示。由于"准确性"与"馆藏列表区分度"的关联性分析结果和回归结果不一致,但又对用户对数字图书馆交互功能的评估存在一定程度的影响,故仅将其归入"关联性子维度"。

基于以上分析,本研究构建数字图书馆交互功能评估的理论模型,如图 6 - 1 所示。

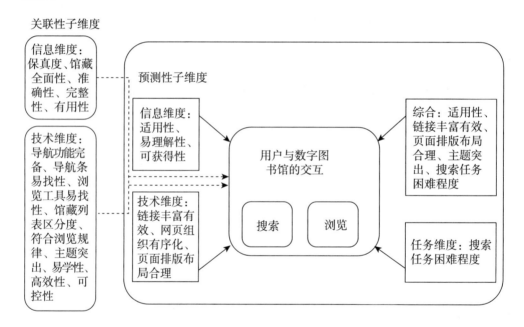

图 6 - 1　数字图书馆交互功能评估理论模型

6.6　不同维度对基于任务的评估结果的影响

实验结束后,要求实验参加人员对其在搜索过程中"获得有用信息以完成任务"的程度做出判断,本研究以此衡量用户对基于任务的数字图书馆绩效的评估,以探究用户在信息维度、任务维度与技术维度上的交互对基于任务的数字图书馆绩效评估的影响。

6.6.1 信息维度

Pearson 相关分析显示,信息维度下的各指标均与获得有用信息以完成任务的程度显著相关:可获得性$[r(96) = 0.464, p < 0.01]$,准确性$[r(96) = 0.341, p < 0.01]$,易理解性$[r(96) = 0.396, p < 0.01]$,保真度$[r(96) = 0.499, p < 0.01]$,馆藏全面性$[r(96) = 0.513, p < 0.01]$,完整性$[r(96) = 0.454, p < 0.01]$,有用性$[r(96) = 0.537, p < 0.01]$及适用性$[r(96) = 0.497, p < 0.01]$。

进一步使用 Stepwise 多元回归分析法,进入回归方程式的指标为有用性和保真度。结果如表 6-29 和 6-30 所示。

在多元回归分析中,进入回归模型的两个指标对基于任务评估结果有显著预测力的指标依其解释变异量的大小次序依次是有用性、保真度,回归1和2均达显著水平($p < 0.05$)。其中模型2的R^2为37%,调整R^2为35.6%,模型的拟合度较好。

表 6-29　信息维度与基于任务的评估的回归模型

模型	R	R^2	调整R^2	标准估计的误差	R^2更改	F 更改	df1	df2	Sig.	F	Sig.	Durbin-Watson
1	0.537^a	0.289	0.281	0.65858	0.289	38.187	1	94	0.000	38.187	0.000	1.268
2	0.608^b	0.370	0.356	0.62320	0.081	11.974	1	93	0.001	27.310	0.000	

a. 预测变量:(常量),有用性。
b. 预测变量:(常量),有用性,保真度。

表 6-30　信息维度与基于任务评估的回归系数

模型		非标准化系数		标准化系数	t	Sig.	共线性统计量	
		B	标准误差	Beta			容差	VIF
1	(常量)	2.905	0.372		7.804	0.000		
	有用性	0.409	0.066	0.537	6.180	0.000	1.000	1.000
2	(常量)	2.059	0.429		4.802	0.000		
	有用性	0.298	0.070	0.392	4.234	0.000	0.792	1.262
	保真度	0.281	0.081	0.320	3.460	0.001	0.792	1.262

有用性和保真度的回归分析模型的容差值均为 0.792，VIF 值未大于评鉴指标值 10，表明进入回归方程的自变量间没有共线性的问题，该模型并没有违反回归分析应满足的相关假设。从标准化的回归系数来看，回归模型中的预测变量 Beta 值分别为 0.392 和 0.320，均为正数，表明其对基于任务评估的影响均为正向，且有用性发挥了更大的作用。

6.6.2　技术维度

Pearson 相关分析表明，技术层面，只有内容简洁易懂、多媒体使用合理和一致性与其不存在显著相关性，其余各指标相关系数均显著，包括导航功能完备 $[r(96) = 0.487, p < 0.01]$，导航条是否容易找到 $[r(96) = 0.349, p < 0.01]$，浏览工具是否容易找到 $[r(96) = 0.427, p < 0.01]$，馆藏列表区分是否明显 $[r(96) = 0.264, p < 0.01]$，符合浏览规律 $[r(96) = 0.385, p < 0.01]$，页面排版布局合理 $[r(96) = 0.432, p < 0.01]$，主题突出 $[r(96) = 0.450, p < 0.01]$，链接丰富有效 $[r(96) = 0.377, p < 0.01]$，易学性 $[r(96) = 0.539, p < 0.01]$，高效性 $[r(96) = 0.299, p < 0.05]$，网站组织有序化 $[r(96) = 0.543, p < 0.01]$ 及可控性 $[r(96) = 0.366, p < 0.01]$。

在 Stepwise 多元回归分析中，网站组织有序化、易学性及导航功能完备性（见表 6 - 31），每个指标进入回归模型后所增加的个别解释量均达显著水平（$p < 0.05$）。如表 6 - 31 所示，模型 1—3 均显著，其中模型三的 R^2 为 45.6%，调整 R^2 为 43.8%，模型的拟合度较好。

表 6 - 31　技术维度与基于任务的评估的回归模型

模型	R	R^2	调整 R^2	df	残差	F	Sig.	Durbin-Watson
1	0.543[a]	0.295	0.288	94	40.407	39.376	0.000	
2	0.650[b]	0.422	0.410	93	33.141	33.944	0.000	1.474
3	0.675[c]	0.456	0.438	92	31.209	25.670	0.000	

a. 预测值：（常数），网站组织有序化。

b. 预测值：（常数），网站组织有序化，易学性。

c. 预测值：（常数），网站组织有序化，易学性，导航功能完备性。

6 数字图书馆评估模型的构建 | 195

表 6 – 32 技术维度与基于任务的评估的回归模型回归系数

模型		非标准化系数		标准化系数	T	Sig.	共线性统计量	
		B	标准差	Beta			Tolerance	VIF
1	（常数）	3.090	0.338		9.152	0.000		
	网站组织有序化	0.418	0.067	0.543	6.275	0.000	1.000	1.000
2	（常数）	2.024	0.388		5.224	0.000		
	网站组织有序化	0.303	0.066	0.394	4.601	0.000	0.850	1.177
	易学性	0.313	0.069	0.386	4.515	0.000	0.850	1.177
3	（常数）	1.611	0.416		3.874	0.000		
	网站组织有序化	0.259	0.067	0.337	3.889	0.000	0.787	1.271
	易学性	0.253	0.072	0.313	3.520	0.001	0.748	1.336
	导航功能完备性	0.184	0.077	0.213	2.387	0.019	0.742	1.348

表 6 – 32 显示，进入回归模型的各指标均显著，且不存在共线性问题，没有违反多元回归的假设，三个指标能预测用户基于任务的数字图书馆评估结果，Beta 值显示，模型中网站组织有序化发挥了最为重要的作用，其次是易学性和导航功能完备性。

6.6.3 各维度的综合影响

用户在与数字图书馆的交互过程中，各维度之间也会相互作用，本研究通过 Stepwise 多元回归分析进一步探讨各维度下的指标与基于任务评估结果之间的关系。

表 6 – 33 基于任务评估的综合回归模型

模型	R	R^2	调整 R^2	df	残差	F	Durbin-Watson
1	0.543[a]	0.295	0.288	94	40.407	39.376 **	
2	0.650[b]	0.422	0.410	93	33.141	33.944 **	
3	0.689[c]	0.475	0.458	92	30.117	27.712 **	1.473
4	0.708[d]	0.501	0.479	91	28.627	22.813 **	
5	0.725[e]	0.526	0.499	90	27.188	19.958 **	
a. 预测值：（常数），网站组织有序化。							
b. 预测值：（常数），网站组织有序化，易学性。							
c. 预测值：（常数），网站组织有序化，易学性，可获得性。							
d. 预测值：（常数），网站组织有序化，易学性，可获得性，主题突出。							
e. 预测值：（常数），网站组织有序化，易学性，可获得性，主题突出，有用性。							

表6-33显示,模型1—5均显著,网站组织有序化、易学性、可获得性、主题突出和有用性依次进入回归模型。其中,模型5的解释力最强,R^2为52.6%,调整 R^2为49.9%,模型的拟合度较好。

表6-34表明,各预测指标的 VIF 值未大于评鉴指标值10,Tolerance 的值也在合理范围之内,表明进入回归方程的自变量间没有线性重合的问题,该模型并没有违反回归分析应满足的相关假设。预测变量均显著,同时,Beta 值显示,易学性是模型中影响力最大的自变量,其次为主题突出,有用性、网站组织有序化和可获得性依次递减(见表6-34)。

表6-34 基于任务评估的综合回归系数

模型		非标准化参数		标准化参数	T	Sig.	共线性统计量	
		B	标准差	Beta			Tolerance	VIF
1	(常数)	3.090	0.338		9.152	0.000		
	网站组织有序化	0.418	0.067	0.543	6.275	0.000	1.000	1.000
2	(常数)	2.024	0.388		5.224	0.000		
	网站组织有序化	0.303	0.066	0.394	4.601	0.000	0.850	1.177
	易学性	0.313	0.069	0.386	4.515	0.000	0.850	1.177
3	(常数)	1.629	0.394		4.140	0.000		
	网站组织有序化	0.261	0.065	0.339	4.039	0.000	0.811	1.234
	易学性	0.263	0.068	0.325	3.844	0.000	0.801	1.249
	可获得性	0.173	0.057	0.249	3.039	0.003	0.849	1.178
4	(常数)	1.254	0.422		2.696	0.004		
	网站组织有序化	0.212	0.067	0.276	3.168	0.002	0.722	1.385
	易学性	0.233	0.068	0.288	3.408	0.001	0.769	1.301
	可获得性	0.170	0.056	0.244	3.036	0.003	0.848	1.179
	主题突出	0.159	0.073	0.183	2.177	0.032	0.778	1.286
5	(常数)	0.996	0.431		2.3125	0.003		
	网站组织有序化	0.141	0.073	0.184	1.929	0.057	0.580	1.725
	易学性	0.216	0.067	0.267	3.209	0.002	0.759	1.318
	可获得性	0.120	0.059	0.173	2.029	0.045	0.725	1.380
	主题突出	0.171	0.072	0.197	2.386	0.019	0.773	1.294
	有用性	0.160	0.073	0.210	2.183	0.032	0.569	1.758

基于以上分析结果,本研究构建基于任务的数字图书馆评估模型如图 6-2 所示。

关联性子维度

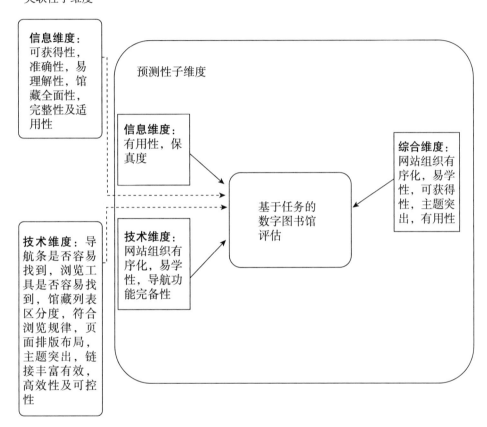

图 6-2 交互维度与基于任务的数字图书馆评估模型

6.7 不同维度对数字图书馆整体性评估的影响

如前所述,本研究已探讨了用户在不同维度上的交互与他们对数字图书馆的交互功能评估及基于任务的数字图书馆绩效评估的影响。以下继续探讨不同维度上的交互与他们对数字图书馆整体性评估的关系。实验参加者通过评价其对 CNKI 整体设计的满意程度、对搜索过程的满意程度、在搜索方面的成功程度及总体功能的感知几项指标评估数字图书馆的总体功能。

6.7.1 信息维度

通过 Pearson 相关分析得出,信息维度的所有指标与 CNKI 的总体评价均在 0.01 水平下显著相关,可获得性[$r(96) = 0.685, p < 0.01$],准确性[$r(96) = 0.545, p < 0.01$],易理解性[$r(96) = 0.546, p < 0.01$],保真度[$r(96) = 0.577, p < 0.01$],馆藏全面性[$r(96) = 0.715, p < 0.01$],完整性[$r(96) = 0.403, p < 0.01$],有用性[$r(96) = 0.562, p < 0.01$],适用性[$r(96) = 0.628, p < 0.01$]。进一步使用 Stepwise 多元回归分析,结果显示模型 1—5 均显著,其中,模型 4 进入回归方程的指标为馆藏全面性、可获得性、保真性、适用性;模型 5 则剔除了馆藏全面性,保留了其他的三个变量。尽管 R^2 和调整 R^2 均低于模型 4,但自变量的共线性统计量表现更好,表 6 - 35 和表 6 - 36 所示。

表 6 - 35　信息维度对整体性评估的回归模型

模型	R	R^2	调整 R^2	df	残差	F	Durbin-Watson
1	0.715^a	0.511	0.506	94	18.480	98.312 **	
2	0.758^b	0.574	0.565	93	16.095	62.731 **	
3	0.785^c	0.616	0.603	92	14.537	49.093 **	1.597
4	0.804^d	0.646	0.630	91	13.392	41.480 **	
5	0.798^e	0.637	0.625	92	13.741	53.712 **	

a. 预测值(常数):馆藏全面性。

b. 预测值(常数):馆藏全面性,可获得性。

c. 预测值(常数):馆藏全面性,可获得性,保真性。

d. 预测值(常数):馆藏全面性,可获得性,保真性,适用性。

e. 预测值(常数):可获得性,保真性,适用性。

表 6 - 36　信息维度对整体性评估的回归系数

模型		非标准化参数		标准化参数	T	Sig.	共线性统计量	
		B	标准差	Beta			Tolerance	VIF
1	(常数)	2.782	0.223		12.489	0.000		
	馆藏完备性	0.419	0.042	0.715	9.915	0.000	1.000	1.000

模型		非标准化参数		标准化参数	T	Sig.	共线性统计量	
		B	标准差	Beta			Tolerance	VIF
2	（常数）	2.543	0.219		11.627	0.000		
	馆藏完备性	0.271	0.056	0.462	4.805	0.000	0.496	2.017
	可获得性	0.202	0.054	0.357	3.712	0.000	0.496	2.017
3	（常数）	2.058	0.260		7.921	0.000		
	馆藏完备性	0.196	0.059	0.334	3.331	0.001	0.415	2.411
	可获得性	0.194	0.052	0.343	3.734	0.000	0.495	2.021
	保真度	0.175	0.056	0.245	3.140	0.002	0.686	1.457
4	（常数）	1.654	0.289		5.715	0.000		
	馆藏完备性	0.102	0.066	0.174	1.541	0.127	0.307	3.263
	可获得性	0.188	0.050	0.333	3.746	0.000	0.494	2.025
	保真度	0.176	0.054	0.246	3.269	0.002	0.686	1.457
	适用性	0.166	0.059	0.242	2.790	0.006	0.518	1.929
5	（常数）	1.570	0.286		5.483	0.000		
	可获得性	0.228	0.043	0.404	5.278	0.000	0.676	1.480
	保真度	0.205	0.051	0.287	4.035	0.000	0.782	1.279
	适用性	0.212	0.051	0.310	4.131	0.000	0.702	1.425

模型 5 的各预测变量均显著,且共线性统计量显示模型并未违反回归分析的前提。B 值显示,可获得性、适用性和保真度可显著预测用户对数字图书馆总体的评估结果。其中,可获得性发挥的作用最大,适用性和保真度对模型的作用依次递减。

6.7.2 任务维度

Pearson 相关分析表明,主题熟悉程度$[r(96) = 0.266, p < 0.01]$、获得有用信息的信心程度$[r(96) = 0.213, p < 0.05]$及完成任务程序的熟悉程度$[r(96) = -0.206, p < 0.05]$与用户对 CNKI 的整体性评估结果显著相关。Stepwise 多元回归分析表明,仅有用户对于工作任务主题的熟悉程度显著影响并可预测数字图书馆的整体性评估结果,模型显著,但 R^2 和调整 R^2 值偏低,表明模型的解释能力不强,拟合度并不高。任务维度对整体性评估的回归模型和回归系数如表 6 – 37 和

表 6 – 38。

表 6 – 37　任务维度对整体性评估的回归模型

模型	R	R^2	调整 R^2	df	残差	F	Durbin-Watson
1	0.266[a]	0.071	0.061	94	35.137	7.148 **	1.657
预测值(常数):主题熟悉程度。							

表 6 – 38　任务维度对整体性评估的回归系数

模型	非标准化参数		标准化参数	t	Sig.	共线性统计量	
	B	标准差	Beta			Tolerance	VIF
(常数)	4.357	0.228		19.085	0.000		
主题熟悉程度	0.125	0.047	0.266	2.674	0.009	1.000	1.000

模型的预测变量可以预测数字图书馆的整体性评估结果,且标准化的 B 值为 0.125,表明该预测变量与用户对数字图书馆的整体性评估正向相关。

6.7.3　技术维度

Pearson 相关性分析结果显示,内容简洁易懂、一致性和高效性这 3 个指标与 CNKI 的总体评价不存在显著相关,其他指标,如导航功能完备[$r(96) = 0.426, p < 0.01$],浏览工具是否容易找到[$r(96) = 0.490, p < 0.01$],馆藏列表区分是否明显[$r(96) = 0.284, p < 0.01$],符合浏览规律[$r(96) = 0.294, p < 0.01$],页面排版布局合理[$r(96) = 0.373, p < 0.01$],多媒体使用合理[$r(96) = 0.273, p < 0.01$],主题突出[$r(96) = 0.539, p < 0.01$],链接丰富有效[$r(96) = 0.353, p < 0.01$],易学性[$r(96) = 0.476, p < 0.01$],网站组织有序化[$r(96) = 0.580, p < 0.01$]及可控性[$r(96) = 0.441, p < 0.01$],均在 0.01 的水平下达到显著。

表 6 – 39 表明,Stepwise 多元回归分析产生了 4 个显著的回归模型,进入回归模型的各指标对整体性评估有显著预测力的指标包括导航功能的完备性,网站组织有序化,可控性及主题突出,各个指标共同解释了变异量的 53.7%,调整 R^2 为 51.6%,模型的拟合度较好。

表 6 – 39　技术维度对整体性评估的回归模型

模型	R	R^2	调整 R^2	df	残差	F	Durbin-Watson
1	0.584[a]	0.341	0.334	94	24.917	48.632 **	
2	0.696[b]	0.484	0.473	93	19.493	43.689 **	1.838
3	0.713[c]	0.509	0.493	92	18.578	31.743 **	
4	0.732[d]	0.537	0.516	91	17.523	26.336 **	

a. 预测值:(常数),导航功能的完备性。

b. 预测值:(常数),导航功能的完备性,网站组织有序化。

c. 预测值:(常数),导航功能的完备性,网站组织有序化,可控性。

d. 预测值:(常数),导航功能的完备性,网站组织有序化,可控性,主题突出。

注: ** 为 P < 0.01。

表 6 – 40　技术维度对整体性评估的回归系数

模型		非标准化参数		标准化参数	T	Sig.	共线性	
		B	标准差	Beta			Tolerance	VIF
1	（常数）	2.855	0.304	0.584	9.387	0.000	1.000	1.000
	导航工具的完备性	0.409	0.059		6.974	0.000		
2	（常数）	2.161	0.303		7.133	0.000		
	导航工具的完备性	0.294	0.057	0.420	5.176	0.000	0.842	1.187
	网站组织有序化	0.258	0.051	0.413	5.087	0.000	0.842	1.187
3	（常数）	1.884	0.324		5.808	0.000		
	导航工具的完备性	0.275	0.057	0.392	4.854	0.000	0.820	1.220
	网站组织有序化	0.219	0.053	0.350	4.130	0.000	0.742	1.348
	可控性	0.114	0.054	0.174	2.129	0.036	0.800	1.250
4	（常数）	1.633	0.335		4.879	0.000		
	导航工具的完备性	0.199	0.064	0.284	3.111	0.002	0.611	1.636
	网站组织有序化	0.183	0.054	0.292	3.381	0.001	0.681	1.469
	可控性	0.127	0.053	0.194	2.423	0.017	0.790	1.266
	主题突出	0.151	0.065	0.214	2.341	0.021	0.608	1.646

表 6 – 40 表明,进入回归模型 4 的各指标的容差值介于 0.608 至 0.790 之间,VIF 值未大于评鉴指标值 10,表明进入回归方程的自变量间没有线性重合的问题,该模型没有违反回归分析应满足的相关前提。各预测变量均显著;B 值为正值,且导航工具的完备性、网站组织有序化、主题突出及可控性对模型的重要性依次递减。表明这几项指标均能正向且显著地预测用户对数字图书馆的整体性评估的结果。

6.7.4 各维度的综合影响

通过 Stepwise 多元回归分析分析各维度与数字图书馆整体性评估之间的关系，并且以不同维度下的各指标为自变量，对 CNKI 的整体性评估为因变量，各维度对整体性评估的回归模型和回归系数如表 6 – 41 和表 6 – 42 所示。

Stepwise 分析表明，模型 1—8 均为显著模型，馆藏完备性，导航工具完备性，可获得性，网站组织有序化，主题突出，适用性及完成任务程序的熟悉程度依次进入回归模型。其中模型 9 为最理想的模型，预测变量中剔除了馆藏完备性。该模型的 R^2 和调整 R^2 分别为 77.8% 和 76%，模型的解释能力较强，拟合度较好。

表 6 – 41　各维度对整体性评估的综合回归模型

模型	R	R^2	调整 R^2	df	残差	F	Durbin-Watson
1	0.715a	0.511	0.506	94	18.480	98.312	
2	0.800b	0.641	0.633	93	13.592	82.851	
3	0.832c	0.692	0.682	92	11.638	68.963	
4	0.854d	0.729	0.717	91	10.234	61.300	
5	0.865e	0.749	0.735	90	9.488	53.727	1.663
6	0.874f	0.763	0.747	89	8.953	47.810	
7	0.870g	0.757	0.743	90	9.194	56.023	
8	0.876h	0.768	0.752	89	8.784	49.016	
9	0.882f	0.778	0.760	88	8.389	44.085	

a. 预测值：(常数)，馆藏完备性。

b. 预测值：(常数)，馆藏完备性，导航工具完备性。

c. 预测值：(常数)，馆藏完备性，导航工具完备性，可获得性。

d. 预测值：(常数)，馆藏完备性，导航工具完备性，可获得性，网站组织有序化。

e. 预测值：(常数)，馆藏完备性，导航工具完备性，可获得性，网站组织有序化，主题突出。

f. 预测值：(常数)，馆藏完备性，导航工具完备性，可获得性，网站组织有序化，主题突出，适用性。

g. 预测值：(常数)，导航工具完备性，可获得性，网站组织有序化，主题突出，适用性。

h. 预测值：(常数)，导航工具完备性，可获得性，网站组织有序化，主题突出，适用性，完成任务程序的熟悉程度。

f. 预测值：(常数)，导航工具完备性，可获得性，网站组织有序化，主题突出，适用性，完成任务程序的熟悉程度，完整性。

模型9的各预测变量均显著,共线性统计量表明其满足回归分析的前提,B值为正值,表明这些变量均可显著地正向预测用户对数字图书馆的整体性评估结果。其中,可获得性最为重要,其次为适用性。

表6－42　各维度对整体性评估的综合回归系数

模型		非标准化参数		标准化	T	Sig.	共线性统计量	
		B	标准差	Beta			Tolerance	VIF
1	（模型）	2.782	0.223		12.489	0.000		
	馆藏完备性	0.419	0.042	0.715	9.915	0.000	1.000	1.000
2	（模型）	1.810	0.255		7.097	0.000		
	馆藏完备性	0.342	0.039	0.583	8.803	0.000	0.881	1.135
	导航工具的完备性	0.268	0.046	0.383	5.784	0.000	0.881	1.135
3	（模型）	1.635	0.241		6.771	0.000		
	馆藏完备性	0.211	0.049	0.359	4.275	0.000	0.475	2.107
	导航工具的完备性	0.257	0.043	0.367	5.936	0.000	0.877	1.140
	可获得性	0.183	0.047	0.324	3.930	0.000	0.494	2.026
4	（模型）	1.399	0.237		5.893	0.000		
	馆藏完备性	0.153	0.049	0.262	3.123	0.002	0.424	2.361
	导航工具的完备性	0.214	0.043	0.305	5.019	0.000	0.805	1.242
	可获得性	0.191	0.044	0.339	4.355	0.000	0.492	2.032
	网站组织有序化	0.143	0.040	0.228	3.533	0.001	0.713	1.403
5	（模型）	1.217	0.240		5.076	0.000		
	馆藏完备性	0.140	0.048	0.239	2.933	0.004	0.419	2.387
	导航工具的完备性	0.153	0.047	0.218	3.243	0.002	0.616	1.624
	可获得性	0.201	0.043	0.355	4.700	0.000	0.489	2.046
	网站组织有序化	0.119	0.040	0.191	2.974	0.004	0.678	1.475
	主题突出	0.127	0.048	0.180	2.659	0.009	0.608	1.645
6	（模型）	0.973	0.257		3.789	0.000		
	馆藏完备性	0.082	0.053	0.140	1.548	0.125	0.325	3.080
	导航工具的完备性	0.141	0.046	0.201	3.047	0.003	0.608	1.644
	可获得性	0.197	0.042	0.349	4.722	0.000	0.488	2.049
	网站组织有序化	0.093	0.041	0.148	2.272	0.025	0.624	1.602
	主题突出	0.146	0.047	0.207	3.079	0.003	0.590	1.695
	适用性	0.119	0.052	0.174	2.307	0.023	0.467	2.143

续表

模型		非标准化参数		标准化	T	Sig.	共线性统计量	
		B	标准差	Beta			Tolerance	VIF
7	（常量）	0.916	0.256		3.576	0.001		
	导航工具的完备性	0.139	0.047	0.199	2.985	0.004	0.609	1.643
	可获得性	0.233	0.035	0.413	6.723	0.000	0.716	1.397
	网站组织有序化	0.100	0.041	0.160	2.450	0.016	0.633	1.580
	主题突出	0.159	0.047	0.225	3.368	0.001	0.608	1.645
	适用性	0.157	0.046	0.230	3.429	0.001	0.602	1.660
8	（常量）	0.630	0.288		2.186	0.031		
	导航工具的完备性	0.133	0.046	0.190	2.891	0.005	0.606	1.650
	可获得性	0.220	0.035	0.389	6.327	0.000	0.690	1.450
	网站组织有序化	0.107	0.040	0.172	2.662	0.009	0.628	1.593
	主题突出	0.158	0.046	0.223	3.410	0.001	0.608	1.645
	适用性	0.162	0.045	0.237	3.590	0.001	0.601	1.665
	完成任务程序的熟悉程度	0.070	0.034	0.107	2.039	0.044	0.949	1.054
9	（常量）	0.585	−0.284		2.060	0.042	0.595	1.681
	导航工具的完备性	0.146	0.046	0.208	3.189	0.002	0.677	1.477
	可获得性	0.229	0.034	0.406	6.653	0.000	0.576	1.735
	网站组织有序化	0.131	0.041	0.210	3.177	0.002	0.599	1.669
	主题突出	0.147	0.046	0.208	3.199	0.002	0.549	1.823
	适用性	0.190	0.046	0.277	4.089	0.000	0.939	1.064
	完成任务程序的熟悉程度	0.077	0.034	0.118	2.269	0.020	0.606	1.650
	完整性	−0.064	0.032	−0.131	−2.034	0.045	0.595	1.681

基于以上分析结果,本章构建的交互维度与数字图书馆整体性评估模型如图6-3所示。

关联性子维度

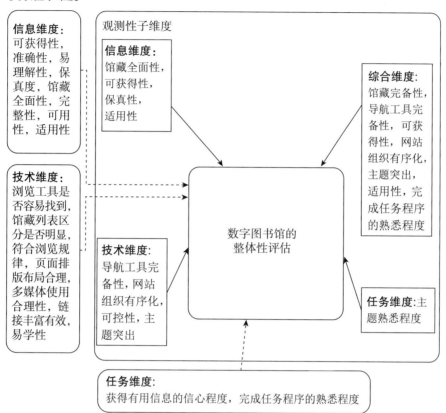

图6-3 交互维度与数字图书馆的整体性评估模型

6.8 结语

本章基于第5章提出的用户与数字图书馆交互模型(见图5-1),构建细化的基于用户多维交互行为的数字图书馆评估模型,分别探讨在任务、信息和技术维度下用户与数字图书馆之间的交互以及交互绩效间的关系,并且分析不同学历层次的用户在各维度及交互绩效的差异。同时,分析了用户与数字图书馆的交互维度对数字图书馆的交互功能、基于任务的数字图书馆及数字图书馆总体功能评估的影响。

6.8.1 不同学历层次的交互绩效

研究表明,不同学历层次的用户在有用性、导航功能完备、馆藏列表区分是否明显、符合浏览规律、页面排版布局合理、多媒体使用合理、易学性、高效性、网站组织有序化方面存在显著差异。在馆藏列表区分明显和高效性方面,本科生与硕士研究生之间存在显著差异;有用性、导航功能完备、符合浏览规律、页面排版布局合理、多媒体使用合理、易学性和网站组织有序化方面,本科生与博士研究生之间存在显著差异。在任务维度,不同学历层次的用户并不存在显著差异,但是在主题熟悉程度、完成任务程序的熟悉程度这两个方面存在显著差异的趋势,这可能是由于实验参加者并未感知模拟任务的难易程度所导致的。研究结果表明在与数字图书馆交互过程中,低层次学历的用户对各维度的交互要求相对较低,更容易满足其交互要求。因此,数字图书馆的交互设计应该考虑到不同学历层次用户的需求,在设计过程中应该有不同层次的交互设计,尤其是与技术维度相关方面的设计,同时提高数字图书馆界面的可用性。

虽然不同学历层次的用户在每一项任务的过程中与系统的交互绩效不存在统计意义上的显著差异,但整体上本科生与数字图书馆的交互绩效最优,博士研究生的交互绩效最差,导致未产生显著差异的主要原因可能是与任务维度的各指标不存在显著差异有关。但是,不同学历层次的用户在对数字图书馆进行不同方面的评估上存在显著差异,这种差异均体现在本科生与博士生之间,说明在任务难易程度相似的情况下,不同学历层次用户对数字图书馆的要求并不一致。

6.8.2 真实任务与模拟任务间的差异

Li[32]的研究结果表明,任务的复杂程度不同导致用户与系统的交互绩效产生显著差异。Byström 关于任务复杂性的一系列研究[33]及 Li 和 Belkin 的研究显示任务复杂性塑造用户的信息搜寻行为特点[34],并显著影响用户与系统的交互信息搜索行为。然而在本研究中,4 个模拟任务的交互绩效不存在显著差异,且 4 个模拟任务在主观感知任务困难度上并不存在显著差异,这有可能是模拟任务间的交互绩效未产生显著差异的主要原因。从总体上来说中等难度的学习型任务与高等难度的学习型任务相比,主观感知任务困难度相对较低,交互绩效相对较好;中等难度的解决问题型任务与高等难度的解决问题型任务相比,主观感知任务困难度相对较低,交互绩效相对较好。因此,在今后的模拟任务设计上,应该更加注意任务间的难易程度的设计,以便更有利地开展交互信息检索的研究。

实验参加者在真实任务和模拟任务间的显著差异体现在:相互独立性,主题熟悉程度,获得有用信息的信心程度,对相关主题的知识了解程度,搜索经历的丰富程度,客观任务复杂度,这些差异均是由于用户在某些方面的认知上的差异所导致,因为真实任务是用户的学期论文或科研项目等,但并没有对用户的交互绩效产生显著影响。实验结束前对用户进行的访谈显示,用户对于真实任务的熟悉程度确实更高,且搜索结果的目标更明确,但是对于搜索过程来说,并没有显著差异存在,对搜索结果表示出相同的满意程度,只是在认知上有所差异。因此,本研究的结果支持了 Borlund 和 Ingwersen[35] 的研究,也同时支持了第 5 章的研究结果:模拟任务可以代替真实任务进行实验。为了避免真实任务与模拟任务在认知上的差异,在模拟任务的设计过程中,除了要考虑兴趣、真实性和用户的自身需求外,应当使其任务复杂度与真实任务保持在同等水平,以便获得更加可靠的实验结果。

6.8.3　信息维度、技术维度与数字图书馆交互功能的评估

本研究的结果支持了 Xie[36] 的研究发现,即用户重视数字图书馆系统的可用性。基于技术维度的回归分析表明,技术维度的回归模型能较好地预测用户对数字图书馆交互功能的评估。另外本研究也同时支持了 Zhang Y.[37] 的研究,表明用户同样重视数字图书馆内容的有用性。在信息维度上的回归模型与技术维度的回归模型的解释能力相当,均能有效地预测用户对数字图书馆交互功能的评估。由此可见,对用户而言,数字图书馆内容层面的有用性和技术层面的可用性同等重要,信息维度和技术维度均是影响用户对其交互功能评估的重要方面。这一结果启示我们,数字图书馆要具有良好的交互功能且要赢得用户,内容建设和可靠的技术支持缺一不可。

同时,本研究并未发现传统的可用性指标(如易用性、可记忆性、一致性等)显著影响用户对数字图书馆交互功能的评估。这一方面说明,尽管"可用性"的确是人机交互研究的重要方面,但是系统的"可用性"和"交互功能"存在概念上的区别,并非等同,两者不能使用同样的指标来衡量和评估。另一方面也说明实验中所使用的 CNKI 已在一定的程度上满足传统的可用性指标,用户对这些指标的关注下降,而对

其页面表现及网站结构的相关指标则更为关注。这一点从研究发现的关联性子维度和预测性子维度可见一斑,尤其是预测性子维度,基于技术维度的回归模型中明确的因素均与页面表现和网站结构有关,而综合维度的回归模型中,与页面表现相关的因素也占了一半。可见,针对数字图书馆的交互研究应超越传统的可用性指标,更多地关注这两个子维度,以更准确地评估数字图书馆系统的可用性。

研究发现,信息的适用性和有用性与用户对数字图书馆交互功能评估的相关性最强,其次是馆藏的全面性,再次是可获得性和保真度。因而,提供适用的信息、增强内容的有用性是数字图书馆内容建设的重要任务,也是提升数字图书馆交互功能的必经之路。回归分析明确了适用性、易理解性、准确性和可获得性可预测用户对数字图书馆交互功能的评估结果:信息的适用性越强,越易于理解,可获得性越强,用户对数字图书馆的交互功能的评估结果越好。回归结果表明,适用性是最为重要的预测变量,这启示我们在数字图书馆的资源建设过程中,应更多考虑用户群体特点及他们的工作任务和情境,只有如此,才能提供满足用户需求的适用信息。

然而,研究发现,尽管信息的准确性与数字图书馆的交互功能评估正向相关,即用户获得的信息越准确,对数字图书馆的交互功能的评价越高,评估结果越正面。但在回归模型中,准确性却是负向预测用户对数字图书馆交互功能的评估。导致这一结果的原因可能是由于不同的因素加入到模型中,这些因素产生交互,影响了准确性对数字图书馆交互功能评估的预测;此外,也可能存在一些潜在的、未被发现的因素或中介变量,影响了准确性与数字图书馆交互功能评估之间的关系。例如,用户如果在获得准确信息的过程中,付出了过多的交互努力和承受了过重的认知负担,都可能影响用户对系统交互功能的评估,带来负面的影响。再者,样本中的异常值也可能影响了回归的结果。相似的情况还发生在馆藏列表区分度和内容的完整性上,尽管相关分析显示了正向相关关系,然而回归分析却表明负向的预测关系。导致此结果的原因同样有可能是存在一些潜在变量的影响、变量之间的交互及异常值的出现。总之,这是一个值得关注的问题,需要在未来的研究中开展更具针对性的研究,以揭示这些因素之间的关系。就目前的研究结果来看,这几项指标不是很好的预测指标。

综合各维度的回归分析则表明,技术层面的"页面表现"是最为突出的子维度,其中的因素,包括"链接丰富有效""页面排版布局"及"主题突出"能有效地预测用户对数字图书馆交互功能的评估。这一发现对数字图书馆的设计具有实践意义,即在开发和设计数字图书馆的过程中,开发和设计者应着重考虑这几项因素,确保数字图书馆页面的链接是丰富有效的,页面的排版布局是合理的,以及页面上的主题能准确表达文章或词条的核心内容,如此,便可有效提升数字图书馆的交互功能。

6.8.4　任务维度与数字图书馆交互功能的评估

任务研究是近几年来情报学领域的热点研究之一,近年来的研究也表明任务是影响和塑造用户信息搜索行为的重要因素[38-40]。因而,本研究将任务作为用户的交互维度之一加以考察,试图探究其究竟是不是同样影响用户对数字图书馆的评估,尤其是对交互功能的评估。此前的研究表明,相较于数字图书馆的内容和技术支持,任务对用户与数字图书馆的交互绩效影响较小,在考察任务的不同维度时,虽发现"任务的复杂程度""任务的困难程度""完成任务的方法和过程的熟悉程度"等与交互绩效相关的因素,然而,仅有"获得任务所需相关信息的信心程度"能有效预测用户的交互绩效[41]。本研究支持了这一结果。在数字图书馆的交互功能评估中,相比于信息维度和技术维度,任务维度对预测用户对数字图书馆交互功能的评估表现偏弱。虽考察了任务的诸多维度,但仅有"搜索任务困难度"与数字图书馆的交互功能显著相关并能有效预测用户对数字图书馆交互功能的评估结果。尽管调整 R 方偏低,但从不同变量的残差分析来看,回归模型合理,模型 F 值显著,表明该要素是较好的预测指标。这一结果启示我们,用户对搜索任务困难度的感知明显,他们相对而言,比较重视任务维的这一子维度。因而,该子维度应该成为开发和设计数字图书馆交互功能时需引起重视的因素,即应增强系统对不同困难程度任务的支持,尤其是增强对高难度搜索任务的支持,是提升系统交互功能的有效途径。同时,该结果也启示我们,适应并支持不同困难程度的搜索任务,可提升数字图书馆的个性化性能。从这一角度看,本研究对推进基于任务的个性化信息检索的研究具有一定的意义。

更为重要的是,由于任务只在有限的方面影响用户与数字图书馆的交互绩效及对数字图书馆的评估,因而,在数字图书馆评估及交互信息检索系统评估过程中,我们确实可以摒弃评估实验中采用模拟仿真工作任务情境还是真实工作任务情境的争执[42],采用任何一类任务或者是混合两类的任务类型,都不会显著影响用户对系统的评估。取而代之的应是重视"搜索任务困难度"这一因素,即在评估研究中,尤其是实验研究中,任务的设计要考虑不同的工作任务是否引发了不同困难层次的搜索任务,如果忽略了这一因素,采用困难程度相当的任务设计,评估的结果是不全面且存在偏差的。因而,本研究的发现为更科学地设计评估实验中的任务类型提供了实证依据。

6.8.5 用户与各维度交互对数字图书馆评估的影响

本研究将用户与数字图书馆交互的维度确定为信息、任务和技术,并进一步分析了用户在与这三个维度交互时在交互功能评估、基于任务的评估和整体性评估三方面所产生的影响。

研究发现,用户与三个维度的交互在不同程度上影响了数字图书馆评估的结果:在基于任务的数字图书馆评估方面,信息维度的有用性、保真度,技术维度的网站组织有序化、易学性、导航功能完备性显著影响了用户基于任务对数字图书馆的评估结果。

在数字图书馆的整体性评估方面,信息维度的馆藏全面性、可获得性、保真度、适用性;任务维度的主题熟悉程度;技术维度的导航工具完备性、网站组织有序化、可控性及主题突出能够预测用户对数字图书馆的整体性评估结果。当然,这些指标是评估数字图书馆的重要指标[43-44]。因此,在今后数字图书馆的设计过程中,应该重视这些指标,将对这些指标的考量融入数字图书馆的开发和建设过程中,尤其是内容和技术层面的建设及对不同任务的支持。

对比基于任务的数字图书馆评估、数字图书馆的交互功能评估、数字图书馆的整体性评估,可以发现在信息维度方面,用户在基于任务的数字图书馆的评估时更加侧重于信息的有用性和保真度,以期望能完成任务,但在交互评估和整体性评估方面,更加侧重于信息的易理解性、适用性和准确性,对信息内容的要求更加全面和具体,目的不局限于完成任务即可,对内容有了更高层次的要求。在任务维度,搜索任务的困难程度和任务主题的熟悉程度是最为关键的任务指标,说明用户在评估数字图书馆的交互功能和整体表现时,任务的困难程度确实对评估的结果造成了一定的困扰,而对任务主题的熟悉程度可正向影响他们评估的结果,这一研究结果弥补了以往研究的不足[45]。在技术维度,网站组织有序化均对各评估结果有显著影响,说明数字图书馆在界面上的设计应该更加重视网站的组织和排版。而基于任务的评估方面,用户希望系统的导航功能完备且易于学习,使其能更加有效地完成任务;在交互评估方面,用户更加重视主题突出和链接丰富有效满足其交互需求;在整体性评估方面,可控性也是用户看中的方面。

除上述指标外,实验中发现,信息维度除本次选取的各指标外,在进行的 240 次任务中用户有 35.83% 次认为权威性、24.58% 次认为更新速度、20.00% 次认为学科分类清楚、9.58% 次认为馆藏质量、5.00% 次认为馆藏分类、3.75% 次认为简洁性方面对信息的获取极有帮助。从中我们可以看出,用户更加看重信息的权威性、更新速度和学科分类,因此在今后的研究中应该继续验证其对用户与数字图书馆的交互及对交互绩效的影响。

为科学地评估用户与数字图书馆的交互功能、对任务的支持程度及总体功能,应更多地考虑用户与数字图书馆评估结果显著相关的不同方面,也即是给予更多的权重。研究启示我们,用户与数字图书馆的交互虽是多维的,但不同维度及因素对数字图书馆的不同方面影响程度是不同的,因而数字图书馆开发和设计过程中,也应考虑到这些差异,以帮助设计更为高效的数字图书馆。

6.8.6 研究局限与展望

本章采用的实验研究方法具有一定的局限性,四个模拟任务的难易程度未能显著区分。其次,本研究招募 48 名实验参加者,每人都选取一个真实任务,从而导致真实任务的可靠性降低,可能导致结果的偏差,要如何对真实任务进行合理的控制还需要进一步探讨。另一方面,本研究并未考察用户关于每一任务的检索结果,不同用户对同一任务而言,可能会有不同的检索结果,从而导致对系统各方面评价的差异。

现阶段数字图书馆研究面临的重要问题是建立数字图书馆评价理论和评价方法体系,对其进行系统的实证评估。针对现有研究的不足和本研究的发现,未来的研究在分析用户交互绩效及各方面数字图书馆评估的基础上,进一步分析本次实验的视频数据,对用户与数字图书馆交互的信息行为进行进一步分析,从定性的角度说明用户的交互过程及绩效结果,使本研究数据分析的结果更具说服力。同时,补充绩效评价的硬指标,如通过查全率和查准率检测用户对每一任务的检索结果,验证不同用户的检索水平与自评结果是否一致,进一步考察用户检索的绩效水平,与用户自评的交互绩效的结果进行对比,全面反映用户的交互结果。本研究虽然对国内外的数字图书馆评估指标进行总结,得出交互功能评估、基于任务的评估及整体性的评估理论模型,但是这些模型是否适合国内的数字图书馆的评估还有待于进一步验证。最后,本研究只针对 CNKI 进行评估,未来可以选取中国国家数字图书馆、中国科学院国家科学图书馆等其他典型的数字图书馆进行进一步验证,提升其可靠性和适用性,使其能满足不同类型、不同视角的数字图书馆评估实践的需求。

参考文献:

[1] BORGMAN C L,LEAZER G H,GILLILAND-SWETLAND A J,et al. Iterative Design and Evaluation of a Geographic Digital Library for University Students:A Case Study of the Alexandria Digital Earth Prototype[M]//Proceedings of the 5th European Conference on Research and Advanced Technology for Digital Libraries. London:Springer Verlag,2001:390 – 401.

[2] SARACEVIC T. Digital library evaluation:toward an evolution of concepts[J]. Library trends,2000, 49(3):350 – 369.

[3] SARACEVIC T. Evaluation of digital libraries:an overview[EB/OL]. [2013 – 06 – 30]. http:// www. scils. rutgers. edu/ ~ tefko/DL_evaluation_Delos. pdf.

[4 – 5][8][19][37][43] ZHANG Y. Developing a holistic model for digital library evaluation[J]. Journal of the American society for information science and technology,2010,61(1):88 – 110.

[6][17] NIELSEN J. Usability Engineering [M]. Boston MA:Academic Press,1993:65 – 82.

[7][41 – 42] XIE H I. Evaluation of digital libraries:criteria and problems from users' perspectives[J]. Library& information science research,2006(28):433 – 452.

[9][11 – 14][44] 黄晓斌,卢琰. 论数字图书馆用户界面的评价[J]. 图书馆论坛,2005(3):16 – 19.

[10][15 – 16]邱明辉. 数字图书馆可用性评价研究综述[J]. 国家图书馆学刊,2010(3):33 – 38.

[18] XIE H I. Users' evaluation of digital libraries(DLs):their uses,their criteria,and their assessment [J]. Information processing and management,2008,44(3):1346 – 1373.

[20] 李月琳,肖雪,全晓云. 数字图书馆中人机交互维度与用户交互绩效的关系研究[J]. 图书情报工作,2014,58(2):38 – 46.

[21][33] BYSTRÖM K,JÄRVELIN K. Task complexity affects information seeking and use[J]. Information processing & management,1995,31(2):191 – 213.

［22］PHARO N. A new model of information behaviour based on the search situation transition schema ［EB/OL］. Information research,2004,10(1)［2013 - 11 - 14］. http://informationR. net/ir/101/paper203. html

［23］LANDRY C F. Work roles,tasks and the information behavior of dentists［J］. Journal of the American society for information science and technology,2006,57(14):1896 - 1908.

［24 - 25］［34］LI Y,BELKIN N J. An exploration of the relationships between work task and interactive information search behavior［J］. Journal of the American society for information science and technology,2010,61(9):1771 - 1789.

［26］［31］［45］LI Y,BELKIN N J. A Faceted approach to conceptualizing task in information seeking ［J］. Information processing & management,2008,44(6):1822 - 1837.

［27］［29］［32］LI Y. Exploring the relationships between work task and search task in information search ［J］. Journal of the Ameican society for information science and technology,2009,60(2):275 - 291.

［28］［30］LI Y. An exploration of the relationships between work tasks and users' interaction performance ［C］//ASIST 2010. USA,2010.

［35］BORLUND P,INGWERSEN P. The development of a method for the evaluation of interactive information retrieval systems［J］. Journal of documentation,1997,53(3):225 - 250.

［36］［38］XIE H. Evaluation of digital libraries:criteria and problems fromusers' perspectives［J］. Library and Information science research,2006,28:433 - 452. .

［39］KIM K S,ALLEN B. Cognitive and task influences on web searching behavior［J］. Journal of the American society for information science and technology,2002,53(2):109 - 119.

［40］O' BRIENA H L,TOMS E G. Examining the generalizability of the user engagement scale (UES) in exploratory search［J］. Information processing and management,2013,49(5):1092 - 1107.

7　基于关键成功因素的评估模型拓展

作为交互信息检索系统的一种类型,数字图书馆可以被视为一系列交互元素的集合[1]。在一定意义上,用户与数字图书馆交互能否成功决定着用户能否有效获取数字图书馆资源。因此,在数字图书馆设计和评估活动之中,交互功能应是被着重考量的关键方面。第6章从不同的用户视角构建了三个数字图书馆评估的理论模型。其中,基于用户多维交互行为的数字图书馆评估模型较全面地考虑了用户与数字图书馆的交互功能和影响因素。然而,尽管该模型对信息、技术和任务这三个维度在一定程度上进行了细化,但是细化后的子维度(如信息维度下的可获得性、适用性、准确性、易理解性等子维度)还值得进一步拓展,以助于构建更为切实可行的数字图书馆交互功能评估工具。

关键成功因素(Critical Success Factors,CSFs)概念出现于20世纪60年代,是商业管理领域中推动企业发展的重要方法。在多个影响组织目标实现的因素中,存在若干关键和主要的因素可以起到决定性作用,这些要素可以有效提升组织的核心竞争力,对企业的成功至关重要。关键成功因素分析方法就是确定这些影响组织目标实现的关键因素,进而进行有效改进以提升组织绩效。在数字图书馆环境下,关键成功因素分析方法同样值得借鉴。例如,利用该方法进行系统的规划,识别导致用户与数字图书馆交互的关键成功因素,确定影响交互的因素的优先顺序,科学规划数字图书馆系统的建设,同时也可以为数字图书馆的评估提供参考,使评估在操作层面上的执行更加畅通,相比于以往笼统的评估指标更具实践性和可操作性,且这样的评估更加贴近用户。

本章分别从专家视角和用户视角出发,基于第6章提出的评估模型,通过深度访谈及实验与深度访谈相结合的研究方法,以提高用户与数字图书馆的交互绩效为目标,确定不同交互维度(信息、技术、任务)及各子维度(可获得性、适用性、易理解性、准确性、主观感知任务困难程度、主题突出、链接丰富有效、网站组织有序化、页面排版布局合理)的关键成功因素,并进一步细化评估维度和评估指标,使其更具普适性和可操作性。通过对关键成功因素的识别,能够更加清晰地获取用户实现与数字图书馆有效交互的关键成功因素集合,从而为数字图书馆评估和建设提供参考。

7.1 数字图书馆交互与关键成功因素相关研究回顾

7.1.1 数字图书馆交互评估模型回顾

本书的第2、第5章已回顾了研究数字图书馆评估的相关文献。正如前述章节所指出的,国内外相关研究虽然对评估体系和评估模式已有较多分析,但缺乏被广泛接受的体系和模式,评估标准不够细化。目前,宏观的数字图书馆评价框架已经建立。例如,基于Saracevic的分层交互模型[2](Stratified Interaction Model)、Ingwersen的信息交互认知模型[3]、Belkin的片段模型[4](Episode Model),以及考虑到数字图书馆的特殊情境,李月琳等人[5]提出用户与数字图书馆交互的三维模型(具体内容参见本书第5章)。上述模型中,李月琳等人提出的模型将用户交互分为三个维度,即信息维度、技术维度和任务维度,初步构建了用户与数字图书馆交互的三维理论模型。其中,"所获信息充分性""界面易用性""导航清晰性""栏目信息组织合理性"以及"获得任务所需信息的信心"影响了用户与数字图书馆的交互绩效。

在此基础上,第6章的研究采用卡片排序法(Card Sorting)、模拟—仿真工作任务情境(Simulated Work Task Situation)实验研究方法,发现用户在信息、技术和任务三个维度的预测性和关联性指标。齐雪的研究对数字图书馆交互三维模型进行了进一步的细化和丰富,发现信息维度的"可获得性""适用性""易理解性""准确性",技术维度的"主题突出程度""链接丰富有效程度""网站组织有序化程度""页面排版布局合理程度"以及任务维度的"主观感知任务困难度"显著影响用户与数字图书馆的交互[6]。基于以上分析结果构建数字图书馆交互功能评估模型,如图7-1所示。

7.1.2 关键成功因素相关研究

CSFs方法的提出者Rockart指出:①CSFs提供的关键因素可用于指导基于计算

机的信息系统的开发;②由于 CSFs 方法明确了经理需关注的关键领域,因此能够帮助组织开发出对 CEO 有用的信息系统[7]。此方法一经提出,便被广泛地应用于 MIS 规划与开发及组织的需求分析。为评估该方法的适用性,Boynton 和 Zmud 开展了多案例研究[8],结果表明,虽然有需要克服的缺点,如通过访谈方法来确定关键成功因素本身的弊端、对于基础管理层次的效果不显著等,但总体来说,采取如聘用有经验的分析师、全面分析和了解组织、针对组织的不同层次实施多次访谈等措施,则可克服该方法的弊端,极大提高其使用效果。近年来,这一方法主要被用于 E-Learning、ERP 系统、E-Commerce 及企业安全管理的相关研究。

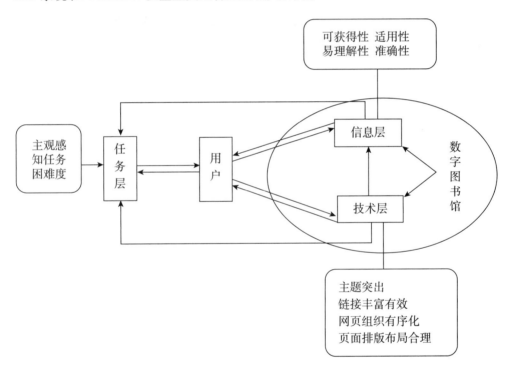

图 7 – 1　数字图书馆交互功能评估模型[9]

研究者从不同视角探讨了影响 E-Learning 成功的关键成功因素,如学生[10]、ICT 专家[11]及教师[12]。这些研究既关注 E-Learning 本身的成功因素,同时也关注 E-Learning 系统的关键成功因素[13-14]。对 E-Learning 而言,CSFs 包括教师的态度及对技术的控制、教师的教学风格、学生的学习动机及技术能力、学生的交互协同能力、课程内容、结构与设计、校内网络登录的容易程度、信息技术与基础设施的有效性及大学对 E-Learning 活动的支持[15-16]。Yengin, Karahoca 和 Karahoca 的研究发现,教师对 E-Learning 系统的满意度表现在不同方面,包括系统设计、系统质量、服务质量、系统传输、系统结果等方面[17]。Tanrikulu 等的研究则从系统的角度揭示 E-Learning 的关键成功因素,包括系统的可用性、交互、功能性、可重复使用性、评估、适当性、设计、互操作性和可获取性等[18]。在 E-Learning 实施的过程中,学生和教师是 E-Learning 系统的用户,E-Learning 系统必须有效地支持用户与系统的交互,以确保 E-Learning 的成功。因此,该领域的研究可启发用户与数字图书馆的交互研究[19]。

ERP 的实施是企业实现信息化的重要手段。Nah 等及 Hanafizadeh 等基于文献回顾明确已有研究揭示了 ERP 成功实施的关键因素,包括已有 IT 系统、商业规划与愿景、沟通等。Nah 等调查了 CIO 的观点,结果表明,高层管理的支持、ERP 团队和构成、项目推动者、项目管理及变革管理与文化[20]是关键成功因素;而 Hanafizadeh 等则在 5 家跨国公司开展案例研究,提炼了 7 个关键成功因素,如高层管理的支持、BPR、培训、沟通、变革管理、项目管理及项目团队[21]。Akkermans 和 Helden 的案例研究得出了相似的结果[22]。Somers 和 Nelson 则通过问卷调查,明确了 ERP 实施不同阶段的最重要的 5 个 CSFs[23],包括初始阶段的构建选择、清晰的目标和目的、与零售商的伙伴关系、高层管理的支持及精细的套餐选择;采纳阶段包括高层管理支持、项目团队的能力、领导委员会的使用、与零售商的伙伴关系及专项资源等。

E-Commerce 网站的成功对于电子商务的成功来说至关重要。Liu 和 Arnett 的研究明确 E-Commerce 网站成功的四个 CSFs,包括信息和服务质量、系统使用、可玩性及系统设计质量[24]。以此帮助电商改善服务,提升 E-Commerce 的绩效。Colla 的研究也表明,一个功能完备、快速并易于使用的网站是 E-Commerce 成功的关键因素之一[25]。

以上研究表明,CSFs 方法主要应用于与 ICT 技术密切相关的领域。由于数字图书馆也是基于 ICT 技术的,因而,应用该种方法探讨用户与数字图书馆交互的关键成功因素也是适当的。因此,本研究从关键成功因素视角出发,基于齐雪构建的数字图书馆交互功能评估模型[26],通过深度访谈以及实验与访谈相结合的研究方法,分别从专家和用户视角探讨用户实现与数字图书馆交互成功的关键因素,从而为数字图书馆开发、建设与评估提供借鉴。

7.2 数字图书馆交互的关键成功因素分析:专家视角

7.2.1 研究方法

（1）研究对象

本研究共访谈了 12 位数字图书馆领域的专家。为了更好地挖掘用户与数字图书馆交互的关键成功因素,访谈对象锁定在有 10 年以上图书馆工作经验、在数字图书馆领域有一定研究背景和建设经验的资深馆员。为了取得良好的访谈效果,访谈对象优先选择那些善于交流的馆员。最终选定的 12 位访谈对象的基本情况如表 7-1所示。

表 7-1　访谈对象基本情况表

工作年限	≤10 年	10 年—20 年	≥20 年
人数（占比）	2(16.7%)	6(50.0%)	4(33.3%)
接触数字图书馆年限	≤5 年	5 年—10 年	≥10 年
人数（占比）	1(8.3%)	6(50.0%)	5(41.7%)
职务分布	馆长	资深馆员	其他
人数（占比）	3(25.0%)	7(58.3%)	2(16.6%)

（2）专家访谈大纲的设计与修正

访谈提纲围绕着用户与数字图书馆,结合收集整理的其他文献资料进行质性分析,针对用户与数字图书馆交互功能的关键成功因素设计访谈提纲。访谈大纲分为两部分:第一部分主要介绍研究内容、访谈目的,并进行保密申明;第二部分是访谈的主体,主要围绕信息维度、技术维度和任务维度的几个可预测性维度展开。访谈大纲见附录 2。

（3）访谈准备

为更好地实施访谈,研究人员提前与访谈者沟通,邀请其接受访谈,并简要介绍访谈的内容,确定访谈时间。在正式访谈前一天与访谈者确定具体访谈地点和时间。

a.访谈场所:受访者所在单位会议室,访谈者办公室或星巴克咖啡厅,总之,尊重受访者的选择。

b.访谈形式：每位只进行一次访谈，访谈时间根据访谈情况而定。

c.材料准备：访谈提纲、参与者同意书、录音设备。

为保证访谈的顺利进行，在正式访谈之前，本研究开展了预访谈，并对预访谈的结果进行初步分析，基于分析结果修正图 7－1 所示的模型，尤其是相关定义，结果见 7.2.2 小节。同时，根据预访谈对访谈大纲进行了修正。

（4）数据处理

除了采用面对面的传统访谈外，本研究尝试性地应用了以 QQ 为工具的远程访谈，受访者与访谈者通过 QQ 建立访谈环境，借助键盘进行访谈，并将整个聊天记录保存下来作为原始资料。所以本研究的原始访谈资料分为音频和文档两类文件。对音频资料的整理主要是将访谈录音转录为文字，以便深入分析。对 QQ 访谈记录文档的处理很简单，主要是去掉多余的系统提示等。

质性研究访谈记录均为音频资料。在分析之前，需要多次反复听取录音，回忆当时的场景，从而还原访谈者的态度，把握访谈者的真实意愿，整个转化过程是一个集分类、推理、解释为一体的过程。本研究对每一份访谈文本都进行了编号处理，编号规则以时间为主，如 20141201 表示在 2014 年 12 月 1 日采集的访谈记录。最后将所有资料导入到 QSR Nvivo8.0 中，借助 Nvivo8.0 进行统一数据的处理和分析。

7.2.2 模型修正

数字图书馆交互模型涉及图书馆、计算机、信息组织等多个交叉领域，在概念的界定上很容易存在概念定义不准，概念划分不清的情况。此外，图 7－1 的模型是基于用户研究形成的理论模型，而本研究试图从专家的角度探讨数字图书馆的交互问题，因此，对其进行修正是必要的。

（1）信息维度的修正

原有模型将信息维度细化为适用性、易理解性、准确性和可获得性等子维度（具体内容参见第 6 章表 6－1）。半结构访谈问题设计的准确性和直接性直接影响专家对问题的反馈质量。在预访谈过程中，上述子维度的定义从专家的视角看仍不够细化，影响了被访谈者对于概念的理解，从而对问题产生分歧。因此，有必要进一步界定这些子维度。为此，我们通过查询专业术语、回顾相关文献，并与相关领域的专家讨论,最终更细致地界定了适用性、易理解性、准确性及可获得性的定义,见表7-2。

表7-2 修正后信息维度下各子维度的定义

信息维度的子维度	描述
适用性	用户期望获取的信息与用户通过数字图书馆实际获得的信息之间的匹配程度。其中除了用户主动与数字图书馆交互产生的数据适用性外,还包括数字图书馆的智能推送信息与用户喜好的关联
易理解性	数字图书馆在使用过程中易于用户理解,其中不仅包括数字图书馆的界面易于用户理解,还包括数据内容以及操作过程等
准确性	数字图书馆能准确地提供并展示用户所需的内容
可获得性	用户可以便捷地使用数字图书馆,并获取所需资源

(2)技术维度

原模型中提到关于技术维的预测性子维度有"主题突出""链接丰富有效""网页组织有序化"和"页面排版布局合理"等内容(具体内容参见第6章表6-4)。由上述概念的界定,可以看出,主题突出的前提是网页组织有序化。所以,主题突出子维度与网页组织有序化子维度有内容上的重叠,两者存在概念上包含与被包含的关系。同样,链接丰富有效子维度的前提是网页组织有序化,两者同样有包含与被包含的关系。网页组织有序化子维度的定义,是一个范围比较大的概念,囊括了"条理化""好""有序化"以及"良好"这样的描述,但是描述本身只是一个状态,并没有详细地指出具体应该做什么。而页面排版布局合理子维度,主要是指页面布局的密度和界面的表现形式。由此可知,技术维度的四个子维度,在概念界定上并不是很清楚,有待完善。结合专家的观点和对相关概念的理解,将技术维度的子维度进行重新划分,并根据划分情况对各个子维度进行重新定义。

对于上述子维度的划分和定义,本研究根据计算机理论知识,结合网站建设和信息架构方面的理论知识,重新界定概念"页面结构"和"页面布局"的概念。页面结构如同数字图书馆的骨架,页面布局如同肌肉,而页面链接则如同筋脉。三者可以作为一个并列的概念来界定技术维度。详见表7-3。

表 7 - 3 修正后技术维度下各子维度的定义

技术维度的子维度	描述
页面结构	根据客户需求分析的结果,准确定位网站目标群体,设定网站整体架构,规划、设计网站栏目及其内容,制定网站开发流程及顺序,以最大限度地进行高效资源分配与管理的设计
页面布局	根据网页架构将各个页面元素以最合适的浏览方式排放在页面合理的位置
页面链接	页面超级链接的数量、质量和深度

任务维度中的可预测子维度比较简单,在定义方面也比较好掌控,专家与用户的理解并不存在歧义。具体定义可参见第 6 章表 6 - 5。

综上所述,本研究得出基于专家视角的数字图书馆交互模型理论框架,如图 7 - 2 所示。通过半结构化专家访谈,可从专家的视角,探知影响用户与数字图书馆交互成功的关键因素,并借助定性数据分析方法,对各个关键因素重新进行分析整理,进而明确用户与数字图书馆交互过程中交互成功的关键因素。

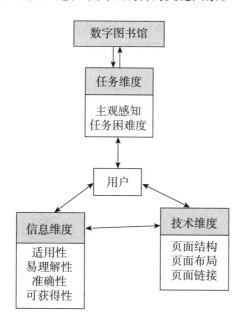

图 7 - 2 用户与数字图书馆交互模型框架图

7.2.3 信息维度下的子维度交互成功的关键因素分析

本研究将信息维度划分为 4 个子维度,分别是适用性子维度、易理解性子维度、准确性子维度和可获得性子维度。通过开放编码分析访谈数据,信息维度下 4 个子维度的编码共 196 个。具体分布情况如下:适用性子维度有 54 个;易理解性子维度有 51 个;准确性子维度有 39 个;可获得性子维度有 52 个。

(1)适用性子维度分析

经过分析整理半结构化访谈记录,在适用性子维度下,共获得 54 个编码,分析各个编码,并将编码的内容按照主题进行合并和重组,最终将 54 个编码归类到 4 个主题之中(即关键成功因素),分别是:资源的标准化、检索系统的智能化、界面的简洁化和用户需求的明确化。资源标准化是指收录到数字图书馆的资源以及数字图书馆页面等都需要有一个统一的标准。检索系统的智能化是指提高数字图书馆在检索方面应该引入一些算法,从而让检索更加智能化。界面的简洁化是指数字图书馆的界面应该以简洁为主,具体数据详见表 7-4。

表 7-4 适用性子维度开放编码表

信息维度的子维度	关键成功因素	开放编码	
适用性(54)	资源的标准化	• 学科分类合理	• 符合实际需要
		• 标准化资源	• 合理的信息资源分类整理
		• 分类著录标准化	• 做好自己的整合和归类
		• 元数据	• 将资源分好类
		• 内容组织科学	• 有效的资源划分利于用户的检索
		• 资源存储有一定的标准和规范	• 建立一定的规则
			• 让每条记录尽量符合一定的标准
		• 资源存储结构设计合理	• 数据库建设字段划分合理
		• 存储结构的设计和精细度	• 参考一些元数据标准

续表

信息维度 的子维度	关键成功 因素	开放编码	

适用性
(54)
	检索系统的
	智能化
		• 检索方法多样性
		• 优化方法,提高效用
		• 智能化
		• 检索功能完善
		• 尽量提供多一些的检索点
		• 用户见多算法的设计
		• 支持二次检索
		• 可以标记检索结果
		• 允许用户对检索结果进行
		  重新排列
		• 拥有良好的检索算法
		• 提供站内检索
			• 建立用户输入和系统数据之间的
			  强关联性
			• 优化算法
			• 提高检索效率
			• 提升检索结果的准确性
			• 对于用户的一些误操作提供纠正
			• 近似检索内容的展示
			• 列出相近的检索数据
			• 可以引入相似度的排列算法
			• 语义识别的应用也很普遍

	界面的简洁
	化
		• 界面的内容要简洁
		• 界面统一
		• 文字内容不要太多
		• 让用户在最短的时间链接
		  页面信息
			• 不要把大量各异的信息放在同一
			  个界面
			• 页面文字表达要通俗易懂
			• 提供多种显示方式
			• 界面结构清晰

	用户需求的 明确化	• 从需求入手 • 以人为本 • 满足用户的需求 • 增强对读者的了解	• 研究读者 • 明确主要使用对象 • 确定用户的使用需求 • 了解用户

（2）易理解性子维度分析

经过分析整理半结构化访谈记录,在易理解性子维度下,共获得51个编码。通过对这些编码进行归类,最终归纳为3个关键成功因素,即完善的辅助系统、简单的系统操作和清晰的页面结构。完善的辅助系统是指数字图书馆建设要考虑增设一些辅助系统帮助用户理解数字图书馆及其资源构成;简单的系统操作是指数字图书馆应该简化操作;清晰的页面结构是指数字图书馆应该保证每个页面的各个元素都清晰(见表7-5)。

表7-5 易理解性子维度开放编码表

信息维度的子维度	关键成功因素	开放编码	
易理解性 (51)	完善的辅助系统	• 增设导航 • 提供网站地图等 • 帮助功能 • 增加帮助菜单 • 在线咨询 • FAQ 系统 • 为用户提供在线等帮助 • 提供使用说明 • 检索界面提供检索帮助和示例等 • 公开检索方式和算法 • 及时的反馈和帮助 • 提供用户自己交流的平台	• 提供提问的渠道 • 提供帮助 • 随时的在线服务 • 电话、网络等在线服务 • 提供在线视频和讲座 • 开设网络讲座帮助用户理解数字图书馆的使用 • 提供导航或帮助菜单 • 提供用户所在的位置图 • 添加检索样本帮助用户建立查询 • 提供学习培训资料
	简单的系统操作	• 尽量减少用户操作的复杂度 • 把复杂的数字对象之间的联系变换为简单的超文本链接的模式 • 与其他资源实现无缝链接 • 对常用链接突出显示,便于用户看到 • 采用常用的检索及浏览模式 • 在容易出错的地方,提供一些纠错方案 • 对于出错的页面的操作要提供可能多一些的链接	• 无缝概念 • 集中显示结果的分布、总条目数等 • 提供多种约束条件的筛选 • 检索结果的显示可以根据用户自己的理解选择显示方式 • 采用一些算法实现自动匹配功能 • 常用信息突出显示 • 错误界面的操作易于用户理解 • 遵循常用操作习惯

续表

信息维度的子维度	关键成功因素	开放编码	
易理解性（51）	清晰的页面结构	• 数字图书馆页面文字表达要通俗易懂 • 统一语言和术语 • 界面结构清晰 • 界面结构易懂 • 重要信息要突出显示 • 不同信息区分清楚 • 符合浏览规则 • 用一种语言、语法规则	• 使用一致的输入输出界面模型 • 出错界面的描述语言要易于理解 • 描述信息的完整性 • 尽量少用太专业的术语 • 使用图片要让用户易懂 • 内容划分很清晰

（3）准确性子维度分析

在准确性子维度下，开放编码共确定 37 个编码，本研究进一步地归纳这些编码，形成了五个关键成功因素，分别是：元数据内容准确、网站内容准确、操作准确、资源定位准确、用户定位准确。元数据内容准确是指数字图书馆所提供的资源都应该准确无误；网站内容准确是指数字图书馆自身界面的内容准确无误；操作准确是指数字图书馆在用户操作的交互过程中通过纠错等功能系统帮助用户提高准确性；资源定位准确是指数字图书馆在选取资源的时候应该有明确的定位，尽量提供专而全的数据内容；用户定位准确是指数字图书馆应该有明确的服务对象，从而更好地把握服务方向和服务内容，满足用户的需求（见表 7 - 6）。

表 7 - 6　准确性子维度开放编码表

信息维度的子维度	关键成功因素	开放编码	
准确性（39）	元数据内容准确	• 每一条数据都需要核实 • 数据内容及时更新，保证时效性 • 数据本身具有权威性 • 对于内容偏激或者结论含糊的数据，要注意筛除	• 保证每一条数据都是正确的 • 描述无误 • 对系列性的数据尽量收集全面 • 提高收录数据的内容质量 • 提高数据的可信度 • 数据真实客观

续表

信息维度的子维度	关键成功因素	开放编码	
准确性 （39）	网站内容准确	• 语法拼写需要检查 • 数据内容及时更新,保证时效性 • 保证每一个链接准确 • 数字图书馆每个条目都正确无误 • 描述无误 • 菜单中的类目名称一致	• 信息的描述尽量通俗 • 数字图书馆自身菜单、链接等无错 • 数据内容跟链接内容一致 • 内容编排的一致性 • 链接定位要准确
	操作准确	• 系统可纠正用户输入的简单错误 • 系统自动判断用户是否输入正确的检索词 • 系统对于用户的拼写提供纠正 • 存在纠错体系 • 操作合理 • 引导用户输入常用的字段进行搜索	• 搜索内容的展示要准确 • 采纳一些算法 • 优化操作 • 提供工具层次的互操作 • 用户能准确检索 • 选择适合的检索区域
	资源定位准确	• 建设数字图书馆的目的要明确 • 资源要定位	
	用户定位准确	• 建设数字图书馆的目的要明确 • 数字图书馆有明确的服务对象	

（4）可获得性子维度分析

开放编码的结果表明,在可获得性子维度下,共得到 52 个编码,可归纳为 7 个关键成功因素,分别是:检索渠道多样、检索功能智能、检索结果分类显示、检索结果形式丰富、检索数据安全可靠、存储操作方便和个性化存储服务。检索渠道多样是指为用户提供多种检索渠道;检索功能智能是指为用户提供尽可能智能化的检索服务;检索结果分类显示是指为用户提供检索结果的分类显示,方便用户筛选数据;检索结果形式丰富是指系统提供多样化的结果展示方式;检索数据安全可靠是指保证数字图书馆提供的数据以及用户自身信息的数据的安全性;存储操作方便是指便于用户有针对性地保存检索结果;个性化存储服务是指为用户提供个性化的操作空间,从而存储检索结果。详见表7-7所示。

表7-7 可获得性子维度开放编码表

信息维度的子维度	关键成功因素	开放编码	
可获得性 (52)	检索渠道多样	• 提供多渠道检索 • 提供除了基于内容的文本检索外的其他检索,如图像检索、音频检索等 • 多样化的检索入口 • 可以考虑语音输入	• 检索形式多样 • 跨库检索等选择性操作 • 下拉框、选择框等元素的使用 • 用户输入入口放置在页面比较明显的位置
	检索功能智能	• 智能推送 • 对用户输入的检索词提供纠错和规范化等操作 • 不用完全输入全部检索词,系统可以列出相关的检索词,模仿百度	• 算法利于用户输入 • 参考百度输入的提示 • 支持汉语拼音输入也能搜索出对应汉字的数据 • 支持无检索词的浏览
	检索结果分类显示	• 搜索结果最好按文件类型显示 • 对于获得的资源提供分类保存 • 多方位地提供用户自己需求的筛选结果 • 排列顺序根据自己合适的排序方式显示	• 选取常用的排列方式直接让用户点击 • 提高数据之间的相关性,便于实现检索结果的关联 • 用户能利用类型、日期等对查询结果进行排序
	检索结果形式丰富	• 支持再一次的搜索和过滤 • 个性化排列结果 • 可以参考CNKI的排序 • 可以提供缩略形式、完整形式的展示	• 系统为用户提供设置显示格式、显示状态和显示内容的按钮 • 允许用户选择单条或多条数据 • 结果的筛选多样性 • 显示脱机访问

续表

信息维度的子维度	关键成功因素	开放编码	
可获得性（52）	检索数据安全可靠	• 所有获得的数据都具有安全性 • 对用户获得的数据提供保密性	• 安全性是首要的 • 保证用户访问数据安全和自身信息的安全
	存储操作方便	• 检索结果支持 Email、QQ 等传送 • 下载、保存等按钮放在比较明显的地方 • 提供批量处理下载、保存等操作 • 提供最快的下载速度 • 支持镜像查阅 • 结果的保存遵循最小努力原则	• 越方便越好 • 批量管理存储数据 • 可以提供下载到本地，也可以选择保存到网络 • 系统稳定性 • 允许用户对单条或多条数据进行处理 • 查看历史记录
	个性化存储服务	• 提供用户工作区 • 个性化保存方式 • 支持脱机浏览	• 批量管理存储数据 • 为用户提供个人资料的编辑、查询、删除等操作 • 可以使用云存储

7.2.4 技术维度下的子维度交互成功的关键因素分析

本研究将技术维度划分为 3 个子维度，即页面结构子维度、页面布局子维度和页面链接子维度。通过开放编码，技术维度下 3 个子维度的编码共计 134 个，具体包括，页面结构子维度下共有 43 个编码、页面布局子维度下共有 52 个编码、页面链接子维度下共有 39 个编码。

（1）页面结构子维度分析

在页面结构子维度下，开放编码共得到 43 个编码。随后，主轴编码将它们归类到 4 个主轴（即关键成功因素）之中，分别是：明确页面内容、明确网站功能、优化配置服务器端和及时更新网站内容。明确网页内容是指在数字图书馆建设之初，要确定整个网页的内容，从而做好内容的编排和布局；明确网站功能是指在数字图书馆设计之初，要明确系统能够为用户提供哪些功能，并做出相应的设计方案；优化配置服务器端是指数字图书馆建设除了网页及功能设计外,还需要考虑服务器的配置,以保证资源的畅通;及时更新网站内容是指数字图书馆的资源及页面内容要及时更新,其中包含数据的安全性。详见表7-8所示。

表7-8 页面结构子维度开放编码表

技术维度的子维度	关键成功因素	开放编码	
页面结构(43)	明确网页内容	• 网页展示的资源应该做好分类 • 满足一定的分类标准 • 数字图书馆建设前期需要投入一定的人力、物力去研究页面内容 • 页面风格的定位 • 全方位的考虑数字图书馆的架构 • 每一页的内容大小	• 保证数字图书馆的完整性,如页面标题、帮助等 • 提前做好网站功能分析 • 导航数量的控制 • 页面逻辑关系明确 • 页面之间的链接关系要明确 • 采用何种网页框架风格
	明确网站功能	• 根据用户需求定位系统功能 • 根据功能的重要顺序取舍 • 保证最常用的交互功能正常顺畅 • 在建设数字图书馆之初就确定功能 • 功能定义要明确 • 功能和技术不要脱节	• 在一定的技术范畴谈功能 • 有些功能可以通过技术实现,但不是所有功能都可以实现 • 大部分功能通过链接实现,保证描述的明确性 • 功能的实现方式,导航、按钮、图片、链接等等 • 系统功能实现的多样性 • 功能配置方案要完善
	优化配置服务器端	• 服务器和客户端要配置合理 • 根据带宽情况考虑多媒体元素的量 • 根据硬件环境考虑页面的架构	• 符合一般网页架构的规范 • 逻辑结构的优化 • 数字图书馆物理结构的设计与优化
	及时更新网站内容	• 保证数据的时效性 • 没有更新的数据就没法抓住用户 • 时刻保证一个系列的数据的完整性 • 对LOGO之类的不变信息也做适当的改动,免得用户审美疲劳 • 在首页做更新数据的预告 • 定期更改主页的图像、颜色等 • 确保资源运作正常	• 链接的数据要考虑安全性 • 资源内容要可靠 • 提供下载的资源要安全 • 对用户的隐私要保密 • 用户数据要注意安全性 • 内容的更新频率较高

（2）页面布局子维度分析

在页面布局子维度下，共明确51个编码，本研究进一步的主轴编码将它们归类到4个主轴之中，分别是：文字的大小与编排、色彩的适当性、多媒体元素的可控性和布局结构的适当性。文字的大小与编排是指页面中的所有文字的大小及编排的合理性；色彩的适当性是指页面中的所有色彩元素是否使用适当；多媒体的可控性是指页面中关于多媒体资源的使用，如图片、视频、音频、动画等是否是合适的及用户可控的；布局结构的适当性是指页面的整体布局，如上下型、左右型等是否适当。详见表7-9所示。

表7-9　页面布局子维度开放编码表

技术维度的子维度	关键成功因素	开放编码	
页面布局（52）	文字的大小与编排	● 注意字体大小对用户的感知 ● 网页应该选择合适的字体及大小 ● 页面的字体和大小是用户第一察觉的元素 ● 文字是描述网页的最基本元素 ● 字形、大小、编排等 ● 文字的编排要让用户觉得舒适 ● 排版样式要合理	● 选择合适的字体和大小是至关重要的 ● 文字是构成页面的第一要素 ● 文字大小要适宜阅读 ● 字数宽度尽量在一屏，易于阅读 ● 文字编排要一致 ● 粗体或斜体字的使用应该谨慎
	色彩的适当性	● 网站的色彩要鲜明 ● 色彩搭配要合理 ● 合适的色彩让用户第一感觉很舒服 ● 不要选择太奇怪的颜色 ● 根据数字图书馆的定位选择色彩 ● 色彩就是数字图书馆的外表 ● 色彩应用的好坏影响整个页面的效果 ● 链接的颜色要根据是否点击而有变化	● 背景色与文字颜色应该有高对比度 ● 背景颜色不要太花哨 ● 整个页面的色彩不宜太丰富 ● 白底黑色适合文字 ● 背景色彩和文字色彩的搭配要让用户觉得舒适 ● 选取合适的色彩搭配方案 ● 过多的颜色会让人失去分辨能力 ● 选择柔和的屏幕颜色，从而增加用户使用的舒适度

续表

技术维度的子维度	关键成功因素	开放编码	
页面布局（52）	多媒体元素的可控性	• 适当地应用一些图片元素 • 选取合适的图片 • 丰富页面元素 • 合理的使用图片、视频、动画等 • 不要光是文字元素，可以加一些多媒体元素 • 图片的像素 • 使用闪烁的图片时要注意数量不要太多 • 图片大小要适中	• 谨慎使用闪烁动态 • 多媒体元素的存在不要妨碍阅读文字信息 • 按钮图片要切合主题 • 有些图片数据需要配合文字说明 • 多媒体元素不要过大，影响加载速度 • 不要放置无意义的多媒体元素 • 多媒体功能应该可以随时停止
	布局结构的适当性	• 选择合适的网站布局 • "国"字形、拐角形、标题正文形、左右框架形、上下框架形、综合框架形、封面形、Flash 形、变化形等 • 合适的布局结构就是房子的框架	• 布局结构影响各个页面元素的位置 • 网页布局的适当选择会让整个页面看起来舒服整洁 • 布局结构要根据内容来选择

（3）页面链接子维度分析

在页面链接子维度下，共明确了 38 个编码，本研究进一步的主轴编码分析将这些编码归纳为 3 个主轴编码，分别是：链接的质量、链接的数量和链接的深度。链接的质量是指链接的有效情况；链接的数量是指链接的个数；链接的深度是指一条元数据可以提供的数据层次。详见表 7 - 10 所示。

表 7 - 10　页面链接子维度开放编码表

技术维度的子维度	关键成功因素	开放编码	
页面链接（39）	链接的质量	• 链接响应速度快 • 链接的连通性有保证 • 让用户一眼就能看出这是个链接 • 链接真实有效 • 链接入口符合用户习惯 • 避免错误链接和无效链接 • 对于不同浏览器的支持 • 减少页面的刷新 • 过多的刷新会影响用户的交互	• 服务器配置和带宽大小影响链接响应 • 检查链接联通性 • 保证每个链接都是无误的 • 每层链接都能链接到正确的位置 • 链接的描述内容准确无误 • 链接自身用语简洁易懂 • 下载链接的速度快

续表

技术维度的子维度	关键成功因素	开放编码	
页面链接（39）	链接的数量	• 链接数量过多会显得很乱 • 各个链接内容划分合理 • 链接数量需要适度 • 太多的链接让用户眼花,太少又不方便 • 链接的具体数量要根据页面的实际内容而定 • 链接不是越多越好	• 应该适度降低数字图书馆的链接数量 • 链接的多少只要能够帮助用户理解判断"哪些选择对他们有用"即可 • 列出那些有效支持用户任务的链接即可 • 链接丰富程度是有度的,太多太少都不行 • 每个页面的链接数量根据页面内容而定
	链接的深度	• 链接要有一定的深度,便于满足不同用户的需求 • 有些链接是为个别用户提供帮助的,不一定所有的用户都会去点击,但是有需求的用户可以通过点击深层次链接满足自身需求 • 有些用户需要额外的信息,可以通过一些链接来实现 • 不要把所有信息都显示出来,可以通过不同的链接进入,这样可以对用户划分出层次	• 一个资源数据的链接要有一定的深度,从而满足不同层次的用户 • 对一般用户来说链接的层次不要太深 • 链接的层次是根据用户的层次区分的 • 链接需要深度 • 链接的深度是为有需要的用户设定的 • 深度超过5级的话,用户基本失去信心 • 链接深度控制

7.2.5　任务维度下的子维度交互成功的关键因素分析

研究将任务维度划分为一个子维度,即主观感知任务困难度子维度。开放编码表明,共有43个编码。通过主轴编码分析,共有6个关键成功因素,分别是:性别差异、个人因素、个人能力、教育背景、对系统了解程度和系统的辅助功能。性别差异是指在某些领域,性别不同可能会对任务的主观感知有所不同;个人因素是指个人具备的因素,如性格、心情、情绪等;个人能力是指自身具有的在理解某一事物、自主解决某一问题等方面的能力;教育背景是指接受教育的程度和范围;对系统的了解程度是指对所使用的数字图书馆平台的了解程度；系统的辅助功能是指数字图书馆平台自身是否有利于用户完成任务，如提供任务阶段性的帮助、奖励等，详见表 7 – 11。

表 7 – 11　主观感知任务困难度子维度开放编码表

技术维度的子维度	关键成功因素	开放编码
主观感知任务困难度（43）	性别差异	• 性别差异 • 男性、女性在某些方面理解有差异导致的主观感知的差异 • 性别对于色彩等信息有不同感知，会影响对任务难易程度的感知
	个人因素	• 自身性格差异 • 积极乐观、信心十足的人 • 困难感知有时候在对问题理解的第一印象，这个印象由个人决定 • 接受任务时候的心情 • 看到检索环境时候的情绪 • 接受任务时候的检索热情
	个人能力	• 认知结构强的人 • 自身学习能力 • 在检索方面有天赋的人在完成任务方面占优势 • 遇到问题爱钻研的人容易完成任务 • 个人的认知能力 • 个人的理解能力 • 钻研事物的热情度 • 浏览技能 • 理解能力 • 任务内容的认知程度
	教育背景	• 接受检索任务时候的学历背景 • 人生阅历 • 对任务的理解能力 • 图书情报专业的用户检索能力会更好些 • 在交互领域上有一定的差异 • 长期的检索习惯利于完成任务 • 搜索经历丰富程度 • 有一定图书情报专业背景的人检索能力较强 • 信息素养 • 任务涉及的领域是否是自己擅长的

续表

技术维度的子维度	关键成功因素	开放编码
主观感知任务困难度（43）	对系统了解程度	• 对系统了解越多越容易完成任务 • 经常使用检索平台可以提高检索效果 • 熟悉检索平台的使用 • 让用户对平台熟悉，可以帮助他们更好地完成任务 • 知己知彼
	系统的辅助功能	• 是否有提示信息的支持 • 任务的描述方式 • 帮助信息可以提高任务完成的效果 • 清楚的指引、引导，来协助用户完成任务 • 奖励措施能增加任务完成的主观感知能力 • 趣味模块提高任务完成的主观感知能力 • 完成任务的奖励丰富 • 将操作流程趣味化，不枯燥 • 完成任务给予奖励可以刺激完成的效果

7.2.6 专家视角下的用户与数字图书馆交互关键成功因素模型

基于以上数据分析，本研究整理所有子维度下影响用户交互成功的重要因素，得到用户与数字图书馆交互成功的关键因素模型，如图 7-3 所示。

数字图书馆建设者可以围绕以上影响用户与数字图书馆交互成功的关键因素，制定数字图书馆在用户交互方面的建设需求，使整个数字图书馆建设沿着专业和科学的方向行进。此外，对已有的数字图书馆，可以根据用户与数字图书馆交互成功的关键因素建立评分标准，从而评定现有数字图书馆在用户交互方面是否存在一定的问题，并根据存在的问题制定基于用户与数字图书馆交互成功的关键因素的修正方案，从而更好地建设便于用户使用的数字图书馆。本研究基于专家视角，从用户与数字图书馆交互出发，挖掘影响用户与数字图书馆交互三维模型的可预测性子维度下的关键影响因素，根据最终得到的关键成功因素模型，可为数字图书馆的建设提供借鉴：

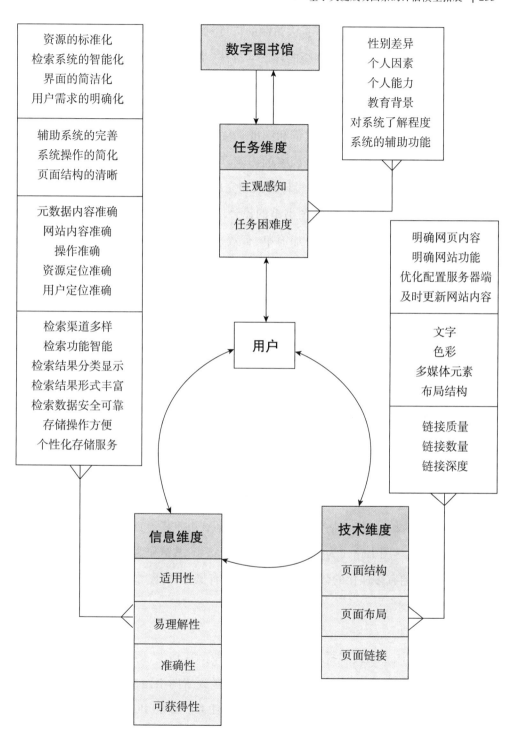

图 7 − 3　用户与数字图书馆交互成功的关键因素模型图

第一,在信息维度方面,除了扩大馆藏的广度和深度,数字图书馆对于资源的建设应该进一步细分。应用信息组织的理论与方法,借助元数据的概念使资源细分合理,且尽可能的标准化,才能通过检索系统得到良好的展示形式。

第二,在技术维度方面,数字图书馆的界面设计是影响用户交互功能评价的重要方面,本研究表明,链接质量、数量和深度直接影响用户交互的过程和绩效,然而链接受界面布局、网站内容规划等因素的影响。在数字图书馆设计之初,应优先考虑影响网页功能和内容的要素,再设计界面和完成网页布局。

第三,在任务维度方面,数字图书馆的设计应考虑如何帮助用户降低其任务的困难程度,使用户与系统的交互更加简单、有效,并设计和积累成熟案例,辅助用户完成检索任务。

7.3 数字图书馆交互的关键成功因素分析:用户视角

7.3.1 实验设计与实施

本研究采用实验和深度访谈相结合的研究方法,即在实验过程中嵌入深度访谈,以探究用户与数字图书馆交互过程中成功与失败的关键因素。

(1)实验系统

本研究在第 6 章中选择 CNKI——一个相对独立的数字图书馆作为实验系统,构建了数字图书馆交互功能评估模型。为验证该模型并使其更具操作性和普适性,本研究选择南开大学图书馆作为实验对象。南开大学图书馆作为高校图书馆,除了有实体馆藏外,还拥有多样化的数字资源。因其具有操作方便、学生经常使用等特点,符合本研究的要求。

(2)任务设计

考虑到数字图书馆大多提供浏览与搜索两种交互功能,因此,任务的设计也围绕这两种功能展开。本实验基于用户与南开大学数字图书馆交互所涵盖的功能共设计了 8 项任务,包括 4 项浏览任务和 4 项检索任务。Li 和 Belkin 发现客观任务复杂度会影响用户交互信息行为的不同方面[27]。基于此原因,浏览任务和检索任务中都分别设置难、易任务各两项,任务的难易程度由其子任务数量来确定,子任务数量越多则任务越难,反之任务越简单[28]。根据这一定义,编号为(1)(2)(5)(6)的任务为简单任务,编号为(3)(4)(7)(8)的任务为困难任务。各项任务见附录3。

为避免实验中的学习效应(Learning Effects),本研究采用 Latin Square 实验设计方法,8×8 排序产生了 8 种结果,每轮实验为 8 名学生,他们的任务顺序不同,见表7-12。为增强研究结果的可靠性,研究者招募了 24 名学生,共做 3 轮实验。每次实验平均耗时大约为 1.5 个小时。

若在实验进行中,被试者表示无法找到路径继续完成任务,可以由实验员提示一个步骤,被试者在提示下继续进行实验。这样操作可以使被试者通过对比正确的步骤,对于自己无法找到相关资源的原因产生更加深入的思考,并且只提示一个步骤而不是直接告诉被试者接下来的所有步骤,这样有利于实验员更加清晰地了解到用户经常出错被卡住或数字图书馆设计不合理的地方。在每项任务结束后,向被试者演示正确方法,之后对被试者进行访谈。被访者往往对于失败的经历印象更加深刻,因此访谈也重点讨论了这部分。

访谈内容围绕以下问题展开:问题 1 关于本次任务中与数字图书馆的交互绩效的自我评价;问题 2 涉及任务的难易程度;问题3—10 分别针对可获得性、适用性、易理解性、准确性、主题突出、链接丰富有效、网页组织有序化、页面排版布局合理等子维度提问,包括对它们的评估和该方面的关键成功因素。访谈问题 1 和 2 在每个任务结束后都会被提问,问题3—10 与每项任务按 Latin Square 排序组合,在每项任务后提出一个问题。即当每项任务完成后,被试者被提问 3 个问题。分别是问题 1、问题 2 和问题3—10 中的一个问题(提问顺序见表7-12)。这样操作可以使被访者不会因为在每项任务后被问到相同问题而产生疲劳感,有助于实验与访谈的深入推进。本研究保证每个被试者在实验结束后回答了 10 个访谈问题,并在最后回答自己使用南开大学图书馆的感受(访谈大纲见附录2)。访谈问题引入关键成功因素,要求被试者说出自己与数字图书馆交互成功或失败的关键因素是什么。

表7-12 被试者实验任务顺序及问题顺序

被试者	任务顺序及问题顺序							
S1	任务 1 (1,2,3)	任务 2 (1,2,4)	任务 8 (1,2,7)	任务 3 (1,2,10)	任务 7 (1,2,8)	任务 4 (1,2,5)	任务 6 (1,2,6)	任务 5 (1,2,9)

续表

被试者	任务顺序及问题顺序							
S2	任务2 (1,2,5)	任务3 (1,2,3)	任务1 (1,2,4)	任务4 (1,2,6)	任务8 (1,2,8)	任务5 (1,2,10)	任务7 (1,2,9)	任务6 (1,2,7)
S3	任务3 (1,2,4)	任务4 (1,2,7)	任务2 (1,2,6)	任务5 (1,2,3)	任务1 (1,2,5)	任务6 (1,2,8)	任务8 (1,2,9)	任务7 (1,2,10)
S4	任务4 (1,2,8)	任务5 (1,2,4)	任务3 (1,2,5)	任务6 (1,2,9)	任务2 (1,2,7)	任务7 (1,2,3)	任务1 (1,2,6)	任务8 (1,2,10)
S5	任务5 (1,2,5)	任务6 (1,2,10)	任务4 (1,2,9)	任务7 (1,2,4)	任务3 (1,2,6)	任务8 (1,2,3)	任务2 (1,2,8)	任务1 (1,2,7)
S6	任务6 (1,2,3)	任务7 (1,2,5)	任务5 (1,2,6)	任务8 (1,2,4)	任务4 (1,2,10)	任务1 (1,2,8)	任务3 (1,2,7)	任务2 (1,2,9)
S7	任务7 (1,2,6)	任务8 (1,2,5)	任务6 (1,2,4)	任务1 (1,2,9)	任务5 (1,2,7)	任务2 (1,2,10)	任务4 (1,2,3)	任务3 (1,2,8)
S8	任务8 (1,2,6)	任务1 (1,2,10)	任务7 (1,2,7)	任务2 (1,2,3)	任务6 (1,2,5)	任务3 (1,2,9)	任务5 (1,2,8)	任务4 (1,2,4)

注:S1代表第一个被试者,以此类推;任务1代表第一个任务,以此类推;(1,2,3)代表某一任务后所提问题的序号,以此类推。

（3）抽样

本研究共进行了24组实验,访谈了24位南开大学在校生。男生10人,女生14人。他们分别来自图书馆学、法律、财政学、生物技术、财务管理、电路与系统、逻辑学、情报学、保险、历史学、对外汉语、思想政治教育、经济史、英语、国际经济与贸易、分析化学等16个专业,其中本科生14人、硕士研究生7人、博士研究生3人。

（4）研究过程

本研究的实验场地为南开大学教学楼或宿舍。访谈者先口头告知被试者实验和访谈的大致过程、实验和访谈数据的保密性及用途等。待被试者表示接受后,实验开始。被试者首先填写自己的基本情况问卷,接着在访谈者提供的已安装"屏幕录像专家V7.5"软件的电脑上使用南开大学图书馆网页进行浏览和检索操作以完成任务,软件记录下被试者的操作过程以便分析时查看。

本研究将访谈录音转化为文本数据,得到将近10万字的访谈记录。为保证数据可靠性,并防止数据丢失,本研究共整理访谈文本数据两份。一份为录音转化的原始数据,另一份含有研究者对被访者回答的思考、关于研究的一些想法以及当时情境描述。本研究通过开放编码、主轴编码及选择性编码的方式分析访谈数据,以析出用户与数字图书馆交互成功或失败的关键因素,细化交互评估的各个子维度。

7.3.2 实验结果分析

关键成功因素分析

本研究采取定性数据分析方法,从访谈文本中自下而上进行归纳提炼,通过比较与分析来提炼概念、发展范畴,进而上升为理论或与现有理论融合。

首先通过开放编码,从原始访谈文本中归纳得到被试者认为自己与数字图书馆交互的关键成功因素,发展得到 41 个范畴。为节省篇幅,以下仅节选一条具有代表性的原始访谈数据与对应的范畴,如表 7 – 13 所示。

表 7 – 13　开放式编码形成的范畴

范畴 (关键成功因素)	访谈数据示例(1 – S2 表示第一轮第二个被试者,以此类推)
资源丰富程度	首先就是数据库的规模,有没有我所需要的学科,主要就是这个。学校图书馆的资源够不够丰富,能不能满足我们的检索需要。(3 – S6)
资源质量高低	对于中文的话,看到它首页,选择并不是特别多,就是这几个数据库。我也不太清楚这些资源里的数据库搜索出来的精准度,还有它文献的质量什么的,我有时需要更专业的、更综合的,不要那么细分的,不要鱼龙混杂的,希望它更高质量的,不要大,但是精一点,专业性质更强大,有对于数据库数据量的介绍,然后有一个比较和对比。(1 – S4)
保存资源方式是否合理	我觉得两个都好,我觉得是这样,在这个地方呢,有一个链接,点完之后再打开一个页面,是刚才那些内容,然后旁边有下载按钮,因为有些可能现场看看就完了,有些可能下载完了以后查阅什么的,方便,而且这个不是什么机密信息,下载下来也不会破坏什么。(2 – S7)

续表

范畴 （关键成功因素）	访谈数据示例（1－S2 表示第一轮第二个被试者，以此类推）
同一资源的途径是否多样	当然不应该都链接到这里，本来应该是一个多元的，内容一样需要多渠道的检索路径啊，因为你不可能强求任何一个读者都把图书馆所有的一级条目二级条目三级条目四级条目都记得清清楚楚，多种途径进入同一个地点是好的。（2－S1）
感知查准率高低	就是你需要搜索的东西，比如说你要搜"中国通史"，它这上面最先出来的条条可能是历史，就这种关键字的重复程度，就是符合的程度高不高，相关性。（1－S3）
资源更新速度	有些东西更新比较慢，而且没有买相关数据库，下载不下来，不能了解最新的一些信息。（3－S4）
标题是否明了	对于本行学科上的使用比较直接简洁，但是对于不经常使用的人来说他一看可能会比较迷茫，对资源上的区分，就是题目、标题、分类、子目录。（1－S4）
关键词是否准确	我觉得易理解性就是你从图书馆蹦出的这些关键字什么标题也好，是不是能满足我的要求。（2－S3）
目录是否完备	我觉得馆藏目录应该包括所有东西，馆藏目录要查找古籍还是要查找现代出版物，这样分开有小的标题，没必要再找了。（2－S4）
分类合理程度	"资源导航"和"电子图书"这两个（分类）是不是重叠啊？（1－S6）
分类细化程度	归类不够细，太粗糙了。（1－S2）
是否有用户指导	目录的名称，纯文字的，也没有路径演示，就里面没有什么更加详细的介绍，我能看到的就是目录，所以有什么影响我对资源的获取效率的话只有这个目录是不好的，因为它缺少其他的辅助，它没有图，也没有告诉你寻找那些资源的路径演示。（1－S4）
简单化程度	像 Nature 这种比较高大上的能不能稍微有点中文提示呢？通篇都是英文看着比较难过。（1－S5）
详细程度	就是这个网站呈现内容的详尽性会影响准确性。比如这个，它不是仅给你一个网站，而是给了年代范围、学科范围，这绝对会提升你的准确性。（1－S1）
结果呈现的直观程度	但是它难就难在你的结果并不能很直接地回答你的问题，对于里面的内容你还得自己去看。通过搜索出来的答案不能直接解决问题，他们并没有提供更完善或详尽的搜索方式，让你能够得到你直接想要的文字内容。（1－S4）

范畴 （关键成功因素）	访谈数据示例（1 - S2 表示第一轮第二个被试者，以此类推）
功能集成程度	这个就感觉让人不是特别容易找到，我希望放在一起。现在做网站的话都要求一体化的，让人方便搜索，不要有多少功能都实现一个。（1 - S6）
字体和大小	这个字大小都一样，比如摘要这个比较重要，字应该大一点，无关紧要的地方字就小一点，都是一样的字体你就看不出哪个是重点哪个不是。（3 - S3）
颜色	还有列出来栏的排列位置，还有颜色啊、字体啊这些方面有其他的对比有助于它重点更突出吧。（2 - S7）
链接数量	有时候这个丰富性和有效性就和查全查准一样，丰富反而会凌乱，有效程度低。（2 - S5）
网页反应速度和稳定性	在图书馆用那个网啊，频繁掉线，要是图书馆用的人一多，频率更快。太无语了，写着写着一下子，"嘎"网断了，用不了，特别郁闷，然后等半天，诊断半天，才来网的时候，哎……那种心情太让人着急了。所以学校把这个网速再提一下吧。内网也慢，并且还不稳定，稳定性太差了。速度还将就吧，但稳定性实在是太差了。（3 - S1）
死链数量	网页打不开，速度慢，系统需要优化。这很重要，对于用户评价来说。（2 - S5）
链接深度是否合适	它隐藏的那个深度浅度，就是比如说它在第几层，比如说第三层，那太难找了，通过鼠标点击两次才能找到，就是层级的广度和深度，链接深度？我觉得可以更宽广些。（1 - S1）
链接是否明显	超链接是不是底下有个小横杠或者颜色上提醒人，让人一看对吧……它不够醒目。就是再醒目一些，这个东西完全可以颜色上醒目一些，再大点，这么小，以为就是一个名字介绍呢，就跟一个列个列表似的，或者底下划一道横杠，让人一看是个超链接，现在根本看不出来是个超链接。（3 - S3）
导航栏菜单栏是否明显	这里有一个，那里也有一个，导航不明确呀。我第一反应是"热门推荐""热门借阅"，不会想到"学科参考"。（2 - S2）
排序是否合理	排序很有问题，中文外文不分。（1 - S4）
类似网站的功能相似性	比如它应该和绝大多数同学使用的外面的网站某一些功能按钮摆放的地方应该是一样的，这样同学们一上来比较上手。（3 - S2）

续表

范畴 （关键成功因素）	访谈数据示例（1－S2 表示第一轮第二个被试者，以此类推）
简洁程度	前面只有四个指"学科范围、年代范围、课件"项目，比较少，比较好找，简洁又突出，就是比较明确，它很简洁，但是又该有的内容都有。（1－S5）
界面是否让人感到舒服	因为它的选项太多了，导致一页看一下然后我才找一下我要用的那个功能，这个，其实它的按类别应该放在下面，按类别检索应该放在搜索框下面，这样看起来比较舒服一点，然后检索框最重要的东西应该放在上面。（3－S2）
界面主次是否分明	把不必要的一些东西删去了，而且它这上面好多个这种标题，但是我点进去都不是我想要的，我感觉用的特别少，真正用得最多的是搜索这个东西，但是它做的就还不是特别好，但前面那些废话什么"读者荐购"又特别多，不常用的功能没有边边靠。（1－S5）
对网站熟悉程度	这东西就是谁常用谁用的更快，如果不常用就直接找，比如初次使用或者头几次使用的话肯定会遇到一些困难。（3－S8）
自信心	一开始尽量要简单，结果页面可以复杂，毕竟是高级检索。不要一开始什么也找不着，这个任务就挫败感很强，很容易就放弃。（2－S2）
路径依赖程度	只是我习惯于经常用数据库，中文期刊数据库，所以我比较习惯找这个，其他的都不了解。（3－S5）
个人知识背景	因为我学过这个专业，所以我看文章题目的时候就知道是不是确实是跟它相关的。（2－S1）
方便性	如果它一打开那我就能看到我要找的条目，那我就直接点击就进去了，就省得这样往下滑在页面上，基本上只有这个影响，因为它不能影响我要找的实质内容，如果它们把经常用的放在上半部分，让我不用往下拉。（2－S1）
任务目标明确程度	可能就是题目中只给了雾霾成因，这个限定条件比较少，雾霾成因从多个角度讲，比如说工业方面，污染之类或者交通，题目中限定比较紧的话就比较方便因为可以朝那个方面去挖掘相关的材料。自己掌握的信息多更容易找到结果。（1－S7）
对数字图书馆交互功能的需求程度	对对，还是看我的需求吧，如果我只需求这个某个方面的，可能我就更希望它精准些，我可能比如说在知网上直接搜索它的题目，然后如果我需要跟这个问题相关的就是发散性质的，我可能会搜索什么主题词啊这种。（2－S6）

范畴 (关键成功因素)	访谈数据示例(1-S2 表示第一轮第二个被试者,以此类推)
系统间联系	我想大伙上课,参考书做到一个更好的沟通的话可能更好,比如说跟教育在线,教育在线上有这些老师的课件啊,有时候会有参考书什么的,如果在那个页面上能把参考书的情况链到这里可能更好点。(2-S7)
是否有相关推荐	可以增加一些用户评论之类的,比如搜到若干资源有之前查找过或借阅过的人给出相应的评价,像在淘宝上买东西一样,可能会对后面过来查找的人有一些提示作用。(3-S8)
吸引程度	这个网站它的图片太少了,全都是字,就比如校内其他的网站比如南开bt、光影传奇,都是带很多图片的,而且都是比如近期资源,它也有一个框,里面带图,底下是这个影片的名字,这样就很好,如果单是书名的话很容易让人看晕。(3-S2)
美观程度	美观上差一点,尤其那个馆藏书目的查找界面,跟咱们学校图书馆整体风格、主题不太搭调,最好还是像图书馆主页,以咱们校色青莲紫为主基调,界面按钮啊设计更圆润些可能更好。(3-S6)
宣传是否到位	图书馆存在一个宣传上的问题吧,就是在遇到一些学术学习问题的时候,包括我在内的很多人不会第一时间想到有这样一个资源在这,往往都是求助这个网络更多一点,互联网更多一点。宣传有待提升吧。(3-S8)

　　基于数字图书馆交互功能评估模型,理顺这些范畴之间的逻辑关系,在开放编码的基础上,本研究通过主轴编码进一步发现各范畴之间的内在关系和逻辑联系,并在此基础上进行归类,使得孤立的范畴联结为整体。主范畴、对应范畴见表7-14。

　　通过以上分析,发现用户与数字图书馆交互主范畴增加了系统与外部联结的因素、目标因素、用户需求因素、用户习惯因素,这些发现,补充了已有的研究结果(见图7-1)。通过分析资源丰富程度、资源质量高低、保存资源方式是否合理、同一资源的途径是否多样、感知查准率高低、资源更新速度等41个范畴,及深入分析可获得性、适用性、易理解性、准确性等13个主范畴,本研究基于选择性编码概括出核心范畴为信息、技术、任务,核心为用户,如图7-4所示。

表 7 - 14　主轴编码形成的主范畴

主范畴	对应范畴
可获得性	资源丰富程度
	资源质量高低
	保存资源方式是否合理
	同一资源的途径是否多样
	感知查准率高低
适用性	资源更新速度
	是否有相关推荐
易理解性	标题是否明了
	关键词是否准确
	目录是否完备
	分类合理程度
	分类细化程度
	是否有用户指导
	简单化程度
准确性	详细程度
主题突出	结果呈现的直观程度
	功能集成程度
	字体和大小
	颜色
	吸引程度
链接丰富有效	链接数量
	网页反应速度和稳定性
	死链数量
	链接深度是否合适
	链接是否明显
网页组织有序化	导航栏菜单栏是否明显
	排序是否合理
页面排版布局合理	类似网站的功能相似性
	简洁程度
	界面是否让人感到舒服
	界面主次是否分明
	美观程度
	方便性
系统与外部联结的因素	系统间联系
	宣传是否到位

续表

主范畴	对应范畴
主观感知任务困难度	对网站熟悉程度
	自信心
	个人知识背景
目标因素	任务目标明确程度
用户需求因素	对数字图书馆交互功能的需求程度
用户习惯因素	路径依赖程度

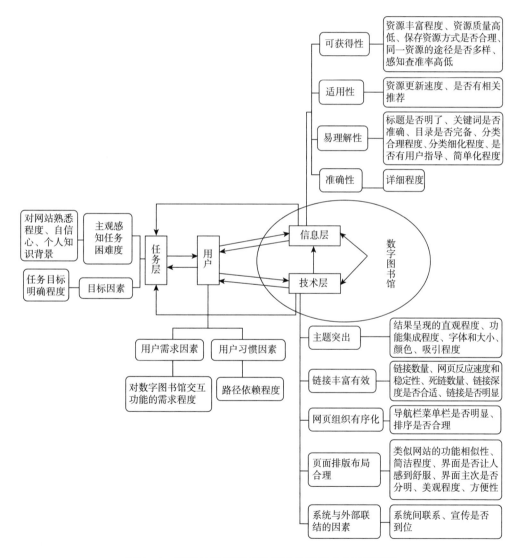

图 7-4 用户与数字图书馆交互的关键成功因素模型

7.3.3 讨论

基于用户与数字图书馆交互的三维模型[29],本研究采用实验和深度访谈相结合的方法搜集研究数据,以南开大学数字图书馆为实验系统开展实验研究。研究发现分类合理程度、是否提供用户指南、功能集成程度、类似网站的功能相似性、简洁程度、对网站熟悉程度等41个因素是用户与数字图书馆交互成功的关键因素。研究不仅验证了齐雪提出的数字图书馆交互功能评估模型的适用性(不同类型的数字图书馆的用户所重视的交互因素重叠性高),还通过发现新的影响因素如用户的交互需求和用户习惯,补充和完善了该模型。在此基础上构建了关键成功因素视角下的数字图书馆交互功能评估理论模型。该模型对数字图书馆交互研究有借鉴作用,为数字图书馆基于用户的设计提供了新思路,同时也为数字图书馆的交互评估提供理论和实践参考,为帮助建立更加符合用户交互习惯的数字图书馆提供理论指导。

本研究支持了张玉兰[30]和徐芳等[31]的部分研究结论,认为分类、字号、网页反应速度和稳定性、死链接数量是影响用户与数字图书馆交互的关键因素。分类方面,如果从数字图书馆设计人员或专家角度来设计分类,可能并不能使用户满意。相比"专家分类",数字图书馆更加需要"大众分类"。数字图书馆如果能够做到提前征求用户意见,允许用户进行自发的资源分类,甚至让用户选择数字图书馆应该具有什么功能与服务,不仅体现用户至上原则,而且也会大大提升用户交互评估满意度。一些图书馆将大众分类法应用于馆藏资源的揭示。如普林斯顿大学图书馆的"Princeton Lib-Guides"[32]、西北大学图书馆的"LibGuides at North-Western University"[33]等。用户既可以为指南资源添加标签,也可以查看标签并通过标签链接相关资源。芝加哥大学图书馆还鼓励用户对馆藏数字化资源添加标签[34]。此外,字号虽是细节问题,但对于用户与图书馆的交互来说非常重要,如利用不同的字号显示不同内容的主次之分,便于用户快速定位主要信息;网页反应速度和稳定性、死链接数量也显著影响用户与图书馆的交互绩效。这些关键成功因素需在评估和设计数字图书馆的交互功能时予以充分关注。

此外,齐雪[35]通过研究认为"简洁程度"并未显著影响用户与数字图书馆的交互,但是本研究发现,很多用户非常看重这一因素。被试者2-S5认为:"就是简洁化,链接越少越好,集成的东西比较多。像Google、百度一样,就一个框就行。"造成这一结果不同的原因可能是因为两项研究的选择的实验系统不同,齐雪选择的 CNKI 是独立的数字图书馆,而本研究选择的南开大学数字图书馆是有实体且有数据库资源的图书馆,二者性质不同,故而结果不同。

将本研究中的关键成功因素作为评估指标,可方便评估用户与数字图书馆的交互绩效。此外,数字图书馆设计者可以基于关键成功因素完善数字图书馆的开发与设计,以支持高效的用户与数字图书馆交互,建立更贴近用户交互行为习惯、更能满足用户需求的系统。例如,根据关键成功因素"是否具有用户指南",设计者可以在数字图书馆首页提供用户指南,如采用动画或植入游戏的方式,以帮助用户,尤其是新用户快速了解图书馆的使用技巧,提高交互的绩效。本研究启示我们,数字图书馆亟须加大宣传力度,使用户了解并熟悉其功能及操作。数字图书馆可以尝试请用户对其分类方式进行选择和排序,以便找到最符合用户想法的、具有普适性的分类结果。数字图书馆的设计还可以参考一些同类网站的架构和理念,使其能够成为用户首选的信息源。

在数字图书馆的交互研究中,实验方法比较常见[36-38]。本研究采用实验和深度访谈相结合的方式,可以对用户在不同情境下进行有针对性的深度访谈,更具灵活性,也可及时了解用户在使用过程中的心理及行为方式,更好地研究用户与数字图书馆的交互过程。而且,本研究也针对实验任务和访谈问题进行了类似 Latin Square 的设计匹配,减少了外在干预因素,使实验结果更具可信度和有效性。这种研究方法对于数字图书馆的交互研究有一定参考价值。

诚然,本研究也具有一定的局限性。在研究过程中,用户主观感知任务困难度与实验设计中对于任务困难程度的界定出现不一致性时,被试者倾向于将自己熟悉的任务定义为简单,而将陌生的任务视为困难任务。任务困难程度并不等同于任务复杂程度,但是由于任务复杂程度在研究中普遍使用,很多研究均采用了这一概念,这是不够的[39]。这启示我们,未来研究中为了得到更精准的实验结果,需要从子任务数量、用户对任务的熟悉程度、用户的个人信息素养和知识结构等多方面,并结合多因素定义任务困难程度。访谈过程中,有些访谈用词过于专业,被访者不易理解,需要向被访者解释。每个任务后被访者回答问题时可能受到当时所承担的任务情境所局限。此外,本研究中被访者的学历结构不平衡,本科生偏多,研究生偏少,无法进行分类研究,可能导致研究结果的偏差。笔者将在未来的研究中加大样本量,尝试采用问卷调查等其他研究方法,广泛收集和分析相关数据,通过定量数据分析,进一步验证本研究提出的模型,更好地服务于数字图书馆的交互评估。

7.4　不同视角下交互关键成功因素的比较

本章主要围绕数字图书馆用户交互维度,通过半结构化专家访谈的方式和实验法与访谈法相结合的方式收集研究数据,从数字图书馆领域专家的视角和用户的视角,分别明确影响用户与数字图书馆交互成功的关键因素,借助定性数据分析方法,对各个关键因素重新分析整理,进而明确用户与数字图书馆交互过程中交互的关键成功因素,完善补充数字图书馆交互评估模型。

通过研究,在专家视角和用户视角下,用户与数字图书馆交互过程中的关键成功因素有诸多相似之处,同时由于关注领域和视角的不同,也存在着一些差异。因此,对比不同视角下影响交互成功的因素,有利于我们更全面地理解数字图书馆环境下的用户与系统的交互过程、评估要素及评估指标。

7.4.1　信息维度

在不同的视角下,本研究将影响因素划分为可获得性、适用性、易理解性和准确性四个主范畴,通过访谈和实验等研究发现,其对应的范畴内容由于视角的不同而存在差异,如表7-15所示。

表7-15　信息维度方面不同视角下关键成功因素对比

主范畴	专家视角	用户视角
可获得性	检索渠道多样 检索功能智能 检索结果分类显示 检索结果形式丰富 检索数据安全可靠 存储操作方便 个性化存储服务	资源丰富程度 资源质量高低 保存资源方式是否合理 同一资源的途径是否多样 查准率高低

续表

主范畴	专家视角	用户视角
适用性	资源的标准化 检索系统的智能化 界面的简洁化 用户需求的明确化	资源更新速度 是否有相关推荐
易理解性	完善的辅助系统 简化的系统操作 清晰的页面结构	标题是否明了 关键词是否准确 目录是否完备 分类合理程度 分类细化程度 是否有用户指导 简单化程度
准确性	元数据内容准确 页面内容准确 操作准确 资源定位准确 用户定位准确	详细程度

在可获得性范畴中,专家视角是从服务提供者的角度强调检索和存储的多样性、便利性、方便性和安全性等,用户视角是从资源建设的角度着重关注资源是否便于获得和检索过程中查准率的高低。专家视角是为了使用户与数字图书馆有更好的检索交互体验,从检索结果的角度强调资源建设的必要性,包含用户视角中的资源建设等范畴,并在此基础上强调个性化服务的建设。

在适用性范畴中,专家视角考虑的是资源标准化、检索智能、界面简洁和用户需求等相关因素,用户视角仅仅是强调了资源更新和系统推荐等用户需求的基本要素,较专家视角的深度和广度上还有一定差距,可见,用户的视角并不如专家的视角广泛。

在易理解性范畴中,专家视角强调辅助系统、操作系统和页面的易理解性,而用户视角强调的范畴更为具体细化,包含标题、关键词、目录、分类、指导和简化等问题,强调用户体验的便捷和明确性。

在准确性范畴中,用户视角强调详细程度是主要的影响因素,专家视角强调内部数据、外部页面、操作规程、资源定位以及用户定位的准确,只有从内到外,从资源到用户各项指标都是准确的,数字图书馆才更具社会价值。

综上所述,在信息维度方面的,用户与数字图书馆交互成功的关键因素在不同视角下大同小异,但专家视角更强调从服务提供者的角度考虑关键成功影响因素,较用户视角更为宏观,强调扩大馆藏的广度和深度是为了满足用户可获得性;专家强调资源建设应该细分到一定程度,并尽可能的标准化,此举是为了尽可能满足用户对于信息资源的适用性、易理解性和准确性的要求。而用户视角着重于用户体验者的角度,较专家视角更为细化具体,更符合普通信息用户对数字图书馆的需求。

7.4.2 技术维度

结合之前研究的结论,在不同的视角下,将技术维度方面的影响因素划分为页面结构、页面布局、页面链接和系统与外部联结的因素四个主范畴,其对应的范畴内容具体情况如表 7-16 所示。

表 7-16 技术维度方面不同视角下的关键成功因素对比

主范畴	专家视角	用户视角
页面结构	明确网页内容 明确网站功能 优化配置服务器端及时更新	导航栏菜单栏是否明显 排序是否合理
页面布局	文字 色彩 多媒体元素 布局结构	结果呈现的直观程度 功能集成程度 字体和大小 颜色 吸引程度 简洁程度 美观程度 方便性 类似网站的功能相似性 界面是否让人感到舒服 界面主次是否分明

续表

主范畴	专家视角	用户视角
页面链接	链接质量 链接数量 链接深度	链接数量 死链数量 网页反应速度和稳定性 链接深度是否合适 链接是否明显
系统与外部联结的因素		系统间联系 宣传是否到位

在页面结构范畴中,专家视角重点关注网站网页的内容、功能和更新情况,用户视角关注的是页面中导航栏菜单栏是否明显及排序是否合理,属于网页内容中的一部分,专家视角较为全面系统。

在页面布局范畴中,专家视角关注文字、色彩、多媒体元素和布局结构,用户视角关注的除了上述因素外,还关注了直观程度、功能集成程度、吸引程度、界面情况、便捷性等更为详细具体的相关因素。在页面布局范畴中用户视角更为详尽是因为页面布局是用户经常接触的比较直观的与数字图书馆进行交互的主要途径。用户对页面布局较为了解并充满期盼。

在页面链接范畴中,链接的质量、数量和深度都成为不同视角下用户与数字图书馆交互成功的关键因素。除此之外,在用户视角下,用户还比较关注网页的反应速度、稳定性和链接是否明显等实际使用中的问题。此外在系统与外部联系的因素方面,用户视角还关注系统间的联系和宣传是否到位等因素,这一点在专家视角中并没有体现。

本研究发现,在技术维度方面,用户与数字图书馆交互的关键成功因素在不同的视角下有很多共性的因素,同时也存在着一些差异。专家认为界面设计是影响用户交互功能评价的重要方面,另外专家还强调了链接质量、数量和深度直接影响用户交互,而这些观点在用户视角下都有所涉及。但用户视角提出的关键成功因素不仅大部分包含了专家视角中的影响因素,还提出了很多更为细致具体的影响因素,如用户体验的舒适性、各个系统间的联系和宣传服务工作等。

7.4.3 任务维度

从任务层面看,在用户视角下,用户与数字图书馆交互成功的关键因素包括主观感知任务困难度(对网站熟悉程度、自信心、个人知识背景)及目标因素(任务目标明确程度)。在专家视角下,性别差异、个人因素、个人能力和教育背景等因素是影响用户与数字图书馆交互成功的关键因素。

用户和专家的共同点在于他们都认定个人知识背景、任务的困难程度会影响用户与数字图书馆的交互,而用户视角还强调目标因素的明确程度和对应的范畴。专家视角下,任务、性别差异和其他的个人因素也会影响用户与数字图书馆的交互。

综上所述,用户和专家认为交互的关键成功因素基本相似,与之对应的子范畴中,专家的视角着重于从信息服务者的角度出发,更多关注于后台的规范、资源的标准化、界面的友好和用户的分析等,用户是从自己交互行为的效率和便捷程度出发,着眼于检索的实用性和适用性,提出自己认为比较重要的系统需求和需要改善的部分。专家视角提出的关键成功因素是决定用户视角中的关键因素能否实施的先决条件,用户视角中的关键成功因素相比较而言更加细化,可以作为专家视角的补充。

7.5 结语

本章在现有的"数字图书馆交互功能评估模型"基础上,分别针对信息维度下的4个子维度(适用性、易理解性、准确性和可获得性)、技术维度下的3个子维度(网页结构、网页布局和网页链接),以及任务维度下的1个子维度(主观感知任务困难度),共计8个子维度展开了深层次的研究。本章研究采用定性研究方法,通过半结构化深度访谈及实验与深度访谈相结合的方法,分别针对数字图书馆专家和用户开展研究,并采用开放编码及主轴编码对数据进行分析处理,最终从专家和用户视角进一步细化了"数字图书馆交互功能评估模型"。此外,本章进一步分析比较了专家和用户视角的不同,发现两者对影响交互成功的关键成功因素存在一定的交集,然而,由于两者的视角和立场的不同,同时也不可避免地存在差异。

参考文献:

[1] SARACEVIC T. Digital library evaluation:toward an evaluation of concepts [J]. Library trends, 2000,49(2):350 – 369.

[2] SARACEVIC T. Modeling interaction in information retrieval (IR):a review and proposal[C]// HARDIN S. Proceedings of the American society for information science. Silver Spring, MD: ASIST,1996.

[3] INGWERSEN P. Cognitive perspectives of information retrieval interaction:elements of a cognitive IR theory[J]. Journal of documentation,1996,52(1):3 – 50.

[4] BELKIN N J,COOL C,STEIN A,THEIL U. Cases,scripts and information seeking strategies:on the design of interactive information retrieval systems[J]. Expert systems with applications,1995,9(3):379 – 395.

[5][29][36] 李月琳,肖雪,全晓云. 数字图书馆中人机交互维度与用户交互绩效的关系研究 [J].图书情报工作,2014(2):38 – 46,120.

[6][9][26][35][37] 齐雪. 数字图书馆交互功能评估研究[D]. 天津:南开大学,2014.

[7] ROCKART J. Chief executives define their own data needs[J]. Harvard business review,1979,57 (2):238 – 41.

[8] BOYNTON A,ZMUD R. An assessment of critical success factors[J]. Sloan management review, 1984,25(4):17 – 27.

[10][15] SELIM H M. Critical success factors for e-learning acceptance:confirmatory factor models [J]. Computers & Education,2007,49(2):396 – 413.

[11][16] BHUASIRI W,XAYMOUNGKHOUN O,ZO H,et al. Critical success factors for e-learning in developing countries:a comparative analysis between ICT experts and faculty[J]. Computers & education,2012,58(2):843 – 855.

[12][17] YENGIN I,KARAHOCA A,KARAHOCA D,et al. Is SMS still alive for education:analysis of educational potentials of SMS technology?[J]. Procedia computer science,2011,3(1):1439 – 1445.

[13][18] TANRIKULU Z,TUGCU C,YILMAZ S. E-University:critical success factors[J]. Procedia-social and behavioral sciences,2010,2(2):1253 – 1259.

[14][19] WU B,SONG T. An evaluation model on enterprise e-Learning system[C]// International conference on mechatronics,Robotics and Automation,2015.

[20] NAH F F,ZUCKWEILER K M,LAU J L. ERP implementation:chief information officers' perceptions of

critical success factors[J]. International journal of human-computer interaction,2003,16(1):5 − 22.

[21] HANAFIZADEH P,DADBIN S. The core critical success factors in implementation of enterprise resource planning systems[J]. International journal of enterprise information systems,2010,6(2):82 − 111.

[22] AKKERMANS H,HELDEN K V. Vicious and virtuous cycles in ERP implementation:a case study of interrelations between critical success factors [J]. European journal of information systems, 2002,(11):35 − 40.

[23] SOMERS T M,NELSON K. The impact of critical success factors across the stages of enterprise resource planning implementations [J]. Proceedings of the 34th Hawaii international conference on system sciences. 2001,8:1 − 10.

[24] LIU C,ARNETT K P. Exploring the factors associated with web site success in the context of electronic commerce[J]. Information & management,2000,38(1):23 − 33.

[25] COLLA E,LAPOULE P. E-commerce:exploring the critical success factors[J]. International journal of retail & distribution management,2012,40(11):842 − 864.

[27][39] LI Y,BELKIN N J. An exploration of the relationships between work task and interactive information search behavior[J]. Journal of the American society for information science and technology, 2010,61(9):1771 − 1789.

[28] LI Y. Relationships among work tasks,search tasks,and interactive information searching behavior [D]. Rutgers,The State University of New Jersey,USA,2008.

[30] 张玉兰.用户视角的数字图书馆评价体系的构建与实证研究[D].曲阜:曲阜师范大学,2009.

[31][38] 徐芳,戴炜轶.国内数字图书馆用户交互体验比较实验与分析[J].图书馆学研究,2014, (12):18 − 22.

[32] Princeton LibGuides[EB/OL]. [2016 − 03 − 10]. http://libguides. princeton. edu/.

[33] LibGuides at Northwestern University[EB/OL]. [2016 − 03 − 10]. http://libguides. northwestern. edu/index. php.

[34] 邢文明,司莉,陈红艳.Folksonomy 在图书馆信息组织中的优化策略分析[J].情报科学,2014, 32(1):14 − 17.

8 数字图书馆交互功能评估工具的构建

互联网已成为人类社会经济生活的重要工具。借助这种方便、快捷、跨越时空的"信息高速公路",图书馆事业的发展迎来了全新的时代。数字图书馆的建设与开发成为"图书馆＋互联网"的产物。迄今为止,人们对如何定义数字图书馆仍然莫衷一是。但是,数字图书馆以信息及通信技术为支撑,储存、传播多样化的信息资源,以服务用户的信息需求,支撑用户完成工作任务为最终目的却是一种共识。数字图书馆的兴起与20世纪90年代美国的数字图书馆创始计划密不可分。随着美国数字图书馆创始计划一期、二期的实施,数字图书馆的建设和开发在世界各国受到重视。然而,数字图书馆的建设和维护需要投入巨额的资金,开发和运营中的数字图书馆能否实现其社会和经济效益及能否满足用户的需求,是亟须关注的问题。回应这些问题的最佳途径无疑是开展数字图书馆评估,明确其功能设置能否有效支持用户与数字图书馆的交互,完成其搜索任务和工作任务,满足用户信息需求及交互体验,发挥其社会效益。由此,数字图书馆评估应运而生。

数字图书馆评估可分为整体性评估和局部性评估。整体性评估着眼于数字图书馆的整体绩效,从数字图书馆的不同方面评估数字图书馆。例如,Zhang Y.从不同的利益相关者切入,包括用户、研究者、管理者、开发者及图书馆员,探究他们对数字图书馆的内容、技术、界面、服务、用户和环境的评估标准,提出并构建了"整体性数字图书馆评估模型"[1]。而局部性评估则着眼于数字图书馆的不同侧面,如评估数字图书馆的服务、资源、功能设计等。针对数字图书馆的交互评估是局部性评估的重要方面。"交互"是描述用户与基于计算技术的各类系统之间互动的重要概念。用户与数字图书馆的交互体现了用户在利用数字图书馆时向数字图书馆传达的任务、认知、信息需求、内容要求及系统对此的反馈。有效的交互应能支持用户完成与系统的一系列互动,满足用户的信息需求及对资源的具体要求,从而支持其完成搜索和工作任务。因而,支持用户与数字图书馆交互的相关设计是数字图书馆的核心技术之一。交互功能的良好绩效将有效地支持数字图书馆的整体功能的实现。因而,本研究探讨的数字图书馆交互评估,着重考察数字图书馆的交互功能设计对用户交互过程的支持程度。然而,虽然此前的一系列研究提出了数字图书馆交互评估的理论模型并不断细化[2-3],数字图书馆环境下的交互如何具体实践,即可操作的评估工具的构建仍然是有待解决的问题。为此,本研究试图开发一套可用于评估数字图书馆交互功能的工具,以完善数字图书馆的交互评估,实现从理论构建到实践的应用。

8.1 前期研究与相关研究概述

8.1.1 前期研究:交互绩效与交互评估

(1)研究1:数字图书馆环境下交互绩效影响因素研究[4]

第5章详细地报告了该研究的内容及过程。系统的评估与系统绩效密切相关,影响绩效的维度通常是评估的重要维度。因此,厘清影响用户交互绩效的主要维度是十分必要的。为此,李月琳、肖雪和仝晓云[5]回顾了经典的信息检索交互模型及交互信息检索的相关研究,在此基础上,构建了用户与数字图书馆的三维交互模型,并设计实验探讨影响用户与数字图书馆交互绩效的因素。三维交互模型中的“三维”包括信息维度、技术维度和任务维度。研究进一步细化了各个维度及测量指标。同时,将用户的交互绩效界定为用户对交互成功的主观感知,如交互的成功、所获结果的有用性等。本研究招募42名本科生,选择CNKI为实验系统,通过设计一项模拟仿真工作任务情境并要求实验参与者携带一项真实工作任务参与实验,以收集数据。研究结果显示,用户在三个维度的交互均一定程度上显著影响用户的交互绩效。其中,信息维度的指标“所获信息充分性”,技术维度的指标“导航清晰性”“界面易用性”和“栏目信息组织合理性”,以及任务维度的指标“获得任务所需信息的信心”对预测用户与数字图书馆交互绩效有显著影响。此研究着重探讨对用户与数字图书馆交互绩效产生显著影响的维度,交互绩效的结果可以衡量数字图书馆的质量高低。本研究在一定程度上验证了三维交互模型的有效性和合理性,为此后的研究提供了理论模型,并奠定了研究的基础。

（2）研究2：信息检索研究中的任务设计[6]

基于研究1的实验及数据，研究2试图探讨本研究中使用的模拟仿真工作任务情境方法的适当性及如何使其发挥更好的效用（详见第5章）。该研究着重比较分析了模拟仿真工作任务和真实工作任务的任务特征、用户基于两类任务在与系统交互时表现的信息搜索行为特征及与系统交互的绩效。研究发现，模拟仿真工作任务情境与真实工作任务情境在任务属性上存在某些显著差异，包括用户对任务主题的熟悉程度、类似任务的搜索经验、找到类似任务所需有用信息的信心程度、任务的难度及任务目标的明确程度。然而，在用户反馈、交互信息搜索行为和交互绩效上均不存在显著差异。也就是说，仿真和真实工作任务的差异并不会显著影响用户与数字图书馆之间的交互，仿真工作任务可以有效替代真实工作任务用于信息检索系统评估及用户信息搜寻行为研究。因而，模拟仿真工作任务情境可以替代真实工作任务用于交互信息检索实验研究。同时，本研究提出合理设计模拟仿真工作任务的必要性和应注意的其他方面，即除Borlund提出的指导性建议[7]外，还必须清楚了解目标用户群的真实工作任务、控制任务的关键属性，如任务复杂度等。详见本书第5章。

（3）研究3：构建数字图书馆交互评估理论模型[8-9]

基于研究1构建的数字图书馆环境下用户与系统的三维交互模型及研究2对基于模拟仿真工作任务情境的实验研究方法的探讨，研究3采用实验研究方法（详见第6章），目的是构建基于用户的数字图书馆交互评估的理论模型。将"交互"操作化定义为"用户与数字图书馆提供的搜索和浏览的互动过程"，并考察用户完成搜索后，通过综合评估"系统的搜索和浏览功能设计（即系统的交互功能设计）对其搜索过程的支持程度"来测量用户对数字图书馆交互的评估结果。考虑到研究1在研究设计上的局限性，包括任务过少，实验参加者过于单一（仅包括本科生）等，本研究的实验设计更为严谨。首先，确定实验任务的主题。由于该研究将实验参加者锁定为高校不同层次的学生，研究小组设计了12个当时学生热衷讨论的主题，随机选取10名学生，采用卡片排序法，要求其按照检索意愿降序排列，最终选定本次实验的4个主题，并基于这些主题，设计模拟仿真工作任务情境。同时，本研究要求实验参加者携带一项真实工作任务参与实验，试图在一定程度上避免模拟仿真工作任务可能带来的偏差。在研究设计上，采用Latin Square的实验设计方法，确定模拟仿真工作任务针对不同的实验参加者的排列顺序。研究小组招募了48名实验参加者，包括本科生、硕士研究生和博士研究生各 16 名,分别代表不同层次的学生群体。研究揭示了影响用户对数字图书馆交互功能评估的关联性指标,如保真度、馆藏全面性、导航功能完备等,以及预测性指标,如适用性、链接丰富有效、排版布局合理等,并据此构建了基于用户多维交互的数字图书馆交互功能评估的理论模型[10-11]。本研究同时支持了研究 2 的研究结果[12],即模拟仿真工作任务情境和真实工作任务情境并未显著影响用户的交互行为和对交互功能的评估结果。详见本书第 6 章。

(4)研究 4:数字图书馆交互的关键成功因素:用户视角[13]

关键成功因素是管理学领域常用的方法,以确定管理过程中影响企业绩效的关键因素,尤其在信息技术管理和信息系统管理上,该方法被广泛应用,以提高和改善系统的设计。作为信息技术系统的数字图书馆,用户与之交互成功或失败的关键因素同样值得关注。识别这些关键因素并在设计和开发过程中加以考虑应能帮助我们有效地提升数字图书馆的交互绩效。因而,第 7 章描述的研究 4 基于研究 3 构建的数字图书馆交互评估理论模型中确定的各个子维度[14],进一步探讨各维度和子维度上的用户与系统交互过程中的关键成功因素。本研究采用了实验研究方法,但在实验过程中嵌入深度访谈,实时探知用户与系统交互过程中对支持其交互成功或导致其交互失败的关键因素。研究招募 24 名实验参加者,涵盖不同学科及学生层次(即本科生、硕士研究生和博士研究生),实验采用 Latin Square 的设计。每名学生完成 8 项搜索任务,每次任务结束受访 3 个问题,整个实验共设计 10 个与交互成功或失败关键因素相关的访谈问题。其中,关于交互绩效和任务难易程度的两个问题是每次搜索结束都必须讨论的。初步数据处理产生 41 个关键成功因素[15](详见第 7 章);考虑到最重要的关键因素,进一步的数据处理精炼为 21 个关键成功因素[16],基于此,进一步完善和细化了研究 3 的数字图书馆交互评估理论模型[17],使其更具操作性。

基于以上前期研究不断完善和细化的理论模型,本研究开发数字图书馆的交互评估工具,完成从理论构建到实践工具的开发,以期更好地服务于数字图书馆的交互评估实践及其交互功能的开发与设计。

8.1.2　相关研究综述

(1)数字图书馆评估与交互研究

数字图书馆评估是数字图书馆研究领域的重要课题之一,学者们往往通过构建评估理论和评估模型,并据此开展实证研究探讨评估问题,其主要目的是发现现有数字图书馆的不足,以改善数字图书馆的设计,支持数字图书馆的开发和更好地实现数字图书馆的社会和经济效益。Marchionini 认为数字图书馆的评估应以用户为中心,并提出了纵向多面评估理论,包括对系统、社区、基础设施和机械优势进行评估[18]。Saracevic 将数字图书馆评估分为以系统为中心和以用户为中心两个层面,以系统为中心涵盖了工程、处理和内容层面,以用户为中心涵盖了个人、社会和机构层面[19]。Xie 则着重从用户视角来探讨数字图书馆评价指标,他所构建的评估指标多集中于用户学习、检索信息的效率和实用性上[20]。Tsakonas 基于对 DiLEO 的研究认为数字图书馆评估是以系统为中心,涵盖了绩效、效果和技术三个维度[21]。Ahmada 和 Abawajy 从服务角度出发构建数字图书馆评估模型,他们认为服务质量和水平直接影响用户满意度[22]。如前所述,Zhang Y. 构建了数字图书馆整体评估模型,该模型由内容、技术、服务、界面、用户、情境六个方面的评估指标构成[23]。

虽然国内学者对数字图书馆评估的研究起步较晚,但是随着研究的不断深入,对数字图书馆可用性和评估指标体系的研究也得到了加强,相关研究集中于数字图书馆评估原则的构建和指标的设置。这些原则包括:评估体系的导向性[24-25]、科学性[26]、客观性[27]、实用性[28]原则;评估对象的确定性原则[29-30];评估标准的灵活性和通用性原则[31-33];评估手段的技术性原则[34-36]。评估指标的设置大多从宏观角度出发,包括数字图书馆的馆藏资源[37]、用户及使用[38]、网站建设[39-41]、价值与成本计算[42]、服务[43-45]等,这些宏观维度的确定为评估研究奠定了一定的基础。在研究方法上,多利用层次分析法[46-49]、德尔菲法[50]和模糊综合评估法[51]等。这些研究方法一般用于数字图书馆的整体性评估,通过计算分值来确定指标权重或者比较不同数字图书馆的质量水平。

此外,国内学者日益重视从用户角度进行数字图书馆的评估[52]。如夏立新等[53]从用户满意度视角出发,建立了基于数字图书馆设施、流程与内容质量的评估模型;徐芳、戴炜轶和赵杨从用户体验角度出发对数字图书馆质量评估进行探讨[54];张剑从可视化的角度出发,提出了一种以用户为中心的"用户—交互—系统—领域与主题"四种要素相互作用的数字图书馆评估框架[55]。前一类研究多通过设计评估指标对国内数字图书馆进行比较,但缺少评估体系的理论构建;后一类则构建了用户体验控制框架,但模型构建未经过实证研究的检验[56]。胡凯综述了近十年来用户研究的主题内容,包括用户服务、用户界面、用户教育及培训,为从用户角度进行数字图书馆评估提供了参考维度[57]。当然,也有一些学者基于用户视角从界面[58]、信息构建[59]等角度探讨评估问题。

Chowdhury[60]认为在数字图书馆服务评估中,用户交互是非常重要的。作为一种交互信息检索系统,数字图书馆集合了一系列交互元素,因而,交互研究是数字图书馆研究领域学者们关注的主要研究问题之一,除以上研究探讨了数字图书馆环境下的用户与系统的交互绩效及交互评估研究之外,Fuhr 等[61]构建了包括用户、内容和系统之间交互关系的三维模型,揭示了:①用户—内容关系与有用性因素相关;②用户—系统关系与可用性因素相关,包括满意度、效果等;③内容—系统关系与绩效因素相关,包括响应时间、查全率、查准率等。一些学者从用户交互角度出发[62-63],构建了基于交互需求、交互过程、交互环境的评估模型。

(2)数字图书馆评估工具

如前所述,数字图书馆评估包括整体性评估与局部性评估,在数字图书馆整体评估工具的开发上,Goncalves 等从 5S 模型中抽取了数字图书馆的高层次(high-level)概念,总结出与之相对应的质量维度,对于每一个质量维度,都有基于 5S 和已知数字图书馆概念的集合和函数来表示,形成了一套可供量化的评估工具[64]。Moreira 等以 Goncalves 设计的评估工具为基础,设计旨在帮助数字图书馆管理者在数字图书馆建设和维护阶段可重复使用的简捷的质量评估工具——5SQual[65]。DELOS 工作小组根据其提出的数字图书馆概念模型,建立了整体评估工具。研究图书馆学会(Associate of Research Libraries,ARL)通过测量网络环境下电子资源与服务使用的统计数据,建立了 E-Metrics 指标评估工具,旨在测度数字图书馆对于电子信息资源和服务的投资是否取得了收益、是否创造了更高的用户使用率[66]。

数字图书馆资源评估主要包括高等学校图书馆数字资源计量指南和 COUNTER(Counting Online Usage Network Electronic Resources)实施规范。前者包括数字资源的定义、分类、计量、馆藏计量以及其他相关说明五个部分。但其主要是针对高校数字图书馆,对其他数字图书馆不适用。后者是一项国际性的数字资源使用报告标准。目前,COUNTER、EBSCO、Wiley、Springer 等都遵循 COUNTER 规范。

数字图书馆服务评估工具的开发受到众多学者的关注。Hernon 等学者最早将电子服务质量评估量表引入到图书馆领域,他们借鉴 SERVQUAL 和 E-S-QUAL 等评估量表的概念理论和研究方法,对数字图书馆服务的质量以及影响因素进行深入分析,建立了图书馆服务质量评价模型(library E-servqual),包含 10 个维度[67]。Kiran 等学者在此研究的基础上,构建了一个三层体系的数字图书馆服务质量评估量表,从环境质量、传递质量和结果质量三个方面进行了评估[68]。国内学者对服务评估工具的开发也开展了一些研究,如施国洪等在 SERVQUAL 量表的基础上,建立了包含 5 个维度、26 个测量指标的图书馆服务质量测评量表[69]。但是其测量针对传统图书馆,是否适用于数字图书馆仍需进一步研究。郭瑞芳[70]、文思敏[71]分别参考 LibQUAL + TM 量表构建了移动图书馆服务质量评估体系。

可见,数字图书馆领域更多关注数字图书馆的整体或服务质量的评估工具或量表的开发,针对数字图书馆交互功能的评估工具相对较少;另一方面,对于数字图书馆的交互评估而言,目前多为模型框架或者规范指南,缺乏可操作的量表,难以在实践中推广应用。因此,本研究试图弥补这一缺憾,基于前期的一系列理论研究,开发数字图书馆交互评估工具,即可操作的量表,以支持数字图书馆交互的评估实践。

8.2　评估工具开发的研究设计

如前所述,本研究采用问卷调查,以数字图书馆交互功能评估模型为理论基础、交互的关键成功因素为框架,设计数字图书馆交互评估问卷,并通过指标重要性分析、因子分析及信度、效度分析,处理数据,建立适用于数字图书馆交互评估的工具。

8.2.1　问卷设计

问卷设计基于前期研究 1、3 和 4 的数字图书馆交互三维模型、交互评估理论模型及用户视角的交互关键成功因素模型,问卷分为人口统计变量部分和主体部分。人口统计变量包括被试者的性别、年龄、学历、专业、对数字图书馆的了解程度等多个方面;主体部分包括 53 个题项,考察从用户视角测量不同指标对用户评估数字图书馆交互功能支持程度的重要性。其中题项 1—52 采用 7 点 Likert 量表,"1"表示非常不重要,"7"表示非常重要。同时,用"NA"表示该指标对用户来说不适合评价数字图书馆的交互功能,NA 列在"7"之后。

问卷初步设计完成后,为提高问卷的可靠性,首先进行小样本的预调查。此次调查共发放问卷 28 份,同时要求被试者对问卷进行评价,提出建议。数据统计结果显示,预调查中受访者男性占比为 46.4%,女性占比为 53.6%,男女比例均衡。从学历来看,涵盖了本科生、硕士研究生和博士研究生,基本反映了不同学历层次受访者的情况。根据数据分析结果及受访者的反馈,问卷存在两个问题:一是问卷中一些问题的表述太过术语化,不利于理解;二是有些问题的相似度较高。针对这些问题,研究者对问卷中语言表述进行修改,合并相似度高的问题,最终形成本研究的正式问卷(见附录 4)。

8.2.2　问卷发放

由于数字图书馆的主要用户集中在高校,本研究的调查主要以高校本科生、硕士以及博士研究生为调查对象,集中在当地两所教育部直属高校进行发放。为保证此次问卷填写的真实性和有效性,本次调查没有采用网络发布问卷的方式。问卷要求受调查者当面填写完成,发放地点为学生活动的主要场所,如自习室等。

本研究共发放问卷 400 份,经过筛选获得 372 份有效问卷,问卷有效率为 93%。剔除的问卷包括:①漏答的题项过多,漏答数超过总题项的 2/3 的问卷;②针对不同题项均勾选同一选项的问卷(例如,所有的题项全部选择"3");③问卷的题项虽为单选题,但受访者却填两个或两个以上的选项的问卷。本研究收集的数据采用SPSS22.0 进行处理。

8.2.3　样本的人口统计学变量特征

样本的人口统计学基本特征,如表 8 - 1 所示。

表 8 - 1　样本特征

描述性统计指标	选项	样本数量(百分比)	所占百分比
性别	男	174	46.77%
	女	198	53.23%

描述性统计指标	选项	样本数量(百分比)	所占百分比
年龄	age <18	3	0.81%
	18≤age <25	266	71.51%
	25≤age <30	81	21.77%
	age ≥30	22	5.91%
学历	本科生	153	41.13%
	硕士研究生	127	34.14%
	博士研究生	92	24.73%
学科①	人文艺术学科	35	9.41%
	社会科学	158	42.0%
	理工医学科	183	48.7%

从基本信息来看,受调查者性别比例均衡,年龄集中在18—25岁,共266人,占总样本的71.51%,反映了高校学生总体的特征。从学历来看,本科生有153人(占比41.13%),硕士研究生有127人(占比34.14%),博士研究生有92人(占比24.73%),各层次学生占比合理;从学科来看,以社会科学和理工科学生占比居多,其他学科也有少量分布。样本具有一定的代表性。

8.2.4 样本的数字图书馆经验

为进一步探知样本的有效性,本研究从用户使用数字图书馆的频率、最常使用的数字图书馆、使用的方式、目的,信息检索的专业程度及检索水平、效果等方面揭示受调查者的特征,结果如图8-1至图8-5及表8-2所示。

图8-1显示,经常使用数字图书馆的受调查者(包括经常使用和一直使用)为156人,所占百分比为41.9%,占比最高。图8-2展示了受调查者最常使用的数字图书馆,其中CNKI(中国知网)、南开大学数字图书馆、万方、维普、超星位居前五,占比分别为80.80%、39.80%、31.40%、28.20%和21.40%。

---

① 因为部分受访者为双修,所以选择了两个学科,统计的时候样本量多于有效问卷数。

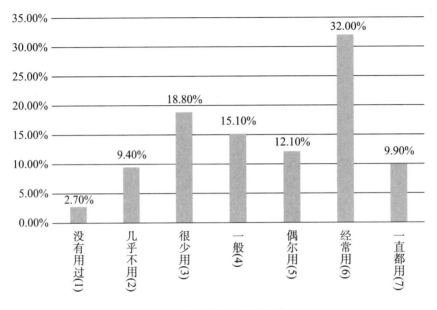

图 8 - 1　使用数字图书馆的频率

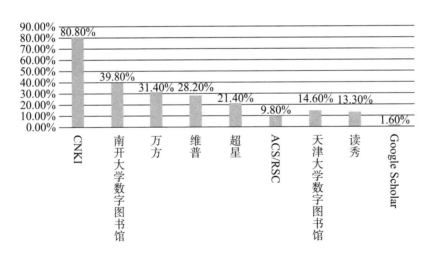

图 8 - 2　最常使用的数字图书馆(自我报告题项,提供的数字图书馆可不唯一)

　　图 8 - 3 显示,大多数受调查者使用数字图书馆的方式为主动搜索,占比高达88.40%;表 8 - 2 表明,使用数字图书馆的目的多为撰写论文、科研需要以及完成课堂作业,占比分别为 76.88%、60.75% 和 50.00%。

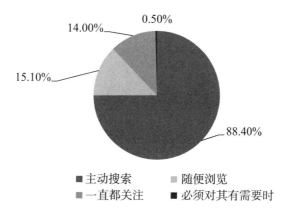

图 8 - 3 使用数字图书馆的方式(可多选)

此外,35.5%的受调查者学习过信息检索方面的课程;而 64.5% 并未学习过相关课程。

表 8 - 2 使用数字图书馆的目的(可多选)

选项	样本数量	百分比
解决工作中问题	109	29.30%
撰写论文	286	76.88%
完成课堂作业	186	50.00%
科研需要	226	60.75%
学习需要	1	0.27%
解决生活中的问题	35	9.41%
没什么目的	17	4.57%

图 8 - 4 显示,195 名受调查者认为自己检索水平一般,占比最高,为 52.40%;图 8 - 5 表明,173 名受调查认为自己检索效果一般,占比最高,为 46.50%。其次, 20.20% 的受调查者认为自己检索水平比较高(见图 8 - 4),42.50% 认为自己检索效果比较成功(见图 8 - 5)。可见,多数的受调查者认为自己的检索水平一般或较好, 检索比较成功。

数据分析表明,受调查者一定程度上了解数字图书馆,并在学习、工作过程中使用数字图书馆,具有一定的检索经验。

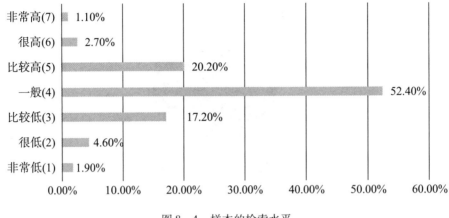

图 8 - 4　样本的检索水平

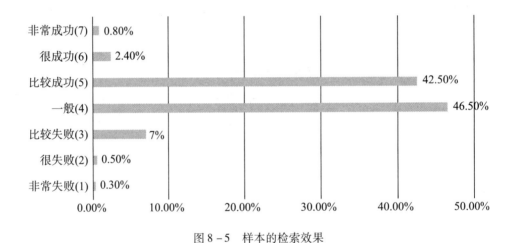

图 8 - 5　样本的检索效果

8.3　评估工具的构建

8.3.1　指标的重要程度分析

本研究选取的 52 项指标均来源于前期研究逐步构建并细化的理论模型,为进一步验证这些理论模型的可靠性及用于评估数字图书馆交互的可能性,本研究要求受调查者评价这些指标在评估数字图书馆交互中的重要程度。结果表明,各指标的均值分布在 3.76(Q19,SD = 1.39)与 5.88(Q5,SD = 1.20;Q43,SD = 1.27)之间。除 Q15 的标准差为 3.93 外(均值为 5.36),其他的各指标的标准差分布在 1.05(Q49,

均值为 5.63）和 1.46（Q12，均值为 4.88；Q18，均值为 4.44；Q33，均值为 4.20）之间。部分指标的重要程度见表 8－4 和表 8－6。由此可见，受调查者对这些指标在评估数字图书馆交互功能方面的认同度较高。除 Q15 以外，其他指标均能取得一定程度的共识。因而，以下针对所有指标进行进一步分析。

8.3.2　信度、效度检验

问卷的信度检验是进一步分析数据的必要步骤。常用的信度检验方法是通过信度分析，获知克隆巴赫系数（Crobach's Alpha）。通常情况下，系数在 0.7 以上被认为信度较高。由于本问卷中的所有指标均用于测量数字图书馆交互功能，因而，信度检验针对问卷中的所有题项。结果表明，克隆巴赫系数为 0.95，问卷信度较高。

利用因子分析中的主成分分析法测量问卷中的原始数据，可以对数据的效度进行有效检验，达到降维的作用，也可以发现各个指标之间的关系。对问卷中的 52 个问题进行因子分析，利用最大方差正交旋转，并按照特征值大于 1 进行抽取，进行 KMO 和 Bartlett 球形检验，一般情况下，KMO > 0.9 时，因子分析最为理想。分析表明，KMO 检验值为 0.943。Bartlett 球形检验近似卡方值为 10455.586，p < 0.01，表明样本适合因子分析。

8.3.3　公因子提取

采用因子分析法得出问卷指标相关矩阵的特征值以及累计贡献率，一共提取出 10 个公因子。一般情况下，累计方差贡献率达到 60%，可认为问卷具有良好的效度。本次研究的累计贡献率为 62.932%，表明问卷的效度较好。

利用方差最大化的正交旋转法，定义特征值大于 1，因子载荷大于 0.5 以上的指标，对问卷中的 52 个指标进行因子分析，旋转后得到了因子载荷矩阵，如表 8－3 所示。

表 8－3　第一次因子分析结果

公因子	评估指标	因子载荷
F1	Q49 我在 DL① 搜寻信息的顺利程度	0.766
	Q47 我能够在 DL 界面上进行高效率的信息搜索	0.761
	Q48 我能够在 DL 界面上进行高效率的信息浏览	0.707

---

① DL 为数字图书馆英文简称，下同。

续表

公因子	评估指标	因子载荷
F1	Q46 我能够方便的操控 DL 实现自己的搜寻目标	0.671
	Q51 通过 DL 搜寻到的结果令我满意的程度	0.633
	Q45 DL 的各种功能是容易学习和使用的	0.623
	Q50 在 DL 搜寻信息的过程中,系统的表现令我满意的程度	0.618
	Q43 DL 提供的信息内容真实无误	0.603
	Q44 我在 DL 里搜索不同内容的信息时均能得到满足	0.567
	Q42 我从 DL 中获得的信息都是有用信息	0.551
	Q52 在 DL 搜索的过程中我要付出的努力程度	0.492
F2	Q22 DL 的资源分类是合理的	0.708
	Q20 DL 对相关网站有详细的分类链接	0.698
	Q21 DL 的相关网站都是有效链接	0.690
	Q23 DL 链接的层级数量合适	0.642
	Q40 DL 对各类资源的区分有明确的标识	0.551
	Q24 DL 的链接能够引导我方便查找信息	0.550
	Q26 顶部或底端的导航条十分容易找到	0.514
	Q41 DL 提供的搜索关键词准确	0.487
	Q25 DL 网站的反应速度快,稳定性好	0.437
	Q10 DL 提供了完整的目录	0.412
	Q36 DL 的功能设置集中,方便使用	0.335
F3	Q28 页面排版和布局合理	0.720
	Q29 DL 符合网站通用的设计规则	0.673
	Q30 网页整洁有序、框架脉络清晰,对搜索很有帮助	0.656
	Q31 搜索过程中,界面层次安排符合我平常的浏览习惯	0.652
	Q27 搜索工具,如检索框、作者、主题等索引容易找到	0.541
	Q32 我能从 DL 链接到其他检索系统/数据库	0.437
F4	Q1 DL 里资源的数量能满足我信息获取的需要	0.836
	Q2 DL 里资源的种类能满足我信息获取的需要	0.799
	Q3 DL 里资源的内容质量能满足我信息获取的需要	0.780
	Q4 DL 提供了方便的下载方式	0.515
	Q5 DL 检索结果与我想要的结果相关性高	0.432

公因子	评估指标	因子载荷
F5	Q17 DL 提供了能够满足需要的多种功能	0.689
	Q18 页面上主题的字体和大小能够吸引我的注意力	0.635
	Q16 DL 网站呈现的内容是详细的	0.621
	Q12 DL 提供了完备的用户指南	0.598
	Q11 DL 的资源分类是详尽的	0.528
F6	Q38 当有检索任务时,我有信心利用 DL 完成任务	0.796
	Q37 当有检索任务时,我对 DL 足够熟悉以至于能帮助我很好地完成任务	0.770
	Q39 当有检索任务时,我所拥有的专业知识能够帮助我更好地使用 DL	0.756
	Q34 利用 DL 之前,我通常已经明确了搜索目标	0.437
F7	Q6 在 DL 检索时我可以通过多种途径链接到同一页面	0.669
	Q7 DL 里资源的更新速度快	0.516
	Q9 DL 页面上的主题能准确表达文章或词条的核心内容	0.449
	Q8 DL 能够提供与检索需求相关的内容	0.436
	Q14 DL 对用户的查询要求反应迅速	0.372
F8	Q33 DL 有适度的网站宣传	0.512
	Q35 相比于其他数据库,我更依赖于我所选择的 DL	0.503
	Q13 即使初次使用 DL,也易于学习,使用起来并不困难	0.437
F9	Q15 DL 页面的内容简洁	0.797
F10	Q19 页面上主题的颜色能够吸引我的注意力	0.449

表 8－3 显示,指标 Q5、Q8、Q9、Q10、Q13、Q14、Q19、Q25、Q32、Q34、Q36、Q41 和 Q52 的因子载荷低于 0.5,把上述 13 个指标删除后,将剩余因子载荷在 0.5 以上的指标进行第二次因子分析,累计贡献率为 61.608%,一共得到 7 个公因子,见表 8－4。由于第二次因子分析析出的因子极有可能成为构建量表的因子和指标,表 8－4 同时列出了这些指标的重要程度。

表 8－4　第二次因子分析析出的公因子及重要程度

公因子	指标	因子载荷	均值(标准差)
F1	Q49 我在 DL 搜寻信息的顺利程度	0.759	5.63(1.05)
	Q47 我能够在 DL 界面上进行高效率的信息搜索	0.739	5.73(1.06)

续表

公因子	指标	因子载荷	均值(标准差)
F1	Q43 DL 提供的信息内容真实无误	0.708	5.88(1.27)
	Q48 我能够在 DL 界面上进行高效率的信息浏览	0.704	5.70(1.11)
	Q51 通过 DL 搜寻到的结果令我满意的程度	0.664	5.69(1.16)
	Q44 我在 DL 里搜索不同内容的信息时均能得到满足	0.653	5.41(1.25)
	Q42 我从 DL 中获得的信息都是有用信息	0.650	5.50(1.25)
	Q50 在 DL 搜寻信息的过程中,系统的表现令我满意的程度	0.642	5.42(1.21)
	Q46 我能够方便的操控 DL 实现自己的搜寻目标	0.628	5.54(1.15)
	Q45 DL 的各种功能是容易学习和使用的	0.619	5.45(1.13)
F2	Q21 DL 的相关网站都是有效链接	0.729	5.54(1.22)
	Q22 DL 的资源分类是合理的	0.717	5.55(1.08)
	Q20 DL 对相关网站有详细的分类链接	0.715	4.99(1.27)
	Q23 DL 链接的层级数量合适	0.652	5.23(1.19)
	Q24 DL 的链接能够引导我方便查找信息	0.544	5.69(1.15)
	Q40 DL 对各类资源的区分有明确的标识	0.488	5.27(1.20)
	Q26 顶部或底端的导航条十分容易找到	0.476	5.23(1.28)
	Q11 DL 的资源分类是详尽的	0.459	5.44(1.22)
F3	Q1 DL 里资源的数量能满足我信息获取的需要	0.795	5.65(1.28)
	Q2 DL 里资源的种类能满足我信息获取的需要	0.787	5.60(1.32)
	Q3 DL 里资源的内容质量能满足我信息获取的需要	0.741	5.83(1.23)
	Q4 DL 提供了方便的下载方式	0.646	5.70(1.10)
	Q7 DL 里资源的更新速度快	0.471	5.62(1.34)
F4	Q28 页面排版和布局合理	0.752	5.17(1.17)
	Q29 DL 符合网站通用的设计规则	0.695	5.02(1.25)
	Q31 搜索过程中,界面层次安排符合我平常的浏览习惯	0.668	5.09(1.25)
	Q30 网页整洁有序、框架脉络清晰,对搜索很有帮助	0.658	5.40(1.09)
	Q27 搜索工具,如检索框、作者、主题等索引容易找到	0.515	5.72(1.08)
F5	Q18 页面上主题的字体和大小能够吸引我的注意力	0.642	4.40(1.46)
	Q17 DL 提供了能够满足需要的多种功能	0.628	5.28(1.28)
	Q33 DL 有适度的网站宣传	0.615	4.20(1.46)
	Q16 DL 网站呈现的内容是详细的	0.602	5.31(1.29)
	Q12 DL 提供了完备的用户指南	0.580	4.88(1.46)
	Q6 在 DL 检索时我可以通过多种途径链接到同一页面	0.432	4.79(1.36)

公因子	指标	因子载荷	均值(标准差)
F6	Q38 当有检索任务时,我有信心利用 DL 完成任务	0.804	5.10(1.36)
	Q39 当有检索任务时,我所拥有的专业知识能够帮助我更好的使用 DL	0.773	5.33(1.33)
	Q37 当有检索任务时,我对 DL 足够熟悉以至于能帮助我很好的完成任务	0.766	5.37(1.33)
	Q35 相比于其他数据库,我更依赖我选择的 DL	0.468	5.09(1.61)
F7	Q15 DL 页面的内容简洁	0.816	5.36(3.93)

表 8 - 4 显示,F7 仅有一个指标,其重要程度的均值虽为 5.36,但标准差相比之下偏高,为 3.93,表明数据的波动较大,受调查者对该指标的认同度存在一定的不一致性。因而,该指标可考虑剔除。

将之前所有剔除的因子再次进行主成分分析,结果如表 8 - 5 所示。

表 8 - 5　被剔除因子的第一次主成分分析结果

公因子	指标	因子载荷
M8	Q5 DL 检索结果与我想要的结果相关性高	0.815
	Q9 DL 页面上的主题能准确表达文章或词条的核心内容	0.777
	Q8 DL 能够提供与检索需求相关的内容	0.714
	Q41 DL 提供的搜索关键词准确	0.655
	Q25 DL 网站的反应速度快,稳定性好	0.586
	Q14 DL 对用户的查询要求反应迅速	0.579
	Q10 DL 提供了完整的目录	0.539
	Q13 即使初次使用 DL,也易于学习,使用起来并不困难	0.425
M9	Q32 我能够从 DL 链接到其他检索系统/数据库	0.715
	Q36 DL 的功能设置集中,方便使用	0.642
	Q34 利用 DL 之前,我通常已经明确了搜索目标	0.609
	Q19 页面上主题的颜色能够吸引我的注意力	0.469
	Q52 在 DL 搜索的过程中我要付出的努力程度	0.384

表 8 - 5 显示,被剔除的这些指标重新聚合成两个因子,但是指标 Q13、Q19、Q52 的因子载荷低于 0.5,予以剔除。再次进行主成分分析,结果如表 8 - 6 所示。考虑到这些指标作为量表指标的可能性,表 8 - 6 同时报告了这些指标的重要程度。

表 8-6　被剔除因子的第二次主成分分析结果及重要程度

公因子	指标	因子载荷	均值(标准差)
M8	Q5 DL 检索结果与我想要的结果相关性高	0.799	5.88(1.20)
	Q9 DL 页面上的主题能准确表达文章或词条的核心内容	0.788	5.85(1.07)
	Q8 DL 能够提供与检索需求相关的内容	0.714	5.81(1.11)
	Q41 DL 提供的搜索关键词准确	0.664	5.71(1.21)
	Q25 DL 网站的反应速度快,稳定性好	0.590	5.75(1.10)
	Q10 DL 提供了完整的目录	0.590	5.27(1.30)
	Q14 DL 对用户的查询要求反应迅速	0.588	5.38(1.36)
M9	Q32 我能够从 DL 链接到其它检索系统/数据库	0.781	5.27(1.26)
	Q36 DL 的功能设置集中,方便使用	0.660	5.33(1.21)
	Q34 利用 DL 之前,我通常已经明确了搜索目标	0.652	5.52(1.38)

表 8-6 显示,将指标 Q13、19、52 剔除后,得到的结果比较满意,所有因子的载荷都在 0.5 以上,并且聚合成两个因子,命名为 M8 和 M9。

8.3.4　公因子的信度分析

将第二次因子分析得到的 6 个公因子和被剔除因子的第二次主成分分析得到的 2 个公因子进行信度分析,结果如表 8-7 所示。

表 8-7　公因子信度分析

公因子	克隆巴赫系数
F1	0.913
F2	0.886
F3	0.855
F4	0.825
F5	0.764
F6	0.776
M8	0.814
M9	0.574

表 8-7 显示,仅有 M9 的克隆巴赫系数为 0.574,小于 0.7,所以删除该公因子,最终获得评估数字图书馆交互功能的 7 个公因子。

8.3.5 公因子命名及评估量表的形成

因子命名的过程体现了对聚合在同一因子下的指标的概念抽象,是通过提炼具体指标形成上位概念的过程。以下公因子的命名经头脑风暴和多次讨论形成,具体命名如表8-8所示。

表8-8 公因子命名表

公因子	名称
F1	系统的效用
F2	网站结构与信息组织
F3	资源可获得性
F4	页面表现
F5	易用性
F6	主观任务感知
M8	系统的绩效与效率

基于以上研究结果,将问卷中各指标的表述规范化,即将所有的表述改为正向的评估,采用7点李克特量表,以"1"表示"完全不同意"(ED),"4"表示"中立"(N),"7"表示"完全同意"(EA),进一步开发评估量表,见表8-9。

表8-9 数字图书馆交互功能评估量表

评估维度	评估指标	ED		N			EA	
	I1:我在 DL 搜寻信息的过程顺利	1	2	3	4	5	6	7
	I2:我能够在 DL 界面上进行高效率的信息搜索	1	2	3	4	5	6	7
	I3:DL 提供的信息内容真实无误	1	2	3	4	5	6	7
	I4:我能够在 DL 界面上进行高效率的信息浏览	1	2	3	4	5	6	7
	I5:通过 DL 搜寻到的结果令我满意	1	2	3	4	5	6	7
D1:系统的效用	**I6**:我在 DL 里搜索不同内容的信息时均能得到满足	1	2	3	4	5	6	7
	I7:我从 DL 中获得的信息都是有用信息	1	2	3	4	5	6	7
	I8:在 DL 搜寻信息的过程中,系统的表现令我满意	1	2	3	4	5	6	7
	I9:我能够方便的操控 DL 实现自己的搜寻目标	1	2	3	4	5	6	7
	I10:DL 的各种功能是容易学习和使用的	1	2	3	4	5	6	7

续表

评估维度	评估指标	ED　　　N　　　EA
D2：网站结构与信息组织	I11：DL 的相关网站都是有效链接	1　2　3　4　5　6　7
	I12：DL 的资源分类是合理的	1　2　3　4　5　6　7
	I13：DL 对相关网站有详细的分类链接	1　2　3　4　5　6　7
	I14：DL 链接的层级数量合适	1　2　3　4　5　6　7
	I15：DL 的链接能够引导我方便查找信息	1　2　3　4　5　6　7
	I16：DL 对各类资源的区分有明确的标识	1　2　3　4　5　6　7
	I17：顶部或底端的导航条十分容易找到	1　2　3　4　5　6　7
	I18：DL 的资源分类是详尽的	1　2　3　4　5　6　7
D3：资源可获得性	I19：DL 的资源的数量能满足我信息获取的需要	1　2　3　4　5　6　7
	I20：DL 的资源的种类能满足我信息获取的需要	1　2　3　4　5　6　7
	I21：DL 的资源的内容质量能满足我信息获取的需要	1　2　3　4　5　6　7
	I22：DL 提供了方便的下载方式	1　2　3　4　5　6　7
	I23：DL 的资源的更新速度快	1　2　3　4　5　6　7
D4：页面表现	I24：页面排版和布局合理	1　2　3　4　5　6　7
	I25：DL 符合网站通用的设计规则	1　2　3　4　5　6　7
	I26：搜索过程中，界面层次安排符合我平常的浏览习惯	1　2　3　4　5　6　7
	I27：网页整洁有序、框架脉络清晰，对搜索很有帮助	1　2　3　4　5　6　7
	I28：搜索工具,如检索框、作者、主题等索引容易找到	1　2　3　4　5　6　7
D5：可用性	I29：页面上主题的字体和大小能够吸引我的注意力	1　2　3　4　5　6　7
	I30：DL 提供了能够满足需要的多种功能	1　2　3　4　5　6　7
	I31：DL 有适度的网站宣传	1　2　3　4　5　6　7
	I32：DL 网站呈现的内容是详细的	1　2　3　4　5　6　7
	I33：DL 提供了完备的用户指南	1　2　3　4　5　6　7
	I34：在 DL 检索时我可以通过多种途径链接到同一页面	1　2　3　4　5　6　7

评估维度	评估指标	ED		N		EA
D6：主观任务感知	**I35**：当有检索任务时，我有信心利用 DL 完成任务	1 2 3 4 5 6 7				
	I36：当有检索任务时，我所拥有的专业知识能够帮助我更好的使用 DL	1 2 3 4 5 6 7				
	I37：当有检索任务时，我对 DL 足够熟悉以至于能帮助我很好地完成任务	1 2 3 4 5 6 7				
	I38：相比于其他数据库，我更依赖我选择的 DL	1 2 3 4 5 6 7				
D7：系统的绩效与效率	**I39**：DL 检索结果与我想要的结果相关性高	1 2 3 4 5 6 7				
	I40：DL 页面上的主题能准确表达文章或词条的核心内容	1 2 3 4 5 6 7				
	I41：DL 能够提供与检索需求相关的内容	1 2 3 4 5 6 7				
	I42：DL 提供的搜索关键词准确	1 2 3 4 5 6 7				
	I43：DL 提供了完整的目录	1 2 3 4 5 6 7				
	I44：DL 网站的反应速度快，稳定性好	1 2 3 4 5 6 7				
	I45：DL 对用户的查询要求反应迅速	1 2 3 4 5 6 7				

8.4 讨论

本研究的目的在于开发可用于评估数字图书馆交互的工具，即评估量表。为此，基于一系列前期研究构建的理论模型或框架，本研究采用问卷调查，共收集了 372 份有效问卷，通过分析指标的重要性、因子分析及信度分析，形成一套包含 7 个维度、45 项指标的数字图书馆交互评估工具。

8.4.1 数字图书馆交互评估维度与指标

本研究的结果显示，数字图书馆交互评估可从 7 个维度展开，即系统的效用、网站结构与信息组织、资源可获得性、页面表现、可用性、主观任务感知及系统的绩效与效率。这些维度的获得是通过因子分析聚合后形成的结果，客观地反映了用户在评估数字图书馆交互过程中所倚重的不同方面，可帮助我们更有效和准确地评估数字图书馆的交互。基于前期研究的发现,本研究通过问卷调查,再一次验证这些指标在评价数字图书馆交互中的有效性和可靠性。研究的结果支持了前期的研究发现,反映了数字图书馆的交互与技术维度、信息维度和任务维度三个维度密切相关。这一方面表明前期研究提出的理论模型或框架较为科学,可以对实践层面的应用进行指导;另一方面说明本研究的问卷设计和数据可靠性较高,能够较全面地反映用户对数字图书馆交互的认知与评估。尽管因为研究的目的不同,侧重点并不完全一致,但是,本研究构建的评估工具一定程度上反映了 Xie[72] 和 Zhang Y.[73] 提出的理论模型所涵盖的部分指标。

研究结果同时启示我们,交互是一个复杂的概念,尤其从用户的视角,不仅涉及用户与系统的信息交换与互动,同时兼顾用户自身对任务的感知及交互过程的体验。研究揭示的 7 个维度也反映了交互这一重要概念的不同维度,不仅可帮助我们更深入地理解交互的概念,还同时启示我们交互具有不同的维度,探究交互应关注其不同的切入点。

此外,本研究通过因子分析删除了因子载荷较低的 6 项指标,分别是:Q13(即使初次使用 DL,也易于学习,使用起来并不困难)、Q19(页面上主题的颜色能够吸引我的注意力)、Q32(我能从 DL 链接到其他检索系统/数据库)、Q34(利用 DL 之前,我通常已经明确了搜索目标)、Q36(DL 的功能设置集中,方便使用)以及 Q52(在 DL 搜索的过程中我要付出的努力程度)。这些指标的重要性程度并不低(括号中依顺序分别为均值和标准差):Q13(5.32,1.21),Q19(3.76,1.39),Q32(5.27,1.26),Q34(5.52,1.38),Q36(5.33,1.21),Q52(5.30,1.27)。排除这些指标的主要原因是因为本研究设定的因子载荷偏高(≥0.5),使它们无法聚类到任何维度中;也不排除问题表述不够清楚合理或者是有数据异常值存在的可能。此外,排除这些指标也是为了使评估工具更加聚焦、有效。但是,这些方面也同样是不可忽视的,虽未能进入评估量表,可作为参考指标,依然能发挥作用。

本研究基于前期研究成果,设计 52 项评估指标,剔除指标偏少也一定程度上支持了前期研究的理论模型或框架的可靠性。

8.4.2　数字图书馆交互功能评估量表的使用

经过一系列的研究构建的数字图书馆交互功能评估量表适用于评估数字图书

馆交互,以探知其交互功能是否可支持用户与数字图书馆的交互过程,获得良好的交互绩效。该量表可用于比较不同的数字图书馆在交互功能设计方面的优劣,但这并非其主要的目的。更为重要的目的在于明确待评估的数字图书馆在交互功能设计上哪些方面需要进一步改善,以帮助开发设计人员进一步完善其交互功能设计,尤其是检索和浏览功能的设计。该量表可以嵌入数字图书馆中,打造成网络问卷形式,请用户自行填写完成。如能长期收集数据,对数字图书馆的交互功能的了解和改进无疑是极有助益的。采用这样的方法,可以使数字图书馆的研究由常规性的截面研究过渡到历时性研究,以支持数字图书馆的可持续发展。也可组织专项的数字图书馆交互评估,利用该量表,通过抽样调查,完成数字图书馆评估的数据收集。

如何获知妨碍数字图书馆交互过程和影响交互绩效的方面? 可采取以下两种方式:

(1)获得适当的数据后(建议中型样本,200 以上),针对每一个维度,分别考察 7 个维度的均值,如某维度均值低于 5,该维度应引起关注并进一步考察每一项评估指标的均值,低于 5 的评价指标应考察其原因并针对性地加以改善和提升。也可直接考察每一项指标的均值,针对均值小于 5 的指标做进一步的分析,以改善其设计。例如,针对页面表现维度的指标"搜索过程中,界面层次安排符合我平常的浏览习惯",如均值小于 5,数字图书馆的开发和设计者便应重新考量页面内容的层次安排,进一步考察目标用户的浏览习惯,使其设计更符合用户的行为习惯,以提升其交互绩效。

(2)此外,获得适当数据后,针对每一维度,还可考察各分值的百分比。可事先设定基准比例进行评估,具体比例以开发方或使用方对数字图书馆的期望目标而定,可定为 40%,也可 30% 或 20%。一旦某维度的分值低于 5 的比例高于基准比例,该维度便值得关注。例如,设定基准比例为 30%,针对维度 D1,各指标低于 5 的比例的均值为 40%,该维度应该给予关注。进一步考察单一指标,着重探究分值低于 5 的比例高于基准比例的指标,以探知导致该比例的原因。当然,直接考察各指标的分值低于 5 的比例也是可行的方法,如样本中选择低于 5 的比例高于基准比例,其原因值得进一步考察,以寻找合适的方法和途径改善数字图书馆的交互功能设计。

当然,基于该量表,并非所有的不够理想的指标都能直接找到解决方案,如指标"我在 DL 搜寻信息的过程顺利"的分值低于 5 的比例如超过基准比例,是无法直接获得交互功能的完善方案的。需进一步研究,如采用跟踪访谈的方法,访谈部分受调查者,以更准确获知导致搜索过程不顺利的根本原因,以便对症下药地完善数字图书馆的交互功能设计。

总之,该量表提供了一个可行的、比较灵活的评估数字图书馆交互功能的方法和途径,为数字图书馆交互功能的持续改善提供实证基础。

8.4.3 研究的意义及启示

本研究的意义在于:①将数字图书馆交互功能评估从理论研究推向实践应用层面,结合问卷调查法和因子分析法,通过数据的具体分析构建评估工具。相比于已有的一些仍停留在理论模型构建阶段的研究,本研究更有助于推进评估的实践。②本研究所构建的评估工具可对数字图书馆多个维度进行测量,包括技术维度、信息维度和任务维度,实现对数字图书馆交互的多维评估。文献回顾表明,很多学者的研究着重于数字图书馆的某一方面,角度较为单一,如黄晓斌和卢琰[74]从用户界面角度,注重技术维度,构建评估体系;Kiran等学者[75]从服务评估角度构建数字图书馆服务质量评估量表,着重关注数字图书馆的环境质量、传递质量和结果质量。这些评估可帮助了解数字图书馆某一方面的状况。本研究延伸了此类研究,所构建的评估工具着重于数字图书馆的交互层面,丰富了数字图书馆评估内容和方法。

评估工具的维度"系统的效用"体现了用户对数字图书馆交互功能的理解,用户满意的数字图书馆交互功能应能有效地支持和改善用户搜寻信息的顺利程度、提高搜索和浏览的效率、提供真实及有用的信息、满意的搜索结果及满足用户的需求等。这些方面作为用户评估数字图书馆交互功能的重要方面,也同时启示我们数字图书馆的交互功能设计应能有效地支持用户交互才能提升用户的满意程度。"网站结构与信息组织"维度则体现了信息构建的重要性,链接的层级、链接的有效性、资源的分类及组织均能影响用户对数字图书馆交互功能的评估。同时,该维度与"页面表现"及"可用性"启示我们数字图书馆界面设计该如何更好地满足用户与数字图书馆的交互需求,如界面的层次安排,网页的整洁有序、页面排版布局等。"资源可获得性"体现了信息内容丰富对支持用户与数字图书馆交互的重要性;"系统的绩效与效率"也要求数字图书馆在资源建设方面加以重视,尤其要了解目标用户的需求及工作任务,用户对任务的主观感受也同样是用户评估数字图书馆交互支持的重要方面。可见,本研究不仅提供了可用于评估数字图书馆交互的工具,同时,也为数字图书馆的交互设计提供了思路,可帮助数字图书馆的设计者更好地完善数字图书馆的交互设计,提升用户的交互体验,以支持他们更好地完成工作任务。

8.5 结 语

本研究以数字图书馆交互功能的一系列理论研究为基础,采用问卷调查法和因子分析法不断检验评估指标的有效性和重要程度,最后形成具有 7 个维度、45 个指标的可操作的数字图书馆交互评估工具。本研究提出的 7 个维度分别是:系统的效用;网站结构与信息组织;资源可获得性;页面表现;可用性;主观任务感知;系统的绩效与效率。每个维度下都有其对应的测量指标,从而构成了一套完整的评估体系,以帮助评估数字图书馆的交互功能,改善其对用户与系统交互的支持。

通过本研究我们也能获得一些启示:数字图书馆交互评估从理论向实践操作层面发展的过程不是一蹴而就的,需要理论的探索和实证的检验。本研究体现了这样的学术研究历程。其次,用户对于数字图书馆的了解程度和使用频率总体还不高,因此,如何提高用户对数字图书馆的了解程度,如何改进数字图书馆的设计使其更符合用户的个性化需求是我们今后面临的挑战。

本研究也具有一定的局限性。虽然本研究开发了一套基于多维度的数字图书馆交互功能评估的工具,但是要将其大范围的应用还需在实践中不断的验证和完善。样本虽然针对数字图书馆的用户群体中的学生群体展开,然而,由于资源的限制,一些用户群体被忽略,如教师群体、图书馆员等。此外,评估指标之间的关系还需进一步研究,该评估工具的指标构成存在进一步简化的可能性,用户的个性化特征与评估指标的关系以及更为个性化的评估工具均有必要进一步探讨,这也为我们今后的研究指明了方向。

参考文献:

[1][23][31][34][39][43][73] ZHANG Y. Developing a holistic model for digital library evaluation [J]. Journal of the American society for information science and technology,2010,61(1):88-110.

[2][8][10] 齐雪. 数字图书馆交互功能评估研究[D]. 天津:南开大学,2014.

[3][9][11][14][17] 李月琳,梁娜,齐雪.从交互维度到交互功能:构建数字图书馆交互评估理论模型[J].中国图书馆学报,2016,42(1):66 - 82.

[4 - 5] 李月琳,肖雪,仝晓云.数字图书馆中人机交互维度与用户交互绩效的关系研究[J].图书情报工作,2014,58(2):38 - 46.

[6][12] 李月琳,肖雪,胡蝶.信息检索实验中的任务设计——真实与模拟仿真工作任务的比较研究[J].图书情报工作,2014(16):5 - 12.

[7][13][15 - 16] BORLUND P. Experimental components for the evaluation of interactive information retrieval system[J]. Journal of documentation,2000,56(1):71 - 90.

[18] MARCHIONINI G. Evaluation digital libraries:a longitudinal and multifaceted view[J]. Library trends,2000,49(2):304 - 333.

[19] SARACEVIC T. Digital library evaluation:toward an evolution of concepts[J]. Library trends,2000, 49(2):350 - 369.

[20][72] XIE H I. Users' evaluation of digital libraries(DLs):their uses,their criteria,and their assessment[J]. Information processing and management,2008(44):1346 - 1373.

[21][26][29][32][35] TSAKONAS G,MITRELIS A,PAPACHRISTOPOULOS L,et al. An exploration of the digital library evaluation literature based on an ontological representation[J]. Journal of the American society for information science and technology,2013,64(9):1914 - 1926.

[22] AHMADA M,ABAWAJY J H. Digital library service quality assessment model[J]. Procedia-social and behavioral sciences,2014,(129):571 - 580.

[24][27 - 28][33][36][40][42][44] 王鉴辉.数字图书馆评价体系问题研究[J].中国图书馆学报,2004(4):55 - 57.

[25] 安娜.高校数字图书馆评价指标体系研究[J].现代情报,2007(5):97 - 100.

[30][38][41] 周训杰,王尊新.高校图书馆数字资源评价指标体系研究[J].现代情报,2006(1):14 - 18.

[37] 王卫军.基于可用性的移动图书馆服务能力评价研究[J].情报理论与实践,2016,39(1):100 - 103.

[45] 何惠芬.基于用户行为的高校图书馆知识服务互动平台之构建[J].图书情报工作,2015,59:199 - 202.

[46][53] 夏立新,孙丹霞,王忠义.网络环境下数字图书馆知识服务用户满意度评价指标体系构建[J].图书馆杂志,2015(3):27 - 34.

[47] 李迎迎,王娟,郑春厚.高校图书馆数字资源服务评价指标体系构建[J].情报杂志,2014,33

（3）:74－81.

［48］穆靖,刘毅,郭明明.高校数字图书馆评价指标体系研究［J］.情报科学,2010,28（10）:1509－
1512.

［49］吴建华,王朝晖.数字图书馆评价层次分析［J］.情报科学,2009,27（8）:1207－1213.

［50］王鉴辉.数字图书馆评价体系问题研究［J］.中国图书馆学报,2004（4）:55－57.

［51］杨志和.数字图书馆发展水平的模糊综合评价［J］.情报杂志,2009（28）:142－146.

［52］刘炜,楼向英,张春景.数字图书馆评估研究［J］.图书情报工作,2007（5）:21－24.

［54］徐芳,戴炜轶.国内数字图书馆用户交互体验比较实验与分析［J］.图书馆学研究,2014,
（12）:18－22.

［55］张剑.以用户为中心的可视化数字图书馆评价框架研究［J］.新世纪图书馆,2017（7）:64－
67,96.

［56］赵杨.数字图书馆移动服务交互质量控制机制研究——基于用户体验的视角［J］.情报杂志,
2014,33（4）:184－189.

［57］胡凯.近十年我国数字图书馆用户研究综述［J］.科级情报开发与经济,2015,25（7）:144－
147.

［58］［74］黄晓斌,卢琰.论数字图书馆用户界面的评价［J］.图书馆论坛,2005（3）:16－19.

［59］夏春红.基于信息构建的数字图书馆评价研究［J］.图书馆学刊,2012（3）:120－123.

［60］CHOWDHURY G. From digital libraries to cigital preservation research:the importance of users and
context［J］. Journal of documentation,2010,66（2）:207－223.

［61］FUHR N,TSAKONAS G,AALBERG T,et al. Evaluation of digital libraries［J］. International journal
on digital libraries,2007（8）:21－38.

［62］梁孟华.基于用户交互的数字图书馆服务评价模型构建与实证检验［J］.图书情报工作,
2012,56（7）:72－78.

［63］徐芳,金小璞.基于用户体验的数字图书馆用户交互模型构建［J］.情报理论与实践,2015,38
（8）:115－134.

［64］GONCALVES M A,MOREIRA B L,FOX E A,et al. "What is a good digital library?"—a quality
model for digital libraries［J］. Information processing and management,2007,43（5）:1416－1437.

［65］MOREIRA B L,GONCALVES M L,ALBERTO H F,et al. Evaluating digital libraries with 5SQual
［C］// The 11th European conference on research and advanced technology for digital libraries,
2007:466－470.

［66］BLIXRUD L C. Measures for electronic use:the ARL e-metrics project［C］// Statistics in practice-

measuring and managing-IFLA satellite conference,2002:73 – 84.

[67] HERNON P,CALVERT P. E-service quality in libraries:exploring its features and dimensions [J]. Library & information science research,2005,27(3):377 – 404.

[68][75] KIRAN K,DILJIT S. Modeling web-based library service quality[J]. Library & information science research,2012,34(3):184 – 196.

[69] 施国洪,岳江君,陈敬贤.我国图书馆服务质量测评量表构建及实证研究[J].中国图书馆学报,2010,(4):36 – 46.

[70] 郭瑞芳.基于 LibQUAL + TM 的高校图书馆移动信息服务质量探讨[J].新世纪图书馆,2013,(6):25 – 27.

[71] 文思敏.移动图书馆服务质量评价浅析[J].四川图书馆学报,2013(5):30 – 32.

附录 1
用户与数字图书馆交互问卷

1. 承诺书

非常感谢您能在百忙之中来参加本次实验研究。本实验是为了研究用户与数字图书馆的交互。基于此目的,您参加本次实验预计花费大约 2 小时的时间,实验内容如下:

1. 阅读和签署实验参与承诺书;

2. 填写基本信息问卷并确定自选任务的内容和主题;

3. 基于对模拟任务情境的理解,填写一份该情境下的预搜索问卷;

4. 在每次搜索之后,填写搜索后问卷;

5. 在实验的过程中,参照"出声思考指南",请您"出声思考";

6. 完成真实任务后以及所有模拟仿真任务后,分别填写整体评估问卷;

7. 本次实验参与时间大约 2 小时左右。

在实验后,我们可能会将您的问卷等数据报告出来,但不会涉及您的个人信息,所有实验对象的信息都是保密的,并且所有结果均是匿名报告。

本次实验您将会得到 50 元的报酬,但您中途退场,则没有报酬。实验过程中您可以随时退场,不会有任何的惩罚。

＊备注:实验过程请保持手机静音状态,且实验不能中途被打断,谢谢合作!

我,_____,已经阅读和理解了本次实验的描述,并同意参加本次实验。作为实验对象,愿意将所执行任务的过程被记录下来,并且在实验过程中认真对待,不会有应付的心理。

如您有任何的疑问,或者想了解本研究的后续结果,请联系:

齐雪,Email:qixue_cool@163.com;Tel:18722270833;或联系我的导师——李月琳,Email:yuelinli70@163.com

本人签字:

实验日期:

研究者:

2. 实验过程说明

在本实验中,您要完成四个模拟任务和一个真实任务,完成任务所使用的数字图书馆为中国知网(http://www.cnki.net/)。此次的实验过程如下:

步骤1:阅读和签署承诺书;

步骤2:填写基本信息问卷;

步骤3:阅读任务1的描述,并填写预搜索问卷;

步骤4:仔细阅读"出声思考"指南;

步骤5:搜索过程如下:

- 选择CNKI作为搜索的数字图书馆,并执行任务1的搜索;

- 每次搜索最多15分钟;

- 选择您认为有用的信息或文档保存下来以便之后使用,可以选择保存、加书签、发邮件等形式,但需要告知您所选择的方式;

步骤6:在搜索期间,按照"出声思考"指南,进行"出声思考";

步骤7:完成任务1的搜索后,填写搜索后问卷;

步骤8:重复3—7步骤,完成任务2至任务5的搜索;

步骤9:完成所有的搜索任务后,填写整体评估问卷。

*备注:请您完成真实任务后填写一次整体评估问卷,在完成所有模拟仿真任务后再填写一次整体评估问卷。

如果您充分理解了上述实验步骤,实验正式开始。

为了保证结果的准确性,请您如实回答所有问题。您的回答对于我们得出正确的结论很重要,希望能得到您的配合和支持,谢谢您的参与!

3. 基本信息问卷

基本信息问卷是为了了解您的学习背景及计算机水平等相关信息,请您在最符合状况的选项上划√。

1.您是南开大学的_____

　　A.本科生　　　　B.硕士研究生　　　　　C.博士研究生

2. 所学专业为_____

3. 您的性别是_____

    A. 男   B. 女

4. 您的年龄是_____

    A. ≤18 周岁   B. 18 < age ≤25 周岁   C. 25 < age ≤30 周岁   D. >30 周岁

6. 您平时使用数字图书馆吗?

没有用过	几乎不用	很少用	一般	偶尔用	经常用	一直都用
1	2	3	4	5	6	7

7. 您认为自己的检索水平是

非常低	很低	比较低	一般	比较高	很高	非常高
1	2	3	4	5	6	7

8. 您是否使用过 CNKI?

    A. 是(从第 9 题开始作答)

    B. 否(请列出您曾经使用的数字图书馆_____,并且从第 9 题作答时其他即为

        您使用的数字图书馆)

9. 您能否熟练使用 CNKI/其他?

非常不熟练	很不熟练	比较不熟练	一般	比较熟练	很熟练	非常熟练
1	2	3	4	5	6	7

10. 您使用 CNKI/其他的频率是

非常低	很低	比较低	一般	比较高	很高	非常高
1	2	3	4	5	6	7

11. 您平时使用 CNKI/其他的检索效果一般是

非常失败	很失败	比较失败	一般	比较成功	很成功	非常成功
1	2	3	4	5	6	7

12. 您平时使用 CNKI/其他的方式一般是

    A. 主动去搜索相关信息   B. 随便浏览,看看有哪些有用的信息

    C. 一直都在关注关于某一方面的信息,及时追踪

13. 您使用 CNKI/其他的目的是

    A. 解决工作中遇到的问题   B. 解决生活中遇到的问题

    C. 完成课堂作业   D. 撰写论文

    E. 科研需要   F. 没有什么特别的目的

14. 您以前_____接受过信息检索方面的学习

    A. 是   B. 否

15. 除了 CNKI 外,请简要列出您还使用过哪些中文数字图书馆?

4."出声思考"指南

在搜索过程中,请向研究者简要说出您采取以下行动的原因:

- 选择基础检索、高级检索或其他形式检索的原因

- 选择具体关键词构造检索语句的原因

- 输入长检索语句或短检索语句的原因

- 为进一步获取信息点击其他链接的原因

- 选择查看搜索结果方式的原因,如查看全文、标题或摘要

- 阅读其中几页或仅阅读一页去确定是有用文档的原因

- 选择有用文档的标准是什么

- 选择保留有用文档的方式是什么,如保存、加书签、发邮件等

- 选择界面里其他方面特征的原因,如您点击了"帮助"按钮的原因

● 停止搜索,决定进行下一个搜索任务的原因

……

5. 任务描述列表

本列表包含了四个搜索任务和一个空白任务,空白任务需要您自己填写,简短描述一个与您学习或研究相关的最近已完成或正在完成的任务。所有任务均需要在 CNKI 上进行搜索,且可以将您认为有用的信息保存下来,以实验编号和自己名字建立文件夹,按照任务顺序将信息保存至文件夹内。任务描述如下:

任务描述 1:

工作任务情境:假设您是市场营销专业的学生,本学期选了一门营销学的课程,现如今新媒体的发展已经越来越迅速,微信与微博已经成为了人们日常生活中必不可少的社交网络。为了能帮助他们更好地营销自己的产品,因此,本学期期末老师要求研究一下微博与微信的营销模式并完成一篇关于这个问题的论文。

搜索任务:请检索 CNKI,搜索相关的文献,将对您有用的搜索结果保存在自建文件夹中。您有 15 分钟的检索时间。

任务描述 2:

工作任务情境:近年来,由于空气质量的恶化,雾霾现象不断增多且危害加重,已经严重影响了人们的生活和身体健康。最近几天,雾霾现象加重,很多人因不适应这种现象,出现上呼吸道感染等疾病。因此,您希望弄清这种雾霾天气的形成原因,以及防治对策。

搜索任务:请检索 CNKI,搜索相关信息来解答雾霾天气的成因及防治对策,将对您有用的搜索结果保存在自建文件夹中。您有 15 分钟的检索时间。

任务描述 3:

工作任务情境:假设您是一名应届毕业生,明年打算去二线城市工作,面临着买房安顿的问题,但是您经过考察发现二线城市的房价也非常高,对于一个刚工作的学生来说是非常大的负担,于是您想知道房价一直居高不下的原因是什么。

搜索任务:请检索 CNKI,搜索相关的文献或信息以解答房价一直都居高不下的原因,将对您有用的搜索结果保存在自建文件夹中。您有 15 分钟的检索时间。

任务描述4:

工作任务情境:2014年预计高校毕业生达727万,被称为"史上更难就业年",加上去年未就业的大学生,2014年就业形势异常严峻。虽然重点高校的抢手专业的学生就业形势一片大好,但还有很多学生仍然处在就业难的状态。假设您目前面临就业问题,您想知道大学生就业难的现状和原因。于是,您试图申请一项科研项目,从科学的角度探讨大学生就业难的原因。

搜索任务:请检索CNKI,搜索相关的文献,将对您有用的搜索结果保存在自建文件夹中。您有15分钟的检索时间。

任务描述5:

真实工作任务情境:请您选取最近需完成的论文、作业、研究项目等,为完成该论文、作业或研究项目,您需要到CNKI中搜索相关信息。将您的任务描述写入下方空白中。

搜索任务:请尽您所能,检索CNKI,并将对您有用的搜索结果保存在自建的文件夹中。您有15分钟的检索时间。

6. 搜索前问卷

该问卷是您在阅读每项任务后需要填写的问卷,请认真作答,并在最接近您目前状况的选项上划√。

1. 下列描述中,哪一种最接近您目前的状态?

  A. 这是我第一次做这样的工作任务,所以有些陌生

  B. 以前就做过这种类型的工作任务,但是不经常做

  C. 我经常做这种类型的工作任务,所以没有什么困难

	非常不同意	很不同意	比较不同意	一般	比较同意	很同意	非常同意
2. 您可以独立完成这项工作任务	1	2	3	4	5	6	7
3. 这是一项富有挑战性的工作任务	1	2	3	4	5	6	7
4. 您十分熟悉这项工作任务的主题	1	2	3	4	5	6	7
5. 该工作任务需要深入思考以解决所有问题	1	2	3	4	5	6	7
6. 该工作任务包括很多子任务、活动或者步骤	1	2	3	4	5	6	7
7. 非常有信心能够完成本次搜索任务	1	2	3	4	5	6	7

	完全不知道	几乎不知道	不知道很多	一般	有点知道	知道很多	完全知道
8. 您对与这项工作任务的主题相关的知识了解程度是	1	2	3	4	5	6	7
9. 您对完成这项工作任务所需检索工具或方法的了解程度是	1	2	3	4	5	6	7

	非常容易	很容易	比较容易	一般	比较困难	很困难	非常困难
10. 您认为这项任务的困难程度是	1	2	3	4	5	6	7
11. 对您来说搜索相关信息的困难程度是	1	2	3	4	5	6	7

	非常简单	很简单	比较简单	一般	比较复杂	很复杂	非常复杂
12. 您认为该工作任务的复杂程度是	1	2	3	4	5	6	7
13. 对您来说搜索相关信息的复杂程度是	1	2	3	4	5	6	7

	从未有	几乎没	很少有	一般	比较多	很多	非常多
14. 您之前是否有相同或相似的搜索经历	1	2	3	4	5	6	7

7. 搜索后问卷

该问卷是您在执行完每项任务后需要填写的问卷,请认真作答,并在最接近您目前状况的选项上划√。

1. 您是否有足够的时间完成这项任务?

　　A. 是　　　　　　　　　　　　　　B. 否

2. 您是否获得足够的信息支持此项工作任务的完成?

　　A. 是　　　　　　　　　　　　　　B. 否

3. 在搜索期间,我会选择某个文档,是因为

完全没用	几乎没用	比较没用	一般有用	比较有用	很有用	非常有用
1	2	3	4	5	6	7

4. 您如何判断一个文档是否有用?

　　A. 阅读标题　　　　　　　　　　　B. 阅读摘要

　　C. 浏览一页　　　　　　　　　　　D. 全部浏览

　　E. 其他,请说明＿＿＿＿＿＿＿＿＿

5. 我所选择的文档中,＿＿＿＿＿

　　A. 我确定所有文档都对任务有用　　　B. 大部分有用,其余的可能有用

　　C. 大约一半有用,剩下的可能没用　　D. 只有一小部门有用,大多数可能没用

　　E. 我不能确定我所选择的文档是否对任务有用

	非常不同意	很不同意	比较不同意	一般	比较同意	很同意	非常同意
6. 搜索结果列表的展示对我选择文档很有帮助 ………	1	2	3	4	5	6	7
7. 输入一个特定的查询语句很困难 ………………	1	2	3	4	5	6	7
8. 判断一个文档所包含的信息是否有用很困难 ………	1	2	3	4	5	6	7
9. 此项搜索任务确实需要深入思考 ………………	1	2	3	4	5	6	7
10. 就本次任务而言我在搜索信息方面很成功………	1	2	3	4	5	6	7
11. 在搜索过程中,我并没有感到沮丧 ……………	1	2	3	4	5	6	7

12. 我想要的信息或文档均能够通过某种方式得到 …… 1　2　3　4　5　6　7

13. 搜索出的信息或文档,能够准确反映我想了解的内容 … 1　2　3　4　5　6　7

14. 搜索结果列表易于理解 ······· 1　2　3　4　5　6　7

15. 搜索到的信息或文档内容清晰 ······· 1　2　3　4　5　6　7

16. 我能找到所需的信息来完成搜索任务 ······· 1　2　3　4　5　6　7

17. 获得的文档内容完整,不存在只有一部分内容的情况 … 1　2　3　4　5　6　7

18. 获取到信息或文档后,这些信息或文档对本次工作任务的可用程度是

全部不可用	很多不可用	部分不可用	一般	部分可用	很多可用	全部可用
1	2	3	4	5	6	7

19. 确定为具有可用性的信息或文档对本次工作任务的适用程度是

完全不适用	很多不适用	部分不适用	一般	部分适用	很多适用	全部适用
1	2	3	4	5	6	7

20. 基于以上您所做的搜索,您认为该搜索任务的困难程度是

非常容易	很容易	比较容易	一般	比较困难	很困难	非常困难
1	2	3	4	5	6	7

21. 基于以上您所做的搜索,您认为该搜索任务的复杂程度是

非常简单	很简单	比较简单	一般	比较复杂	很复杂	非常复杂
1	2	3	4	5	6	7

22. 您对此次搜索过程很满意

非常不满意	很不满意	比较不满意	一般	比较满意	很满意	非常满意
1	2	3	4	5	6	7

23. 在数字图书馆的馆藏内容方面,您认为还有哪些因素对信息的获取是有必要的
   (可多选,并按重要程度排序)? 顺序为_____

   A. 更新速度　　B. 权威性　　　　C. 学科分类清晰　　　　D. 简洁性

   E. 馆藏质量　　F. 馆藏分类　　　　G. 其他_____

8. 整体评估问卷

该问卷是您在执行完真实任务后以及执行完所有模拟仿真任务后都需要填写的问卷,请认真作答,并在最接近您目前状况的选项上划√。

	非常不同意	很不同意	比较不同意	一般	比较同意	很同意	非常同意
1. CNKI 有完整的导航功能,引导您沿着正确路线查找信息	1	2	3	4	5	6	7
2. 顶部或底端的导航条十分容易找到	1	2	3	4	5	6	7
3. 搜索工具,如检索框、作者、主题等索引容易找到	1	2	3	4	5	6	7
4. 馆藏列表之间的区分十分明显	1	2	3	4	5	6	7
5. 搜索过程中,页面的层次安排符合您平常的浏览习惯	1	2	3	4	5	6	7
6. 页面排版和布局很合理	1	2	3	4	5	6	7
7. 页面的内容简洁	1	2	3	4	5	6	7
8. 网页合理地使用了如声音、图片等多媒体	1	2	3	4	5	6	7
9. 页面上的主题能准确表达文章或词条的核心内容	1	2	3	4	5	6	7
10. 不同界面的呈现方式和使用方法都是一致的	1	2	3	4	5	6	7
11. 您可以通过多种途径链接到同一页面	1	2	3	4	5	6	7
12. CNKI 对相关网站有详细的分类链接	1	2	3	4	5	6	7
13. 点击过的相关网站全部是有效链接	1	2	3	4	5	6	7
14. 即使是初次使用 CNKI,也易于学习,使用起来并不困难	1	2	3	4	5	6	7
15. 网站的反应速度和处理能力十分迅速	1	2	3	4	5	6	7
16. 网页整洁有序,框架脉络清晰,对搜索很有帮助	1	2	3	4	5	6	7
17. 对网站的操作在您的可控范围之内,包括查找学科导航的类目级别及网站索引	1	2	3	4	5	6	7

18. 您认为 CNKI 在帮助您获得有用信息以完成工作任务方面的表现是

非常差	很差	比较差	一般	比较出色	很出色	非常出色
1	2	3	4	5	6	7

19. 您对 CNKI 整体设计的满意程度是

非常不满意	很不满意	比较不满意	一般	比较满意	很满意	非常满意
1	2	3	4	5	6	7

20. CNKI 的搜索和浏览功能设计对您搜索过程的支持程度是

非常弱	很弱	比较弱	一般	比较强	很强	非常强
1	2	3	4	5	6	7

21. 总体来说,您认为 CNKI 是_____的数字图书馆

非常糟糕	很糟糕	比较糟糕	一般	比较优秀	很优秀	非常优秀
1	2	3	4	5	6	7

9. 访谈大纲

在实验结束后,结合实验者在实验中的具体表现要简单回答几个问题:

- 基于你以上的搜索,你觉得 CNKI 整体设计的怎么样?
- 你为什么这么觉得?
- 能不能足够支持正常的搜索任务?
- 你觉得这几个模拟任务设计的难不难?为什么?
- 与你的真实任务相比,在搜索过程当中哪一个更容易些?
- 模拟任务和真实任务在搜索起来有什么差异的地方?
- 除了这些,你觉得像 CNKI 此类的数字图书馆还有什么改进的地方呢?(或者说你觉得还有哪些使用不方便的地方)

……

附录2
实验任务设计
(针对数字图书馆用户)

1. 浏览任务

(1)浏览工具书《小说大辞典》中东方朔、鲁迅、茅盾的生平并保存结果。(易)

(2)浏览马克思主义教育学院武东生老师讲授"思想道德修养与法律基础"的参考书,并将索书号保存下来。(易)

(3)在《南开大学中文核心期刊表》中"图书、情报与档案学"有哪些核心期刊?保存结果。(难)

(4)最近您想借阅一些关于中国古代史方面的图书,但是您不知道应该借哪本,所以您想根据借阅量的排名来确定。请浏览相关内容,保存10本您想借的图书的题名和索书号。(难)

2. 搜索任务

(5)在电子资源/数据库中检索EBSCO数据库,但是您只记得是"eb"开头,评价输出结果。(易)

(6)您想要了解EVA(Environmental Abstracts),AIP Journals,Cogprints这3个数据库的学科范围,请保存结果。(易)

(7)雾霾问题受到广泛关注,您想要了解雾霾成因,请检索相关图书文献并保存。(难)

(8)"养老金并轨"是目前的一个热门话题,请查找相关图书文献,解释其含义及具体措施。(难)

3. 访谈大纲

Q1. 本次任务您认为自己与南开图书馆的交互绩效如何?请用数字1—7表示。1表示非常低,7表示非常高。

Q2. 您认为本次任务的难易程度如何？请用数字 1—7 表示。1 表示非常容易,7 表示非常难。

Q3. 您认为本次任务中南开图书馆资源的可获得性如何？可获得性方面的哪些因素是影响您与南开图书馆交互的关键因素？

Q4. 您认为本次任务的南开图书馆资源的适用性如何？适用性方面的哪些因素是影响您与南开图书馆交互的关键因素？

Q5. 您认为本次任务的南开图书馆资源的易理解性如何？易理解性方面的哪些因素是影响您与南开图书馆交互的关键因素？

Q6. 您认为本次任务的南开图书馆资源的准确性如何？准确性方面的哪些因素是影响您与南开图书馆交互的关键因素？

Q7. 您认为南开图书馆的主题突出程度如何？主题突出程度方面的哪些因素是影响您与南开图书馆交互的关键因素？

Q8. 您认为南开图书馆的链接丰富有效程度如何？链接丰富有效程度方面的哪些因素是影响您与南开图书馆交互的关键因素？

Q9. 您认为南开图书馆的网页组织有序化程度如何？网页组织有序化程度方面的哪些因素是影响您与南开图书馆交互的关键因素？

Q10. 您认为南开图书馆的页面排版布局合理程度如何？页面排版布局合理程度方面的哪些因素是影响您与南开图书馆交互的关键因素？

Q11. 请您谈谈使用南开大学图书馆的感想。

附录3
实验任务设计
（针对数字图书馆专家）

1. 访谈承诺书

尊敬的专家：

您好！您所参加的访谈是《数字图书馆交互功能评估研究》之基于用户多维度交互课题研究重要的一部分，您的客观、真实回答将有助于我们准确的分析、预测出数字图书馆交互各个维度的参数指标，为数字图书馆用户交互方面的建设提供科学的参考依据，也为其他该领域的研究提供参考数据。本研究采用专家访谈的模式，通过与数字图书馆领域的专家进行面对面的交流访谈，整理分析访谈数据，细化数字图书馆交互领域各个维度。

访谈内容基于用户与数字图书馆交互的三维模型，即信息维度、技术维度和任务维度而展开。

我们承诺，将对您所填数据和个人信息严格保密；如果您需要这方面的数据，我们可以无偿与您分享。

感谢您的参与！如有打扰，请予以谅解！

2. 访谈说明

（1）请结合您在该领域的研究理解，客观的对下列问题作答，会使访谈结果更加科学；

（2）访谈人员会为您解释有关条目，并记录您的答案；

（3）在您的专长领域，访谈者会进行深入了解，不会涉及敏感性话题；

3. 访谈大纲

【问题1】作为用户，都希望自己检索出的结果就是自己实际需求的数据资源，但是实际操作中可能并非如此。作为数字图书馆建设的专家，您觉得应该从哪些方面改进或完善数字图书馆,从而保证用户的检索结果更接近用户的需求,与用户实际需求相一致?

【问题2】并非所有使用数字图书馆的用户都是检索领域的专家,数字图书馆该从哪些方面改善或者完善,可以让那些并非专家的用户更容易理解数字图书馆的信息分布、排序以及检索内容,从而更好地使用数字图书馆?

【问题3】对于众多的检索结果,数字图书馆应该从哪些方面改进或完善,从而可以更好地支持用户理解所检索到的内容,并且相对容易地判断出该内容是否对自己有用?

【问题4】数字图书馆应该从哪些方面改进或者完善,才能帮助用户从众多的检索结果中准确地找到所需的信息?

【问题5】您觉得,数字图书馆页面的链接丰富程度,是否影响用户与数字图书馆的交互? 如果是的话,如何把握这个链接的丰富程度,进而更好地提升用户与数字图书馆之间的交互?

【问题6】良好的页面组织,可以帮助用户更直观地了解数字图书馆。您觉得,可以从哪些方面改善网页组织,从而提升用户与数字图书馆之间的交互?

【问题7】页面的排版布局是使用数字图书馆的用户对数字图书馆的第一印象。您觉得,从哪些方面改善网页排版布局,从而可以提升用户与数字图书馆之间的交互?

【问题8】用户在使用数字图书馆的时候,会因为自身的理解能力以及数字图书馆自身的因素,导致其对某一任务的理解程度不同,从而影响其完成效率。请问,数字图书馆应该从哪些方面着手,来帮助用户更好的理解各类难易程度不同的任务?

【问题9】数字图书馆从哪些方面可以更好地帮助用户有效地完成某项任务?

【问题10】数字图书馆可以通过改善哪些交互功能,来有效地帮助用户完成困难程度不一的任务?

附录4
数字图书馆交互评估问卷

此次问卷主要调查您对数字图书馆提供的各项交互功能重要程度的评价。

感谢您在百忙之中参与我们的研究！以下是我们关于问卷的二点说明：

> 一、调查问卷主要内容：了解您的基本信息了解；您对数字图书馆的熟悉程度；了解您对数字图书馆各项功能重要程度的评价。
>
> 二、调查问卷填写方法：
>
> a）个人背景部分：在合适的选项前的□内打"√"，需要您打"√"的问题都是单选题；在出现横线的地方填入内容。在出现数字的题目下圈出您认为最合适的数字。
>
> b）数字图书馆评估工具开发问卷部分：在出现数字的题目下圈出您认为最合适的数字，是单选题；注意数字0表示NA，即该指标对评价数字图书馆不适用。

我们承诺对您的相关信息严格保密。谢谢！

个人背景

1. 您的性别（在选项前的□内打√，只能选择一项）： □男 □女

2. 您的年龄是 □age < 18 周岁 □18 ≤ age < 25 □25 ≤ age < 30 □age ≥ 30 岁

3. 您目前的学历层次是：

□本科生 □硕士研究生 □博士研究生 □其他（请注明：_____）

4. 您所在的学科是：

□哲学 □经济学 □法学 □教育学 □文学 □历史学 □理学

□工学 □农学 □医学 □军事学 □管理学 □艺术学 □其他（请注明：____）

5. 您平时使用数字图书馆吗？

没有用过	几乎不用	很少用	一般	偶尔用	经常用	一直都用
1	2	3	4	5	6	7

续表

6.您最常使用的数字图书馆是(可多选,您之后问题的回答基于您所选择的数字图书馆):

□CNKI(知网)　　　□超星　　　□维普　　　□万方　　　□ACS/RSC

□读秀　　□南开大学数字图书馆　　□天津大学数字图书馆　　□其他(请注明_____)

7.您认为自己的检索水平是:

非常低	很低	比较低	一般	比较高	很高	非常高
1	2	3	4	5	6	7

8.您使用数字图书馆的检索效果一般是:

非常失败	很失败	比较失败	一般	比较成功	很成功	非常成功
1	2	3	4	5	6	7

9.您平时使用数字图书馆的方式一般是:(可多选)

□主动搜索相关信息　　□随便浏览　　□一直都在关注某一方面的信息,及时追踪

□其他(请注明_____)

10.您使用数字图书馆的目的是:(可多选)

□解决工作中遇到的问题　　□解决生活中遇到的问题　　□撰写论文　　□完成课堂作业

□科研需要　　□没有什么特别的目的　　□其他(请注明_____)

11.您以前接受过信息检索方面的培训或者学习过信息检索方面的课程:　　□是　　□否

DL 交互功能评估问卷								
注:该部分测量您对 DL 各项功能重要性及对您的交互支持的评价,请根据您使用数字图书馆的经验加以判断。 　　DL(数字图书馆的简称) 　　NA(表示该指标对我评价 DL 不适用)	非常不重要	很不重要	比较不重要	一般	比较重要	很重要	非常重要	NA
1. DL 里资源的数量能满足我信息获取的需要 ……………	1	2	3	4	5	6	7	0
2. DL 里资源的种类能满足我信息获取的需要 ……………	1	2	3	4	5	6	7	0
3. DL 里资源的内容质量能满足我信息获取的需要 ………	1	2	3	4	5	6	7	0
4. DL 提供了方便的下载方式 ………………………………	1	2	3	4	5	6	7	0
5. DL 检索结果与我想要的结果相关性高 …………………	1	2	3	4	5	6	7	0

续表

DL 交互功能评估问卷								
注:该部分测量您对 DL 各项功能重要性及对您的交互支持的评价,请根据您使用数字图书馆的经验加以判断。 DL(数字图书馆的简称) NA(表示该指标对我评价 DL 不适用)	非常不重要	很不重要	比较不重要	一般	比较重要	很重要	非常重要	NA
6. 在 DL 检索时我可以通过多种途径链接到同一页面	1	2	3	4	5	6	7	0
7. DL 里资源的更新速度快	1	2	3	4	5	6	7	0
8. DL 能够提供与检索需求相关的内容	1	2	3	4	5	6	7	0
9. DL 页面上的主题能准确表达文章或词条的核心内容	1	2	3	4	5	6	7	0
10. DL 提供了完整的目录	1	2	3	4	5	6	7	0
11. DL 的资源分类是详尽的	1	2	3	4	5	6	7	0
12. DL 提供了完备的用户指南	1	2	3	4	5	6	7	0
13. 即使初次使用 DL,也易于学习,使用起来并不困难	1	2	3	4	5	6	7	0
14. DL 对用户的查询要求反应迅速	1	2	3	4	5	6	7	0
15. DL 页面的内容简洁	1	2	3	4	5	6	7	0
16. DL 网站呈现的内容是详细的	1	2	3	4	5	6	7	0
17. DL 提供了能够满足需要的多种功能	1	2	3	4	5	6	7	0
18. 页面上主题的字体和大小能够吸引我的注意力	1	2	3	4	5	6	7	0
19. 页面上主题的颜色能够吸引我的注意力	1	2	3	4	5	6	7	0
20. DL 对相关网站有详细的分类链接	1	2	3	4	5	6	7	0
21. DL 的相关网站都是有效链接	1	2	3	4	5	6	7	0
22. DL 的资源分类是合理的	1	2	3	4	5	6	7	0
23. DL 链接的层级数量合适	1	2	3	4	5	6	7	0
24. DL 的链接能够引导我方便查找信息	1	2	3	4	5	6	7	0
25. DL 网站的反应速度快,稳定性好	1	2	3	4	5	6	7	0
26. 顶部或底端的导航条十分容易找到	1	2	3	4	5	6	7	0
27. 搜索工具,如检索框、作者、主题等索引容易找到	1	2	3	4	5	6	7	NA
28. 页面排版和布局合理	1	2	3	4	5	6	7	0
29. DL 符合网站通用的设计规则	1	2	3	4	5	6	7	0

续表

DL 交互功能评估问卷								
注:该部分测量您对 DL 各项功能重要性及对您的交互支持的评价,请根据您使用数字图书馆的经验加以判断。 　　DL(数字图书馆的简称) 　　NA(表示该指标对我评价 DL 不适用)	非常不重要	很不重要	比较不重要	一般	比较重要	很重要	非常重要	NA
30. 网页整洁有序、框架脉络清晰,对搜索很有帮助	1	2	3	4	5	6	7	0
31. 搜索过程中,界面层次安排符合我平常的浏览习惯	1	2	3	4	5	6	7	0
32. 我能够从 DL 链接到其他检索系统/数据库	1	2	3	4	5	6	7	0
33. DL 有适度的网站宣传	1	2	3	4	5	6	7	0
34. 利用 DL 之前,我通常已经明确了搜索目标	1	2	3	4	5	6	7	0
35. 相比于其他数据库,我更依赖我选择的	1	2	3	4	5	6	7	0
36. DL 的功能设置集中,方便使用	1	2	3	4	5	6	7	0
37. 当有检索任务时,我对 DL 足够熟悉以至于能帮助我很好地完成任务	1	2	3	4	5	6	7	0
38. 当有检索任务时,我有信心利用 DL 完成任务	1	2	3	4	5	6	7	0
39. 当有检索任务时,我所拥有的专业知识能够帮助我更好的使用 DL	1	2	3	4	5	6	7	0
40. DL 对各类资源的区分有明确的标识	1	2	3	4	5	6	7	0
41. DL 提供的搜索关键词准确	1	2	3	4	5	6	7	0
42. 我从 DL 中获得的信息都是有用信息	1	2	3	4	5	6	7	0
43. DL 提供的信息内容真实无误	1	2	3	4	5	6	7	0
44. 我在 DL 里搜索不同内容的信息时均能得到满足	1	2	3	4	5	6	7	0
45. DL 的各种功能是容易学习和使用的	1	2	3	4	5	6	7	0
46. 我能够方便的操控 DL 实现自己的搜寻目标	1	2	3	4	5	6	7	0
47. 我能够在 DL 界面上进行高效率的信息搜索	1	2	3	4	5	6	7	0
48. 我能够在 DL 界面上进行高效率的信息浏览	1	2	3	4	5	6	7	0
49. 我在 DL 搜寻信息的顺利程度	1	2	3	4	5	6	7	NA
50. 在 DL 搜寻信息的过程中,系统的表现令我满意的程度	1	2	3	4	5	6	7	0

续表

DL 交互功能评估问卷								
注:该部分测量您对 DL 各项功能重要性及对您的交互 支持的评价,请根据您使用数字图书馆的经验加以判断。 　　　DL(数字图书馆的简称) 　　　NA(表示该指标对我评价 DL 不适用)	非常不重要	很不重要	比较不重要	一般	比较重要	很重要	非常重要	NA
51. 通过 DL 搜寻到的结果令我满意的程度 ……………	1	2	3	4	5	6	7	0
52. 在 DL 搜索的过程中我要付出的努力程度 …………	1	2	3	4	5	6	7	0

问题 53 基于您对问题 1—52 的回答:

53. 我对以上所有问题的回答是基于我使用_____数字图书馆的经验(请在横线上填入
　　 数字图书馆的名称,数量不限)